区域金融创新、科技创新与经济增长

基于动态空间面板模型的实证研究

韩孺眉　畅春玲◎著

中国纺织出版社有限公司 | 国家一级出版社
全国百佳图书出版单位

内 容 提 要

本书以三部门经济增长模型为理论基础，推导出融合金融创新部门、科技创新部门和经济部门的经济增长模型，寻找出金融创新与科技创新促进经济增长的作用机理，为研究区域金融创新和科技创新对经济增长的动态空间面板模型的建立提供了直接的理论支持。在此基础上，从创新效率和创新环境角度对区域金融创新和科技创新实力进行评价，考察了创新的溢出效应和区域经济发展的空间相关性，并以推导出的经济增长模型为理论基础建立了动态空间面板模型，考察区域金融创新、科技创新和经济增长在空间上的相关性与集聚现象以及金融创新、科技创新通过资本积累、全要素生产率提升和创新环境建设等途径促进经济增长的效果。

图书在版编目（CIP）数据

区域金融创新、科技创新与经济增长：基于动态空间面板模型的实证研究 / 韩孺眉，畅春玲著.--北京：中国纺织出版社有限公司，2019.12（2022.4 重印）

ISBN 978-7-5180-6791-6

Ⅰ．①区… Ⅱ．①韩… ②畅… Ⅲ．①区域金融—金融创新—影响—经济增长—研究—中国②技术革新—影响—经济增长—研究—中国 Ⅳ．①F832②F124

中国版本图书馆CIP数据核字（2019）第219250号

责任编辑：段子君　　责任校对：高　涵　　责任印制：储志伟

中国纺织出版社有限公司出版发行
地址：北京市朝阳区百子湾东里 A407 号楼　邮政编码：100124
销售电话：010—67004422　传真：010—87155801
http：//www.c-textilep.com
中国纺织出版社天猫旗舰店
官方微博 http://weibo.com/2119887771
佳兴达印刷（天津）有限公司印刷　各地新华书店经销
2019 年 12 月第 1 版　2022 年 4 月第 3 次印刷
开本：710 × 1000　1/16　印张：13
字数：203 千字　定价：68.00 元

前 言

学术界对有关经济增长的研究由来已久。现代经济社会中最活跃的两类因素——金融与科技对经济增长的重要性日益凸显，越来越引起人们的重视。当科技创新与金融创新高度融合协调发展时，往往会出现经济的繁荣和社会财富的高度增长，反之则会引起经济的动荡。

使创新成为我国经济增长的长期驱动力，关键在于理解金融创新、科技创新以及经济增长三者之间存在的内在联系。而以往对于金融创新、科技创新与经济增长的研究多是两两交叉进行，研究主要集中在金融创新的宏观经济效应，或是探寻技术进步促进经济增长的内生渠道，或是分析金融创新与科技创新的交互影响，没有对三者之间的内在关系及影响进行系统的分析。而从理论上来探究金融创新和科技创新促进经济增长的作用机理，找到经济可持续增长的内生活力和动力，有助于丰富金融创新与科技创新的理论内涵，进一步增强理论对现实的解释能力。

本书在深入研究、分析和总结相关研究成果的基础上，以三部门经济增长模型为理论基础，推导出了融合金融创新与科技创新因素的经济增长模型，以寻找出金融创新与科技创新促进经济增长的作用机理。在此基础上，考察区域金融创新、科技创新和经济增长在空间上的相关性与集聚现象以及金融创新、科技创新通过资本积累、全要素生产率（TFP）提升和创新环境建设等途径促进经济增长的效果。希望为制定有关促进企业技术进步、构建科技金融服务体系、加快经济转型升级发展政策提供理论依据和技术支持，具有重要的理论意义。其现实意义在于，金融创新与科技创新已成为现代经济社会中最活跃的两个要素，将金融创新与经济增长的具体渠道相结合，以科技创新促进经济增长为中介，将金融创新这一“第一推动力”要素融入到经济增长要素之中，将金融部门的金融创新与企业的技术创新有机结合，对提升企业竞争力，促进宏观层面的经济增长开拓新的思路和途径。

本书的特色和创新体现在如下几个方面：①在理论研究部分，以三部门经济增长模型为理论基础，推导出了融合金融创新部门、科技创新部门和经济部门的经济增长模型，寻找出金融创新与科技创新促进经济增长的作用机理，为研究区域金融创新和科技创新对经济增长的动态空间面板模型的建立提供了直接的理论支持，并得到金融创新和科技创新如何促进经济增长的两个命题；②在区域金融创新和科技创新实力的测度方面，为了克服单一指标所存在的缺陷，从创新的全要素生产率和创新环境的角度，采用构建多指标体系分别对区域金融创新和科技创新的效率和环境因素进行了测算，并通过计算综合指数的方法对区域金融创新和科技创新的实力加以衡量，以此来体现区域内金融创新和科技创新质的提高，并为后续研究提供横向比较的前提。在对创新实力进行测算时，利用面板数据的熵值赋权法，对创新效率与环境进行赋权，以消除主观因素的影响；③在空间计量分析部分，考察了创新的溢出效应和区域经济发展的空间相关性，并以推导出的经济增长模型为理论基础建立了动态空间面板模型，从地理特征和社会经济特征两个方面分别构建空间权重矩阵，考察区域金融创新、科技创新和经济增长在空间上的相关性与集聚现象以及金融创新、科技创新通过资本积累、全要素生产率（TFP）提升和创新环境建设等途径促进经济增长的效果。在建立模型的过程中，对模型进行拓展和修正，比较了单纯考虑金融创新或科技创新，同时考虑两个因素到加入二者的协同项对经济增长所产生的影响，拓宽了实证分析的思路。

本书由沈阳建筑大学韩孺眉老师撰写，畅春玲老师审稿。在本书的成稿过程中，辽宁大学商学院的刘艳春教授在研究方案的设计、全书框架结构的安排等方面给予了宝贵的建议，在此致以衷心的感谢！此外，本书得到中国纺织出版社有限公司段子君编辑尽职尽责的努力和帮助，在此深表感谢。

本书主要是从金融创新和科技创新的效率和环境角度研究了其对经济增长的影响，是一种探讨和尝试，无论是理论分析还是实证分析，都还存在着一些局限和不足，有待于今后进一步深入研究。由于自身能力有限，缺点和错误在所难免，恳请专家、学者及读者批评指正。

作 者

2019 年 9 月

目 录

第 1 章 绪论

1.1 研究背景和意义 …… 2
1.1.1 研究背景 …… 2
1.1.2 研究意义 …… 3
1.2 研究内容与研究方法 …… 4
1.2.1 研究内容 …… 4
1.2.2 研究方法 …… 6
1.3 研究结构安排 …… 7

第 2 章 概念界定和文献综述

2.1 主要概念界定 …… 10
2.1.1 金融创新 …… 10
2.1.2 科技创新 …… 13
2.2 文献综述 …… 16
2.2.1 金融创新与经济增长关系的研究 …… 16
2.2.2 科技创新与经济增长关系的研究 …… 19
2.2.3 金融创新与科技创新关系的研究 …… 21
2.2.4 金融创新、科技创新与经济增长的关系研究 …… 24
2.3 文献评述 …… 28
2.4 本章小结 …… 30

第 3 章 区域金融创新与科技创新的效率评价与差异分析

3.1 效率理论 …… 32

3.1.1 效率的内涵与理论发展 …… 32
3.1.2 全要素生产率的测算方法 …… 34
3.1.3 Malmquist 指数方法及原理 …… 35
3.2 区域金融创新效率评价指标的构建 …… 40
3.2.1 金融创新效率的内涵及测算 …… 40
3.2.2 金融创新效率投入产出变量的确定 …… 40
3.2.3 变量说明及样本数据的选取 …… 41
3.3 区域金融创新效率评价与差异分析 …… 43
3.3.1 效率评价 …… 43
3.3.2 效率的差异分析 …… 46
3.4 区域科技创新效率评价指标的构建 …… 51
3.4.1 科技创新效率投入产出变量的确定 …… 51
3.4.2 变量说明及样本数据的选取 …… 52
3.5 区域科技创新效率评价与差异分析 …… 54
3.5.1 效率评价 …… 54
3.5.2 效率的差异分析 …… 57
3.6 本章小结 …… 62

第 4 章 区域金融创新与科技创新环境评价

4.1 区域创新生态环境评价 …… 66
4.1.1 创新生态环境的内涵 …… 66
4.1.2 创新生态环境评价指标的建立 …… 66
4.1.3 指标含义 …… 69
4.1.4 数据来源 …… 71
4.1.5 因子模型的构建 …… 71
4.1.6 创新生态环境的因子模型评价 …… 72
4.2 区域金融创新主体环境评价 …… 85
4.2.1 金融创新主体环境概念的界定 …… 85
4.2.2 金融创新主体环境评价指标的建立 …… 85
4.2.3 指标含义 …… 86

4.2.4 数据来源 …… 86
4.2.5 金融创新主体环境的主成分分析及评价 …… 86
4.3 区域科技创新主体环境评价 …… 90
4.3.1 科技创新主体环境概念的界定 …… 90
4.3.2 科技创新主体环境评价指标的建立 …… 91
4.3.3 指标含义 …… 92
4.3.4 数据来源 …… 93
4.3.5 科技创新环境的因子模型评价 …… 93
4.4 本章小结 …… 104

第5章 区域创新环境与经济增长的耦合协调度分析

5.1 协调发展的内涵 …… 108
5.1.1 协调发展定义 …… 108
5.1.2 金融、科技与经济协调发展的内涵 …… 108
5.2 经济增长的测度 …… 109
5.3 区域创新环境与经济增长的耦合协调度分析 …… 113
5.3.1 耦合协调度模型的构建 …… 113
5.3.2 耦合协调度分析 …… 116
5.4 本章小结 …… 128

第6章 区域金融创新、科技创新对经济增长的空间动态影响分析

6.1 理论模型分析 …… 132
6.1.1 模型结构 …… 132
6.1.2 均衡分析 …… 134
6.1.3 模型的设定、指标选取及数据来源 …… 139
6.2 面板数据模型分析 …… 141
6.2.1 面板数据模型的选择 …… 141
6.2.2 面板数据的单位根检验 …… 143
6.3 空间计量分析 …… 144
6.3.1 相关理论 …… 144

6.3.2 空间自相关性检验 …… 147
6.3.3 动态空间面板模型的构建与检验 …… 150
6.3.4 结果分析 …… 155
6.4 本章小结 …… 157

第7章 主要结论及研究展望

7.1 研究结论 …… 160
7.2 研究局限及展望 …… 162

附 录 …… 163

参考文献 …… 187

第1章

绪 论

1.1 研究背景和意义

1.1.1 研究背景

学术界对有关经济增长的研究由来已久。经济增长的首要问题是对经济活动的源泉和因素进行分析，并对其所起作用的大小进行度量，从而寻找出能够促进经济可持续增长的途径与方法。蔡昉（2015）在人民网发表的文章中曾经指出：全要素生产率已经成为经济增长的新动力，越是在更高的经济发展阶段上，越是要靠全要素生产率的提高实现经济增长。

提高全要素生产率的方法通常有两种：第一种方法是通过技术的进步来提高全要素生产率；第二种方法是提高资源的配置效率。其主要表现为通过技术的进步、体制的优化和组织管理的改善等无形的要素来推动经济增长。从微观层面分析，企业研发新技术和新工艺，市场得到拓展，新产品得以研发的同时，企业的管理得到改善，人的积极性通过体制的改革得到激发，全要素生产率都会相应地得到提高。从宏观层面分析，全要素生产率还可通过资源重新配置得以提高。《中共中央关于制定国民经济和社会发展第十三个五年规划的建议》中指出：要坚持新的发展理念，以“创新发展”与“协调发展”引领“十三五”时期的发展行动。由于我国经济发展有着自身的特殊性，存在着经济发展所面临的不协调、不平衡及不可持续等问题，努力提高全要素生产率及其对经济增长的贡献率，是我们坚持创新发展的一个重要的实施手段和衡量的标准。

正因为如此，现代经济社会中最活跃的两类因素——金融与科技对经济增长的重要性日益凸显，越来越引起人们的重视。从国际经验来看，金融创新与科技创新二者并不是相互平行、各自独立发展的，而应该是交融、互动和相互促进的。当二者相互融合时，金融创新与科技创新的价值均会得到充分的体现，从而整体经济呈现快速增长。

事实上，每次大的产业革命无不源于科技创新，成于金融创新。当科技创新与金融创新高度结合并协调发展时，一般会出现经济的繁荣和社会财富的迅速增长，反之则会引起经济的动荡。2007年美国次贷危机所引发的全球金融风暴，其重要原因之一就是过度的金融创新脱离了实体经济。中国要建设成为创新型国家，金融与科技的融合是关键，金融创新与科技创新完美结合就是中国经济增长的原动力。虽然近年来国内科技和金融结合的实践不断丰富与发展，但仍然存在一些突出问题：我国金融创新与科技创新之间存在着发展步调不一致、互动融合不显著的问题；金融创新与科技创新之间发展的不协调是阻碍它们融合的障碍。目前我国科技类企业融资困难，政府没有对金融创新与科技创新的融合提出统筹规划，并从整体上加以协调。科技金融创新主要体现在工具层面，而从体制层面几乎没有得到体现，因此也没有从本质上解决金融创新与科技创新的离散问题。

同时，国内外学术界对金融创新与科技创新结合问题的研究还缺乏一些理论基础，尚未认清金融与科技结合的本质。理论研究的缺乏在一定程度上影响了科技金融实践的发展。国内经济学者对金融创新与科技创新结合的研究存在较多问题，例如：理论研究不够、研究方法单一、对策思路相近等，缺乏对金融科技创新实践的指导意义。因此，如何正确把握金融创新和科技创新的客观规律，建立金融创新和科技创新的良性互动机制，提高金融资源与科技资源的融合程度，进而推动经济可持续增长，对于这些问题的研究，将对我国科技金融的发展具有积极的促进作用。

1.1.2 研究意义

本书的理论意义在于：以往对于金融创新、科技创新与经济增长的研究多是两两交叉进行，研究主要集中在金融创新的宏观经济效应，或是探寻技术进步促进经济增长的内生渠道，或是分析金融创新与科技创新的交互影响，没有对三者之间的内在关系及影响进行系统的分析。本书从理论上来探究金融创新和科技创新促进经济增长的作用机理，找到经济可持续增长的内生活力和动力，有助于丰富金融创新与科技创新的理论内涵，进一步增强理论对现实的解释能力。

另外，作为生产要素，金融创新与科技创新更能发挥在区域中对其他资源和要素的配置功能，因此，本书从区域的角度深入研究金融创新与科技创新在区域表现上的差异及在空间分布上的特征，以探究金融创新与科技创新在区域层面的差异性、集聚性以及地区提供的外部环境给金融创新与科技创新带来的影响。

本书的实践意义在于：金融创新与科技创新作为现代经济社会中最活跃的两个要素，将金融创新与经济增长的具体渠道相结合，以科技创新促进经济增长为中介，将金融创新这一“第一推动力”要素融入到经济增长要素之中，将金融部门的金融创新与企业的技术创新有机结合，必将为提升企业竞争力，促进宏观层面的经济增长开拓新的思路和途径。通过本书的研究，希望从理论上对科技金融创新协同促进经济发展的运行机制和影响方式进行分析，进而提出符合我国区域经济发展特点的科技金融创新发展模式与实施路径。

1.2 研究内容与研究方法

1.2.1 研究内容

本书在深入研究、分析和总结相关研究成果的基础上，以三部门经济增长模型为理论基础，推导出了融合金融创新与科技创新因素的经济增长模型，来找出金融创新与科技创新的融合对经济增长的促进机理。随后融合金融创新、科技创新、经济增长等领域的最新理论，运用定量分析的方法对我国金融创新和科技创新的效率和环境进行了评价，并对金融创新和科技创新环境与经济增长的协调发展度进行了分析。效率与环境评价的目的在于找出区域金融创新和科技创新的地区差异及空间分布特征，也为区域金融创新和科技创新实力的度量提供了支持。最后基于动态空间面板数据模型，实证分析了金融创新、科技创新对经济增长的空间效应及动态影响，以揭示金融创新和科技创新促进经济增长的运行规律和发展方向，从而为制定有关促进企业技术进步、构建科技金融服务体系、加快经济转型升级发展政策提供理论依据和技术支持。本书主要内容如下：

第1章 绪论

主要介绍了本书的研究背景和意义、研究内容与研究方法、结构安排以及创新点等。

第2章 概念界定和文献综述

本章首先对金融创新和科技创新的概念进行了界定，明确了金融创新和科技创新的内涵，为本书金融创新和科技创新范围的界定提供了根据。随后对金融创新和科技创新的测度进行了文献梳理，希望建立能够全面反映区域金融创新和科技创新水平的评价指标体系，将二者对经济增长的影响进行系统的分析。最后对国内外的相关研究现状进行了梳理和分析，在此基础上归纳了目前的研究所存在的问题，为之后的研究奠定了基础。

第3章 区域金融创新与科技创新的效率评价与差异分析

本章以我国省级面板数据为研究对象，在现有研究和相关理论的基础上，建立了区域金融创新和科技创新的效率评价指标体系，采用了DEA-Malmquist指数法对区域金融创新和科技创新的全要素生产率进行了测算，并对区域金融创新和科技创新效率的差异和空间分布特征进行了分析。创新效率的测算也为第6章区域金融创新实力和科技创新实力的度量提供了依据。

第4章 区域金融创新与科技创新的环境评价

本章分别构建了区域创新生态环境、金融创新主体环境和科技创新主体环境的评价指标体系，并分别建立了2009—2014各年的因子评价模型和主成分评价模型对创新环境进行评价。同时，环境因素的测算也为第6章区域金融创新实力和科技创新实力的度量提供了依据。

第5章 区域创新环境与经济增长的耦合协调度分析

本章在明确创新环境与经济增长协调发展含义的基础上，分析了区域创新生态环境、金融创新主体环境和科技创新主体环境几个子系统与经济增长的协调发展问题。在此基础上，采用耦合协调度模型，对我国创新环境与经济增长的协调发展程度分区域、分类型以及分时期的动态演化趋势进行了实证分析。

第6章 区域金融创新、科技创新对经济增长的空间动态影响分析

本章首先基于三部门经济增长模型，对金融创新和科技创新对经济增长的影响在理论上进行了推导，并得到了两个命题；然后结合第3章和第4章

对金融创新和科技创新的效率与环境进行评价所得到的效率值与环境指数，利用熵值赋权法对各指标进行赋权，分别计算出 2009 - 2014 年各地区的金融创新实力指数和科技创新实力指数，并对各变量对应的面板数据的平稳性及空间相关性进行了检验，在此基础上，建立反映空间相关性的空间杜宾模型，进而研究了金融创新和科技创新对经济增长的空间效应及动态影响。

第 7 章　主要结论及研究展望

本章对全书的结论进行了概括和总结。在研究广度、深度和方法完善等方面进行了研究与展望。

1.2.2　研究方法

在研究过程中，本书主要采用了区域金融创新、科技创新相关理论、内生经济增长理论、效率评价理论以及空间计量分析相关理论研究了区域金融创新、科技创新对经济增长影响的相关问题，具体采用的研究方法包括：

（1）理论分析法。以内生经济增长理论为基础，利用三部门经济增长模型推导出了融合金融创新部门、科技创新部门和经济增长部门的经济增长模型，对实证分析部分提供理论依据。

（2）系统分析与实证分析法。将区域的金融创新、科技创新和经济增长分别看成一个系统，以我国除西藏以外的 30 个地区为样本，构建金融创新、科技创新效率和环境的评价指标体系，分别利用数据包络分析方法中的 Malmquist 指数法和因子分析、主成分分析方法对区域金融创新和科技创新的效率与环境进行评价。利用耦合协调度模型对创新环境与经济增长的协调发展程度分区域、分类型以及分时期的动态演化趋势进行了实证分析，并利用面板数据模型、空间计量模型分析了分析了区域金融创新、科技创新对经济增长的空间动态影响。

（3）比较分析法。通过比较分析法，对各地区创新效率和创新环境的差异性进行了分析，有助于对各地区创新优势及不足之处进行对比，为采取措施改善不足之处提供参考。

1.3　研究结构安排

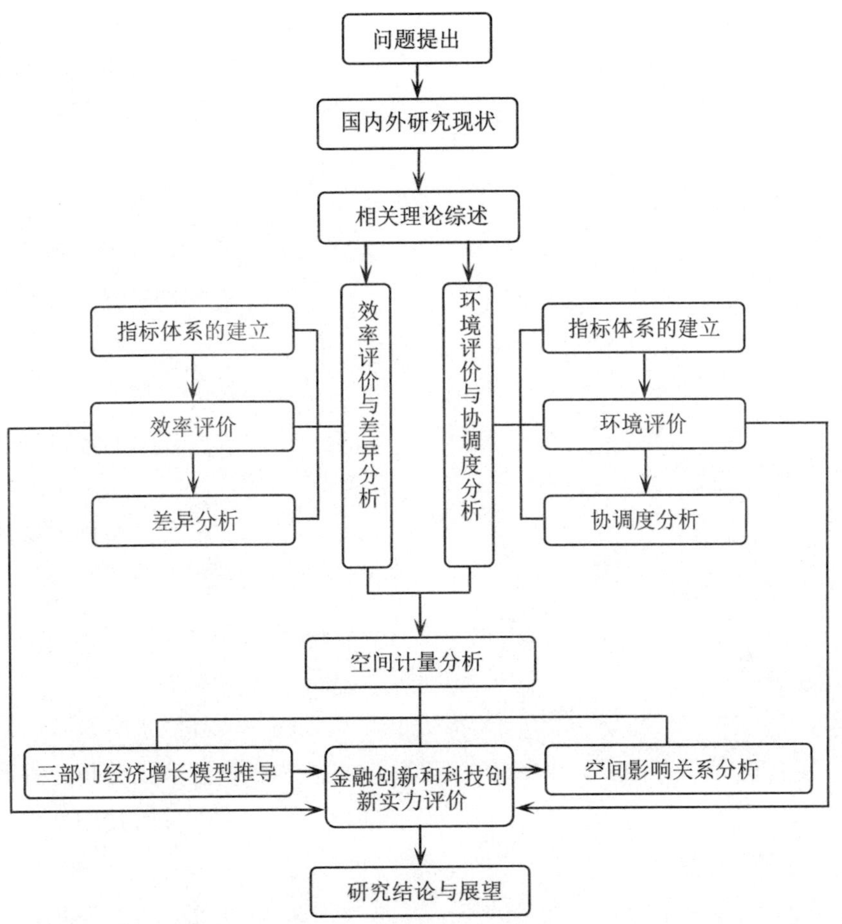

图1-1　逻辑结构与研究框架

第2章

概念界定和文献综述

本章首先对金融创新和科技创新的相关概念进行了界定，其次分别从金融创新、科技创新和经济增长的两两关系角度以及将三者放在统一框架下的研究进行文献梳理，从不同视角、运用的不同方法和所得到的结论进行系统的总结，以往的研究成果对本书的研究提供了理论基础，并在实证分析方法上具有借鉴意义。

2.1 主要概念界定

2.1.1 金融创新

2.1.1.1 金融创新的内涵

一直以来，国内外学者们对“金融创新”的概念并未有一个统一的界定。最初的权威界定来自1986年国际清算银行出版的《近期国际银行业的创新》，提出“金融创新是按照一定方向改变金融资产特性，如收益、风险、期限、流动性组合的过程。”这个定义虽然比较权威，但却将金融创新局限于金融工具的创新，缩小了金融创新的外延性。此后，《新帕尔格雷夫经济学词典》收入了金融创新的概念，认为金融创新是对富有创新精神的机构为克服金融市场不完善的奖励，新的金融工具取代旧的是因为它比旧的能更有效或成本更低。陈岱孙、厉以宁（1991）主编的《国际金融学说史》中，在熊彼特的创新理论基础之上，将金融创新定义为：在金融领域内建立“新的生产函数”，是各种金融要素之间的一种新组合，是为了追求利润而形成的一种市场变革。金融创新泛指金融体系和金融市场上出现的一系列新事物，包括新的金融工具、新的支付清算手段、新的金融市场、新的金融组织形式以及新的金融管理方法等。王仁祥、喻平（2004）在综合考察了金融创新理论的相关文献后，定义金融创新是“金融当局或金融机构为更好地实现金融资产的流动性、安全性和盈利性目标，利用新的观念、新的技术、新的管理方法或组织形式，来改变金融体系中基本要素的搭配和组合，推出新工具、新机构、新市场、新制度，创造和组合一个新的高效率的资金营运方式或营运体系的过程。”

综合学者们对金融创新内涵的界定，金融创新通常包含两层含义：第一层含义是指金融机构的内部创新。在这一层面上，通常把金融机构看作一个生产单位，此生产单位的产出就是金融产品的创造，衡量标准是投入产出比，而金融创新的衡量标准就是利润。从这一层面来看，并没有认为金融创新和传统的生产企业创新有很大区别，仅仅是金融创新的生产过程，比如在风险控制和负债等级等方面具有一定的特殊性。另一层含义将金融创新看作是一种生产要素，此观点更加侧重于宏观经济中资源的配置作用，将金融创新看作是宏观经济中的一部分要素投入。在这一层面上，金融创新与资本、劳动一样，均被看成是一种要素，金融创新的结构、规模决定了宏观经济中的资金流向。

2.1.1.2 金融创新的测度

与科技创新不同的是，金融部门的创新活动很难衡量，因为金融服务类企业对 R&D 支出的报道较少，对金融机构的 R&D 人员投入和专利支出等相关数据的搜集也很少。正如 Frame & White（2004）所说："在金融创新方面，我们总是说得多，做得少。"金融创新的衡量与测度并不是很容易展开。通过对现有文献的梳理，总结出对金融创新的衡量方法主要集中在以下几个方面。

1. 基于宏观的视角

从宏观的角度，部分研究从金融创新的环境、创新结构、创新效率和创新质量的角度来研究金融创新。

一部分的研究主要是从金融创新与货币需求关系的角度展开。Patricio Arrau（1995）从发展中国家货币需求的角度，对金融创新的作用进行了评估，指出发展中国家的金融创新对货币需求总量及波动性起到了很大作用，通货膨胀率上升使这种作用随之增强。陈子季（2000）从宏观角度对金融创新推动金融深化、金融创新活动中货币供求机制的变化以及金融创新与金融体系稳定性问题进行了探讨和分析。

国内对于金融创新的研究过程中量化困难，究其根本原因是由于转型国家的金融监管法规实施时间不长或正在调整，实证研究很难进行。很多学者从不同的角度对金融创新展开研究。李媛媛、金浩等（2015）从金融专利数、金融行业的非利息收入以及投资性金融资产占金融资产的比重三个指标来衡量金融创新水平。王仁祥、杨曼（2015）从金融创新市场和金融创新环境两个方面来衡量金融创新。将股票交易周转率、股票交易总额和国内上市公司资本作为金融市场指标，将法律权利力度、征信信息深度和国内信贷作为金融创新环境的评价指标。李健、林文浩（2017）基于中国的金融创新事件，从金融创新主体结构和内部结构两方面对金融创新的结构指数进行度量并对其影响因素进行了分析。蒋岳祥、蒋瑞波（2013）运用三阶段 DEA 模型对区域金融创新的效率水平进行了测度，研究影响各观测单元投入的环境因素，从省际和区际层面衡量我国区域金融创新的效率并对差异进行了研究。

2. 基于微观的视角

从微观角度，研究主要集中在金融工具和金融机构两个方面。

（1）金融工具

Josh Lener（2006）从供给的角度分析了创新的起源，如企业规模、年限、企业的金融约束和知识溢出能力等方面进行了实证分析，对金融创新产品、服务和金融机构的相关数据进行整理，并以此作为解释变量，利用面板数据模型进行了回归分析。

王雷、赖玉霜（2017）将企业的融资租赁、信托、保理、债券资金等作为金融工具，从企业的年度报告中选取保理融资来衡量企业是否运用了新的融资工具，利用中介效应模型对金融创新、资本配置效率与技术创新之间的关系进行了检验。

（2）金融机构

根据 Teakdong，Bonwoo & Minsoo（2013）对金融机构创新的定义，利用风险投资（VC）和私募股权（PE）的总投资额来衡量金融机构创新。Thorsten Beck（2012）将 26 个高收入国家金融机构的 R&D 支出作为金融创新的衡量指标，对银行部门的金融创新和实际增长、实际波动和银行脆弱性之间的关系进行了分析。

吕怀立、李婉丽（2015）根据商业银行的财务核算规则，通过与非银行金融机构合作等创新方式所产生中间业务的手续费及佣金收入与营业收入的比值以及手续费和佣金收入与营业利润的比值作为定义金融创新变量的参考指标。王永海、章涛（2014）将银行非利息净收入占营业收入的比重来衡量金融创新，研究了金融创新对商业银行风险的影响。

孙浦阳、张蕊（2012）认为金融创新和金融发展关系紧密，前一期的金融创新对下一期的金融发展有直接的影响，并从金融中介的角度来衡量金融发展，利用私人信贷的增长作为金融创新的衡量指标。李丛文（2015）也是采用银行信贷增长率作为金融创新指标，并采用金融机构年末存贷款之和与狭义货币（M1）之比作为金融创新度指标研究了金融创新对经济增长的关系。

2.1.2 科技创新

2.1.2.1 科技创新的内涵

科技创新的概念与金融创新一样起源于对创新的理解。熊彼特认为创新是新工具或新方法的应用，从而创造出新的价值。弗里曼对熊彼特的创新概念又做了进一步的解释，他认为创新包括发明、创新和创新的扩散三重含义，其中创新是指新发明（新产品、新工艺、新方法或新制度）第一次运用到经济中去。目前对创新的理解有广义和狭义之分。狭义的创新是基于发明与创新之间的联系和区别来理解，专指与技术有关的创新，即技术创新。广义的创新则包括发明、创新和创新的扩散三重含义：发明是指为新的或改进的产品、工艺或制度而形成的新思想、新图纸或新模型，通常表达一种前所未有的构思；创新是指新发明第一次引入商业的全过程；创新的扩散是指创新的成果经过全体潜在采纳者之手扩散提高全社会生产率。本书所研究的科技创新包括知识和技术两个方面，是从广义方面来界定的，其过程包括三个环节：知识创新环节、创新的知识孵化为新技术的环节和采用新技术的环节。因此，本书的科技创新主要从知识创新、技术创新和创新扩散三个方面来研究。

2.1.2.2 科技创新的测度

目前，国内外学者对科技创新的衡量主要从科技创新能力和科技创新产出两个角度展开。

1. 基于科技创新能力视角

该视角主要是基于科技创新是一个从科技投入到科技成果产生、转化和商品化的完整过程，因而从创新投入、创新产出、创新环境等层面来构建。创新投入主要包括经费和人员投入，创新产出主要包括专利申请或授权数、新产品销售收入、高新技术产业增加值等，而对于创新环境，主要从经济环境、政府服务、法制健全程度等方面建立评价指标体系，在考虑各个指标重要程度的条件下，采用主成分或因子分析法、灰度预测法或熵值赋权法等方法将各指标变量进行综合，以代表科技创新水平的高低。对科技创新能力的评价主要从宏观和微观两个角度展开。

（1）宏观角度

主要是从产业、区域或城市创新能力角度进行研究。

如杨屹、薛惠娟（2010）分别从投入、配置、支撑和产出能力4个方面建立产业技术自主创新能力评价指标体系，对国内28个省区市的产业自主创新能力进行了测评，并就各项能力对不同区域产业的影响有无明显差异进行了实证分析。李洪文、黎东升（2013）从影响农业科技创新能力的因素指标人力投入、财力支出、专利、论文、农业成果等产出指标中选取了21个指标建立评价指标体系，对湖北省2006—2011年的农业科技创新能力进行了综合评价。赵玉林、程萍（2013）从创新投入、创新产出和支撑环境三个方面构建省域高技术产业技术创新能力评价指标体系，对全国省级区域的高技术产业技术创新能力分别从八五、九五、十五、十一五期间四个时段进行了动态评价和比较分析。

陶雪飞（2013）借鉴科技竞争力的指标体系，分别从技术创新、知识创新、多元化创新投入、创新服务和政府科技管理体系五个方面为城市科技创新综合能力设计了以技术创新能力体系为核心的“五位一体”的科技创新能力评价指标体系，并以国内重要城市为样本进行了实证研究。另外，杨艳萍（2007）、贺霞和韩天锡等（2010）、胡晓辉和杜德斌（2011）、虞震（2011）等也分别从科技进步基础、科技投入、科技产出、科技促进社会发展、全国科技进步统计监测和城市经济活动的基本部分与非基本部分等不同角度对城市的科技创新能力进行了评价。

（2）微观角度

从微观角度，研究主要是从科技创新的主体：高校和企业两个方面进行。

高等学校科技创新能力主要体现自主创新和合作创新两个层面。自主创新是高校利用自身的教学科研平台、自身所拥有的科研人员力量等进行的创新活动；合作创新则是高校与高校之间、高校与企业之间、境内高校与境外高校间的合作创新。高校创新能力主要表现在知识创新、技术创新、学科创新、创新合作和创新成果转化等方面。

曾卫明、朱晓霞（2009）从经济和社会效益、成果转化能力、创新团队竞争力、团队建设能力和人才效应五个方面建立了具有26个指标的评价指标体系，对黑龙江省高校科技创新团队创新能力进行了评价。郭俊华、孙泽雨（2016）从资源投入、创新运作、国际合作创新、绩效产出、成果转化能力 5 个方面构建了具有 15 个指标的评价指标体系，对 2013 年全国 31 个省市高校的科技创新能力进行了评价，得出各地区科技创新能力的综合排名，并对中国区域间高校科技创新能力的差异和影响因素进行了分析。

对企业的创新能力的研究，主要集中在科技型中小企业，也有对工业企业、高技术企业的技术创新和自主创新能力进行评价。

陈云、谭淳方等（2012）以科技型中小企业为研究对象，对其创新能力进行了评价，认为科技型中小企业的特点是成长率高，因此从企业现有技术创新能力和技术创新能力提升潜力两个方面，分别从企业研究开发、生产制造、新产品优势、创新投入、创新管理和创新转化能力 6 个方面，构建了创新能力评价指标体系。毕克新、王筱等（2011）分析了科技型中小企业包括政策、法律、社会服务、市场和金融环境的外部环境因素，以及包含自主创新研发、自主创新生产制造、自主创新管理、自主创新营销和自主创新风险防范能力的内部要素，并以此为依据，建立了科技型中小企业自主创新能力评价指标体系对江苏省科技型中小企业自主创新能力进行了综合评价。

对于创新能力的评价方法，多采用灰关联分析法、层次分析法（AHP）、模糊综合评价法、多属性决策方法（VIKOR）、熵权 TOPSIS 法、主成分分析法和因子分析法等。

2. 基于科技创新产出视角

科技创新产出视角的衡量主要是基于科技创新的结果观，目前主要有单一指标法如专利申请量、专利授权量、高技术产品产值、新产品销售收入等和基于生产函数的总量测算法。总量测算法以生产函数为基础建立经济数学模型，主要是求出全要素生产率，又可细化为索洛余值法、丁伯根测算法、丹尼森“知识进步”测算法等。

（1）单一指标法

张林（2016）分别以发明专利产出率、技术市场成交率、创新成果创收率等产出指标来衡量科技创新，而李从文（2015）、李苗苗和肖洪钧（2015）等的研究中也多是以 R&D 经费投入、专利申请数作为科技创新评价指标。

（2）总量测算法

总量测算法主要是测算出全要素生产率（TFP），对科技创新效率的评价方法主要有两类。一类是参数方法，以随机前沿分析（SFA）为代表，该方法由 Aigner & Lovell et al（1997）、Meeuser & Broeck（1977）各自独立提出。龚雪媚、汪凌勇（2011）利用 SFA 方法对我国 2000 – 2008 年 30 个地区的区域技术研发效率和商业化效率进行了测算，并指出了各影响因素的作用效果。张宗益、周勇等（2006）使用我国 31 个地区的面板数据，运用基于对数型 Cobb – Douglas 生产函数的随机前沿生产函数（SFA）实证研究了我国区域技术创新效率。

另一类是非参数方法，以数据包络分析（DEA）为代表，由 Charnes，Cooper & Rhodes 在 1978 年提出，该方法的原理主要是通过保持决策单元（DMU）的输出或者输入不变，借助于数学规划和统计数据确定相对有效的生产前沿面，将各个决策单元投影到 DEA 的生产前沿面上，并通过比较决策单元偏离 DEA 前沿面的程度来评价它们的相对有效性。

徐小钦和黄馨等（2009）、朱鹏颐和刘东华等（2017）、刘凤朝和潘雄锋（2007）、韩东林和袁茜等（2016）、俞立平（2007）等均利用 DEA – Malmquist 指数法分别从区域、城市、产业和企业的角度对科技创新效率进行了评价研究。沈能和潘雄锋（2011）、郭军华和倪明等（2010）、吉生保和周小柯（2010）、张江雪和朱磊（2012）等利用三阶段或四阶段 DEA 模型对各产业或各类企业的科技创新效率进行了评价。

2.2 文献综述

2.2.1 金融创新与经济增长关系的研究

2.2.1.1 理论研究

金融创新与经济增长关系的研究在国外起步较早。Goldsmith（1969）分析了三十五个国家从十九世纪六十年代开始 100 年间的金融结构和金融发展问题，得出了“经济与金融发展之间存在着一种粗略的平行关系”的结论。Morgan（1973）和Shaw（1973）分别提出了“金融抑制”和“金融深化”理论，经济增长与金融发展的关系渐渐成为发展经济学的重要研究领域之一。

然而由于金融创新的日益复杂化，其对经济增长的影响学术界至今也没有统一论断，大致观点可分为两类。一类观点认为金融创新有利于提高金融业的服务质量和多样性（Berger，2003）、提高资金的配置效率（Ross，1976）；而另一种观点认为，金融创新导致了金融的脆弱性，从而会对经济运转造成威胁或加剧经济的不稳定性。Steven Li（2003）从金融风险管理方面，阐述了金融创新在经济运转过程中可能存在的威胁性，但并未研究金融创新对经济的各种影响。在有关美国次贷危机引发全球金融风暴的研究中，Keys & Mukherjee et al（2008）、Gennaioli & Shleifer et al（2012）等学者们普遍认为金融创新降低了贷款审查激励和贷款标准，进而加剧了经济的不稳定性。

国内的一些研究也对金融创新与经济增长进行了研究，而研究普遍认为金融创新对经济增长的影响具有双面性。杨星（2000）在对金融创新对经济增长关系的理论研究中得到了以下两个方面的结论：金融创新从扩大了金融机构资金来源渠道、加强了利率的杠杆作用、推进了金融自由化的进程等方面对经济增长具有积极作用；而从货币政策、经营风险和使金融体系的稳定性下降等方面也具有一定的消极影响。施建淮（2004）用功能分析法研究了金融创新对长期经济增长的影响，指出金融创新有益于长期经济增长。

聂名华、杨飞虎（2010）对近几年国内外文献整理得出：金融创新与金融发展、金融发展与经济增长之间都存在双向作用关系；金融创新与经济增长之间逻辑上存在相关关系。

2.2.1.2 实证研究

由于金融创新的统计数据缺乏，理论上对金融创新的量化比较困难，因此国内外对金融创新与经济增长关系的实证研究比较少，实证研究方法多集中在回归分析、协整检验、格兰杰因果关系检验等。而且由于实证样本的选择不同导致金融创新与经济增长的关系在学术界没有形成一致的结论，当各个国家或地区的经济、金融体制存在差异时，区域金融创新与经济增长的关系会受到区域经济体制和金融体制差异的影响。

Levine（1997）研究得出金融的功能包括资源配置、集聚和分散、公司治理、风险规避和商品交换五个方面。通过技术创新和资本积累两个中介桥梁金融功能对经济增长起到促进作用。

Laeven，Levine & Michalopoulos（2009）指出了企业家将最大化利润收入为目的，把扶持企业创新当渠道进行金融创新的内生增长模型，在本模型内采用技术进步的衔接效果来说明经济增长受金融创新作用的机制，说明了之前研究的不清晰的经济和金融创新之间的内生性关系。

Beck（2016）对金融创新与经济增长的研究基于 32 个国家的时间序列数据，评估了金融创新与银行增长的脆弱性以及与经济增长之间的关系。研究发现，金融创新的具体措施与银行快速增长有关，而且金融创新与具有更好增长机会的国家和行业的高增长有关。

国内学者在金融创新与经济增长关系的实证研究方面也有一定的进展。

冉光和（2006）对文献整理得出：利用中国东部和西部面板数据进行协整检验、单位根检验与误差修正模型来增强数据的使用效率，西部地区金融发展与经济增长之间具有金融发展引导经济增长的单向长期因果关系，而无明显的短期因果关系；东部地区金融发展与经济增长之间长期和短期的双向因果关系均显著。

李科、徐龙炳（2011）以“分配金融资源”为理论观点，从微观角度看，金融创新的使用导致了公司融资约束的变化，这为金融发展与经济增长之间因果关系的实证研究提出了新证据。金融创新增加了公司的融资渠道，使得公司的融资约束减少，同时又使公司的融资和投资能力得以提高，最终对公司的经营业绩的正向影响显著。

孙浦阳、张蕊（2012）以技术进步为切入点，利用面板数据模型，实证研究影响经济增长的金融创新内部机制。结果表明：考虑到经济增长模型中金融创新的内生性，与金融发展不同，金融创新在经济增长中的作用不确定，甚至会具有显著的负向影响；而金融创新与技术进步的融合对经济增长有显著的促进作用，而这一作用更多地体现在企业的技术进步上。

毛茜、赵喜仓（2014）基于科技型中小企业发展的视角，从宏观和微观两个方面分析了科技金融创新对经济增长的影响。结果表明：科技金融创新对经济增长的作用可以分为正效应和负效应，正效应大于负效应。适度科技金融创新有助于金融业资源的有效配置，促进经济平稳发展。

2.2.2 科技创新与经济增长关系的研究

与金融创新对经济增长的不确定影响相比，科技创新对经济增长的作用得到了学者们的普遍重视和认可。

2.2.2.1 理论研究

国外关于科技创新与经济增长的研究，主要立足于宏观层面，关于区域科技创新与经济增长关系的研究较少。

Rome（1986、1990）将 R&D 引入模型并形成了内生经济增长理论。而后的相关研究主要集中在对内生经济增长理论的拓展和深化上。如 Murph, Shleifer & Vishny（1989a、1989b）为代表的策略性互补和需求外溢模型，以 Yang & Borland（1991）为代表的“在干中学”和技术扩散模型，以 Lucas（1999）、Grossman & Helpman（1991）、Aghion & Howitt（1992）为代表的内生技术进步与回报递增模型等。内生经济增长理论已经将科技进步内生化，成功地解决了传统经济增长模型的理论缺陷。这一理论认为，专利、发明创新及其扩散都将导致利润率的扩大和产业结构的调整，并加速经济增长，使其从“资源导向型”向“创新导向型”转变，科技进步是经济增长的主要动力。

另外，Riddel & Schwer（2003）对区域科技创新能力有过研究。Smith（2005）通过研究发现经济增长的动力在于资本积累、劳动分工和科技进步。

国内对于科技创新和经济增长的理论研究主要集中在介绍、引进和应用国外相关研究成果上。

吴易风、朱勇（2000）以西方内生增长理论为基础，对三类新的基于垄断竞争假设的内生增长模型，即产品品种增加型内生增长模型、产品质量升级型内生增长模型、专业化加深型内生增长模型逐一加以评述，得出了对内生增长理论的总体评价：内生增长理论中在技术进步实现机制和技术进步对一个国家或地区的经济增长所起到的决定性作用两个方面的研究，都具有重要的理论意义和政策借鉴价值。

吴传清（2003）通过理论机理分析得出：技术创新对区域经济发展具有重要作用，可以促进区域经济发展的要素形态与功能、区域经济增长方式、区域产业结构和区域经济空间结构的变化，而且可以通过促进企业制度变革和改变人的价值观念两种方式推进区域经济的制度创新。

毛健（2003）在西方经济学理论体系和框架内围绕发展中国家的经济发展问题，从经济增长模式、经济增长阶段、经济发展管理三个方面进行了阐述，认为三者之间不仅相互联系，而且这三者又与经济增长的路径选择密不可分，将直接影响经济增长的进程。

2.2.2.2 实证研究

在科技创新与经济增长关系的实证研究方面，学者们多是以经济增长理论为研究基础，融入科技创新因素，通过面板回归、联立方程模型等方法进行实证研究，研究结果比较一致，认为科技创新会增强一个国家或地区的持续竞争力，促进产业升级，从而从长期会促进经济增长。

Şener & Sarıgdoan（2011）在高度全球化和竞争的世界经济环境下，研究了科技创新的全球竞争力战略和传导机制对高收入经合组织经济增长的影响。研究发现，拥有以科技创新为导向的全球竞争力战略的国家更具有持续竞争力和长期增长。为此，各国应设计科技创新为导向的经济战略和政策，以实现可持续的全球竞争力和长期增长。

Batabyal & Yoo（2016）分析了导致熊彼特经济增长的研发（R&D）的本质，认为区域经济增长的引擎是过程创新，这些创新导致用于生产最终消费品的机器的质量改进。研究结果表明，在所谓的平衡增长路径（BGP）均衡中，增长是不平衡的，因为研发仅在最高质量的机器生产线上进行。同时也给出了政策制定者如何改变基本模型，从而在所有不同机器生产线上进行研发的情况下，使得增长均衡。

贾明琪、刘双双等（2015）利用西部地区的省级面板数据，就外商直接投资、科技创新以及经济增长这三个变量的关系进行了研究，结果表明：FDI促进了我国西部区域科技创新能力的提高；FDI 的技术外溢效应使本地企业创新产品产值成逐年增长趋势，并辐射周边区域，提高了本地区的人均 GDP，带动了经济增长，同时经济进一步发展又促进了更多外资的流入。

李政、杨思莹（2017）构建了同时包含经济增长方程、创新水平方程与产业升级方程的联立方程模型。将经济增长、创新水平与产业升级视为内生变量，对三者之间的作用关系进行实证分析。结论表明：我国科技创新、产业升级与经济增长之间基本形成了一种相互促进的良性互动关系，创新能够促进产业升级和经济增长。

杨武、杨淼（2017）在熊彼特应用创新周期诠释经济发展周期的理论基础上，从科技创新景气一致指数和宏观经济景气指数的时序关系角度测度了科技创新与经济增长之间的关系，得到的结论是：科技创新与经济增长之间存在着显著的双向非线性影响关系。一方面，科技创新对经济增长具有较强的驱动和预期效应；另一方面，经济持续增长会对科技创新产生需求引致效应。

2.2.3 金融创新与科技创新关系的研究

2.2.3.1 理论研究

金融创新与科技创新关系的理论研究主要可以从金融创新对科技创新的支持作用和科技创新对金融创新的促进作用两个方面展开。

1. 金融创新对科技创新的支持作用

现有关于金融创新对科技创新影响的文献主要集中在金融安排与创新型企业的融资、金融体系相关制度与科技创新发展两个方面。

在金融安排与创新型企业融资方面，政策性金融、商业银行、资本市场等金融安排形式的创新为不同发展阶段、不同发展类型的科技创新提供了资金，解决了科技创新的融资“瓶颈”问题。提供资金支持的渠道主要有三种：一是金融机构贷款、信用担保等间接金融支持；二是股票融资、债券融资、基金融资、创业资本风险资本等直接金融支持；三是政府财政资金支持。

George & Prabhu（2003）认为通过提供有吸引力的融资选择和相关支持，金融机构有能力有意识地将融资纳入指定的优先技术领域，金融机构在主动进行技术评估时，在发展公司的技术吸收能力与建设国家创新能力之间形成一个重要的联系。Stulz（2010）认为，通过对创新项目的监控，银行能够较可靠地根据项目进展及其资金需求情况来为创新项目提供额外的资金支持，因此银行在为需要分阶段融资的创新活动提供外部融资方面更为有效。

在国内，辜胜阻、洪群联和张翔（2007）认为创新具有不同的层次和阶段，作为技术创新主体的企业具有不同规模和生命周期，这决定了为企业技术创新提供融资支持的资本市场必然是一个多层次的资本市场。当前，我国资本市场还存在规模不足、层次单一的问题。姚战琪、夏杰长（2007）认为金融服务业的创新要通过大力发展风险投资、成立政策性科技开发银行、拓宽科技企业融资渠道、发行科技创新债券等措施来加强对科技进步和创新型产业的支持。

在金融体系相关制度与科技创新的研究方面，Tadesse（2006）分析了各国金融体系结构与科技进步之间的关系，比较了市场主导型金融体系与银行主导型金融体系，并认为市场化金融体系在金融体系对国家科技进步的促进作用中更为显著。李悦（2008）基于产业生命周期理论，指出金融市场在生命周期初期支持创新产业发展和新兴产业融资具有优势，而对于具有不同特征的产业和处于生命周期不同阶段的产业，“市场主导型金融体系”和“银行主导型金融体系”对自主创新和技术进步的推动作用有所差异。黄国平、孔欣欣（2009）分析了中国金融发展的现状及其与科技创新的关系，发现两者之间存在某种程度的不兼容性。从加强科技创新的角度看，国家有必要建立完善政策体制、拓宽融资渠道、弥补资金缺口、化解创新风险的金融支持体系来促进科技创新。

可见，学者们对金融支持科技创新的积极作用这一命题已经能够达成共识：金融通过支持企业技术创新，推动高新技术产业发展等方面带动了相关产业的发展，并通过技术的扩散、渗透与诱导方面的作用，实现技术变革的目的。

2. 科技创新对金融创新的促进作用

科技创新对金融创新的促进作用主要集中在研究高科技的不断创新和运用对银行等金融机构的业务形式创新及金融市场产品创新的影响上。

Berger（2003）考察了银行业的技术进步及其影响。研究表明，由于“后台”技术的改进以及消费者从改进的“前台”技术中受益，成本和贷款能力得到改善，银行服务质量有所提高，服务种类可以丰富，整体生产力显著提高。

Consoli（2005）分析了英国银行业结构变化过程的演进，指出信息和通信技术（ICT）的实施和发展是影响零售银行业金融服务发展的重要因素，英国零售银行业的发展呈现出分布式创新过程的特征，技术开发者、服务提供者和客户对行业结构变化的过程作出贡献。

Revilla & Fernández（2012）研究了金融业务的创新主要是依赖于信息技术的不断进步而得以推动，证明出信息通信技术通过生产重组和技术进步促进了资本深化。

国内科技创新对金融创新支持的理论研究主要从两个方面展开。

一方面，戴志敏、罗峥（2008）认为以电子信息技术为代表的技术变革是金融创新的原动力之一。陈迅、陈军（2009）认为科技进步推动了金融创新，提高了金融机构经营效率，并促进了金融业运行模式的创新。

另一方面则是借鉴 Perez（2002）的研究成果，对科技创新与金融资本（金融创新）关系进行深入分析。周游、高翠翠（2009）认为金融创新活动如果脱离了科技进步的客观需求，将很难对经济发展起到促进作用。曹东勃、秦茗（2009）认为技术创新为金融创新提供了利润空间，金融创新为技术创新提供了金融支持。

2.2.3.2　实证研究

国内外许多学者通过实证研究考察了科技创新与金融创新的相互作用。

Hyytinena & Toivanenl（2005）研究了政府资助对芬兰中小企业创新行为的影响。研究证据表明，资本市场的不完全性阻碍了创新和增长，公共政策可以补充资本市场，并通过对公司层面的数据进行实证检验，验证了政府资助不成比例地帮助那些依赖外部融资行业的公司进行创新。

Benfratello & Schiantarelli et al（2006）利用上世纪 90 年代意大利企业大量的创新数据，考察了当地银行业发展对企业创新活动的影响。结果表明银行业的发展会影响技术创新进程，特别是高科技行业的企业、更多依赖外部融资行业的企业以及中小企业。

Ang（2010）利用韩国 1967—2005 年金融部门的时间序列数据，考察了金融部门的创新活动对 R&D 活动的影响，结果表明实施一系列金融自由化政策与更高的知识产生率密切相关。

Chowdhurya & Min（2012）运用 1997—2006 年共 70 个发达国家和发展中国家的数据，对金融市场的发展是否提高了经济中研发投资的有效性问题进行了研究，结论显示金融市场的发展对整体研发投资的有效性起到了重要作用。

Po－Hsuan & Xuan et al（2014）使用包含32个发达国家和发展中国家的大规模数据，利用固定效应识别策略，研究了金融市场发展对技术创新的影响。结果显示，金融发展的机制、股票市场和信贷市场均会对技术创新产生影响。发达国家或高科技行业更依赖外部融资，股票市场越发达创新水平越高，而信贷市场的发展似乎阻碍了具有这些特征的行业的创新。

国内学者对金融创新和科技创新关系的实证研究也主要集中于金融创新对科技创新的促进作用以及科技创新对金融创新的支持两个方面。

康志勇、张杰（2008）分析了金融结构影响自主创新能力的微观机制，并利用1980—2004年中国的时间序列数据对理论假设进行了实证检验。结果表明金融结构与自主创新之间存在着长期稳定的关系，但金融结构对自主创新能力的影响不显著。

徐玉莲、王宏起（2011）运用Bootstrap模拟方法，利用我国1994—2008年的数据，对金融发展与技术创新的格兰杰因果关系进行了检验，得到的结论是：在金融体系框架下，风险投资和股票市场的发展对技术创新有积极的促进作用，而银行和债券市场的发展对技术创新没有明显的促进作用。

张志强（2012）基于内生增长理论，利用空间误差修正模型和面板动态最小二乘回归方法，研究了金融发展规模效率对区域创新的效应。结果表明金融发展的规模和效率对R&D创新具有显著的效应，但区域差异显著。

2.2.4 金融创新、科技创新与经济增长的关系研究

通过对文献的梳理可以看出，以上研究都是将金融创新、科技创新与经济增长的两两相互关系进行研究分析，并从不同角度，利用不同方法，对其相互关系进行理论层次的论述，并通过各年份数据加以实证检验，使得对于科技创新、金融创新各自与经济增长的相互关系有了更深入的了解。也有一些学者尝试对金融与科技创新的相互关系进行了有益的探索。但很少有学者将三者放在一个框架内研究，而经验事实的直观感觉是这三者之间应是相互影响，相互作用，彼此不是孤立存在和运作，更不是仅仅表现为两两相互影响。因此研究相对来说是片面的，无法完整解释经济社会的诸多现象，更无

法为经济社会的未来发展做出准确预测。

2.2.4.1 理论研究

在理论研究方面最著名的是经济学家Perez（2002）在其具有原创性的著作《技术革命与金融资本——泡沫与黄金时代的动力学》一书中从系统动力学的角度对技术革命、金融资本以及经济动态之间的关系提出了一个具有开创性的解释框架。其主要贡献有两点：一是以复杂系统的观点来研究技术创新、金融资本、经济增长之间的动态关系，打破了长期以来新古典经济学的思维定式；第二，将技术革命的全过程分为不同阶段和时期予以分别考察，使人们能够更清楚地认识到每次技术革命中技术创新、金融资本和经济发展的互动过程。但其研究对象仅仅限于西方发达国家，同时也缺乏实证检验。

2.2.4.2 实证研究

目前，国内外也有少部分学者开始尝试将三者结合起来进行研究。

Laeven，Levine & Michalopoulos（2012）通过建立Schumpeterian模型研究了金融创新和企业的技术创新之间的互动与技术匹配过程，研究结论表明：金融机构参与创新是为了获得更高的利润，而在技术创新促进经济增长的过程中，如果没有结合金融创新，那么这种增长最终将会停止。而且通过实证检验后得到的结论与动态协同模型相一致。

Pradhan & Arvin et al（2018）利用面板单位根和面板协整检验，采用1961年至2014年间49个欧洲国家的相关数据，对科技创新、金融发展和经济增长之间的相互作用进行了实证研究。结果表明这三者之间存在协整关系。对向量误差修正模型的估计表明，金融发展和科技创新对经济增长具有长期影响。

李丛文（2015）基于新常态视角，通过建立包含三部门的动态博弈模型，结合微观视角与宏观机制，分析了金融创新、技术创新以及经济增长的内在关联，提出相关结论并进行了实证分析。李苗苗、肖洪钧等（2015）基于中国31个省市2000—2011年的面板数据，依次运用面板数据的单位根检验、协整检验和因果有向无环图（DAG）等分析方法，对金融发展、技术创新与经济增长之间的影响关系进行了探讨。张林（2016）利用1999—2013年中国30个省市的面板数据，分别建立静态和动态空间面板模型，就金融发展与科技创新对实体经济增长的影响进行了实证检验。谢婷婷、任丽艳（2017）对金融创新、技术创新与经济增长之间的作用关系进行了探讨。

将金融创新、科技创新与经济增长关系的理论研究和实证研究方法及所得到的结论整理后，见表2－1。

表2－1　三者放在统一框架下的研究汇总

分类	理论、模型和研究方法	研究成果和结论
理论研究	Carlota Perez（2002）“技术－经济”范式系统动力学方法	1. 以复杂系统的观点来研究技术创新、金融资本、经济增长之间的动态关系，打破了长期以来新古典经济学的思维定式； 2. 将技术革命的全过程分为爆发阶段、狂热阶段、转折点、协同阶段和成熟阶段分段予以考察，使人们能够更清楚地认识到每次技术革命中技术创新、金融资本和经济发展的互动过程； 3. 研究结果认为每个阶段或时期的结束与开始没有确切的日期，而且涉及的大多数过程都是彼此重叠的，并且由于每次技术革命从一国向别国传播时，其扩散是不平衡的，因此对于不同国家在这些事件发生的序列上存在着次序的错置； 4. 模型为长期动态模型，并不能解释某些个别事件（如金融危机）。
实证研究	Pradhan（2018）面板数据模型 向量误差修正模型	采用1961年至2014年间49个欧洲国家的相关数据，利用面板数据模型对科技创新、金融发展和经济增长之间的相互作用进行了实证研究，研究结果表明： 1. 对科技创新、金融发展和经济增长相关指标变量进行了面板单位根检验和面板协整检验，这三个变量之间存在长期稳定的协整关系； 2. 对向量误差修正模型的估计表明，金融发展和科技创新对经济增长具有长期影响。

续表

分类	理论、模型和研究方法	研究成果和结论
实证研究	李从文（2015） 三部门动态博弈模型 自回归分布滞后模型	通过建立包含三部门的动态博弈模型进行了理论分析并且通过 ARDL－ECM 边界效应检验模型进行实证检验，研究结果表明： 1. 单独的金融创新无论是短期还是长期对于我国经济增长产生抑制作用，但是一旦结合实体经济，金融创新与技术创新的协同作用能够推动经济增长，但是影响程度却弱于单独技术创新的作用，说明经济发展“新”的程度还有待于提高创新融合转化为生产力的效率； 2. 目前我国的长期经济增长主要还是靠资本投资以及劳动传统要素驱动，而知识与创新具有门槛效应，其对经济增长产生外部促进作用需要靠长期积累。要使创新成为经济增长的新引擎，需要靠创新要素的不断积累，所以创新驱动“常态”的形成是一个由短期量变到长期质变的动态发展过程。
实证研究	李苗苗（2015） 面板数据模型 因果有向无环图法	基于中国31个省市2000—2011年的面板数据依次进行了面板数据的单位根检验、协整检验、自向量回归分析和因果有向无环图（DAG）分析等过程，详细探讨了金融发展、技术创新与经济增长两两之间的同期因果关系，得到以下几个主要结论： 1. 金融发展、技术创新和经济增长两两之间存在长期稳定的均衡关系；金融发展是引致技术创新的直接原因，而技术创新是引致经济增长的直接原因；金融发展既是引致经济增长的直接原因，也是引致经济增长的间接原因； 2. 在金融发展指标中，以银行主导的金融系统发展对经济增长具有显著地正向作用，但它却通过抑制技术创新来间接地影响地区经济的增长；而金融发展规模对经济增长具有显著且直接的负向作用，但它可以通过促进 R&D 投入来间接地促进经济的增长； 3. 技术创新对经济增长具有显著且直接的正向作用；而以银行主导型的金融系统发展短期内虽有助于地区的经济增长，但不利于地区经济增长的可持续性；而金融发展规模短期内虽不利于地区的经济增长，但可以通过促进地区技术创新水平的提高间接地促进经济的增长。

续表

分类	理论、模型和研究方法	研究成果和结论
实证研究	张林（2016） 空间静态面板模型 空间动态面板模型	利用空间计量分析方法，从地理区位特征和经济社会特征两个方面构建空间权重矩阵，基于 1999—2013 年中国 30 个省市的面板数据建立静态和动态空间面板模型对此进行了实证检验。研究结果表明： 1. 考察期内中国实体经济增长存在显著的正向空间相关性和异质性，地理区位特征和经济社会特征均对中国实体经济增长及其空间相关性产生显著正向影响，又以经济社会特征的影响更大； 2. 金融发展和科技创新在短期和长期内均对实体经济增长具有显著的正向促进作用，而金融发展和科技创新的融合互动对实体经济增长没有显著影响； 3. 在金融发展水平与科技创新水平不断提高的过程中，二者缺乏更多更深的融合互动，还未实现协调发展。
实证研究	谢婷婷（2017） 动态面板模型 GMM 估计法	基于我国 2000—2015 年省级面板数据，采用 GMM 估计方法，利用动态面板模型进行实证检验。结果表明： 1. 技术创新对经济增长的影响显著为正，单独的金融创新对经济增长起抑制作用，二者的交互作用则对经济增长起显著性正向作用。 2. 脱离实体经济的金融创新将抑制经济增长，也会间接阻碍技术创新对经济增长的影响。

2.3 文献评述

1. 理论分析

在金融创新、科技创新与经济增长关系的理论研究方面，学者们多是利用定性分析、功能性分析、机理研究等方法结合经济增长理论，主要是从宏观层面对两两关系运用不同方法、从不同角度进行了研究。而只有 Perez（2002）在“技术 - 经济”范式下，利用系统动力学方法，从理论上对三者的关系进行了探讨。这些理论研究虽然取得了一定的成果，但是与实证研究没有很好的结合在一起，对实证研究没有十分契合的指导。

2. 量化分析

在对金融创新的测度进行梳理时发现，与科技创新不同的是，金融创新的专利支出、R&D 支出、R&D 人员等数据鲜少有收集，这就使得区域金融创新的衡量和测度并不容易展开。因此大多数的实证研究中，对金融创新的评价指标选取基于某一个角度展开，并不能够全面反映一个国家、地区或企业的金融创新水平。因此，区域金融创新、科技创新如何衡量以及创新的效率水平与环境因素如何测算是突破与挑战。

3. 研究方法的选择

目前的研究方法和工具多是基于新古典增长理论和内生增长理论的规范研究和统计计量实证检验，考察金融创新、科技创新对于经济增长的单方向、线性影响，而对于模型“内生性”问题即交互影响未能进行很好的处理。另外在金融创新和科技创新对经济增长影响的实证研究方法的选择上，多是用面板数据模型、自回归分布滞后模型结合协整检验、Grenger 因果关系检验等等计量分析方法来进行，但是在研究区域金融创新和科技创新对经济增长的影响时，由于这三个因素在空间上具有相关性和异质性，会出现溢出效应从而会对“相邻”区域产生影响，因此在实证研究时应该考虑空间效应的影响。

4. 作用结果

在对金融创新与经济增长关系的研究中虽然应用了大量的资料、运用了各类计量方法，但采用不同的实证方法所得到的结果差距较大，对结果的理论解释也存在较大争议。对区域科技创新与经济增长关系的大量研究结果显示，中国的经济增长、区域科技创新及其相互关系在不同地区之间存在不匀质性，而这种不匀质性势必会使区域科技创新能力的作用机制等在不同地区产生差异，对这种差异性的研究，已有文献涉及较少。而将三者放在统一框架下的研究，得到的结论普遍认为科技创新对经济增长具有促进影响，但是金融创新对经济增长的影响不尽相同。

5. 可供研究的内容

通过以上分析发现，有以下几个方面可供研究。

（1）理论分析。因为本书主要研究金融创新、科技创新对经济增长的影响，因此以经济增长模型为理论基础，从理论上推导出融合金融创新部门、科技创新部门和经济部门的经济增长模型，寻找出金融创新与科技创新促进经济增长的作用机理，可以为区域金融创新和科技创新对经济增长影响的实证研究提供直接的理论支持。

（2）金融创新和科技创新的测度。现有研究对于金融创新和科技创新的评价未能形成一个系统的评价体系，仅是从创新效率、创新结构、创新环境等单方面进行研究。克服单一指标所存在的缺陷，以能反映出区域内金融创新和科技创新质量和环境的全面系统的评价指标体系，从而构建一个较为完善的综合三个要素的分析框架，丰富和充实相关研究。

（3）区域金融创新、科技创新和经济增长的空间效应及动态影响分析。

由于区域金融创新和科技创新对经济增长的促进作用具有动态演进的特点，而且其具有一定的空间相关性，因此在对其影响关系进行研究时考虑空间动态影响很有必要。而且这种空间相关性与异质性是由于“地理相邻”还是“经济相邻”而产生，还需要进一步剖析。

2.4 本章小结

本章首先对金融创新和科技创新的相关概念进行了界定，包括金融创新和科技创新的内涵、测度，其中通过文献梳理的方式对金融创新和科技创新的衡量方式进行了详细的阐述，为后续对金融创新和科技创新效率与环境评价指标体系的构建及评价方法的选择奠定了基础。其次通过对相关文献的梳理可以看出，国内外学者从不同角度，利用不同方法对金融创新、科技创新与经济增长的关系进行了研究，使得对于金融创新、科技创新各自与经济增长的相互关系有了更为深入的理解，这些研究成果为进一步的研究奠定了良好的基础，也提供了很多可以借鉴的思想、理念及方法。但也可以看到，已有的研究中存在一些需要进一步解决的问题，因此为本书的研究留有一定的空间。

第3章

区域金融创新与科技创新的效率评价与差异分析

生产率是探求经济增长源泉的重要工具，同时又是衡量经济增长质量和效益的重要标准，越是在更高的经济发展阶段上，越是要靠生产率的提高来实现经济增长。因此在研究金融创新和科技创新对经济增长的影响关系时，对创新效率的评价和各地区效率差异性分析就显得非常重要。本章分别建立了区域金融创新和科技创新效率的评价指标体系，运用 DEA-Malmquist 指数法对区域金融创新和科技创新的全要素生产率进行了测算，并对创新效率的差异性进行了分析。同时将测算得到的全要素生产率纳入到第 6 章区域金融创新实力和科技创新实力的衡量因素中，为后续研究奠定了基础。

3.1 效率理论

生产率是决定经济增长的重要因素，同时又是衡量经济增长质量和效益的重要标准，因此效率理论和研究方法愈来愈被人们所重视，已成为了学术界研究的热点，相关成果层出不穷。下面对效率的内涵与发展及对效率的测算方法进行简单的总结和梳理。

3.1.1 效率的内涵与理论发展

Farrell（1957）在 Debreu（1951）和 Koopmans（1951）研究成果的基础上，定义了能计算多投入厂商效率（Efficiency）的简单测量。Farrell（1957）提出的厂商效率包含两个成分：技术效率（Technical Efficiency），即反映厂商由给定投入集获得最大产出的能力；配置效率（Allocate Efficiency），即反映厂商在分别给定的价格和生产技术下以最优比例利用投入的能力。这两方面的测量构成总的经济效率（Economic Efficiency）的测量。从测量的侧重角度不同，分为投入导向测量和产出导向测量。

3.1.1.1 投入导向测量

在规模报酬不变的假设下，Farrell（1957）利用涉及由两种投入 x_1 和 x_2 生产单产出 q ，计算的效率水平如下：

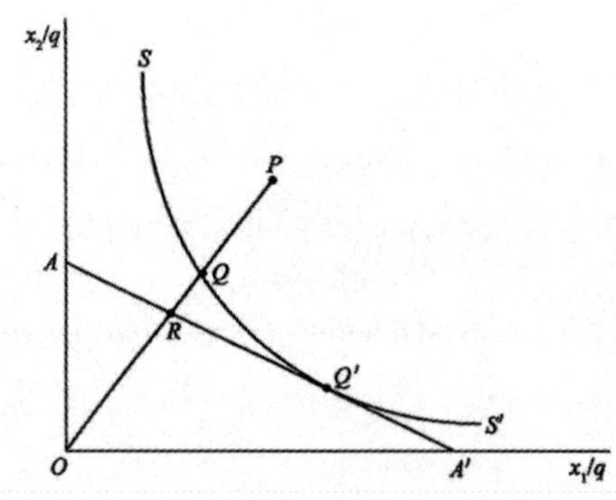

图 3-1 投入导向的技术效率和配置效率

如图 3－1 所示，SS' 表示完全效率厂商（Fully Efficient Firns）的等产量线，落于 SS' 线右上方的投入组合则为相对无效的投入组合。如果给定厂商使用 P 点定义的投入量去生产单位产出量，则该厂商的技术无效率可用距离 QP 来表示，它就是在产出不减少时所有投入按比例可能减少的量。通常用 QP/OP 来表示，它表明要达到技术有效的生产所需要减少的所有投入量的百分比。厂商的技术效率（TE）常用比率

$$TE = OQ/OP = 1 - QP/OP \tag{3.1}$$

来测算，其取值在 0 和 1 之间，取值为 1 意味着厂商是完全技术有效的。

3.1.1.2　产出导向测量

投入导向技术效率测量相当于“不改变所生产的产出，投入量可以按比例的减少多少?”而如果换个角度来考虑，“不改变所使用的投入量，产出量能按比例扩大多少?”会得到产出导向测量。二者的区别在于，假设厂商具有单投入 x 、单产出 q ，如图 3－2 所示，假设 $f(x)$ 表示规模报酬递减的技术，无效的厂商运营于点 P 。Farrell 技术效率 TE 的投入导向测量等于比率 AB/AP ，而 TE 的产出导向测量由 CP/CD 表示。如图 3－3 所示，仅当规模报酬不变时，技术效率的产出导向测量和投入导向测量相等。

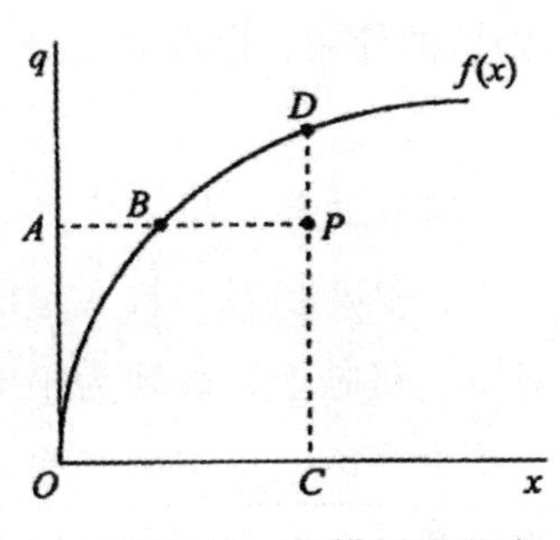

图 3－2　规模报酬递减

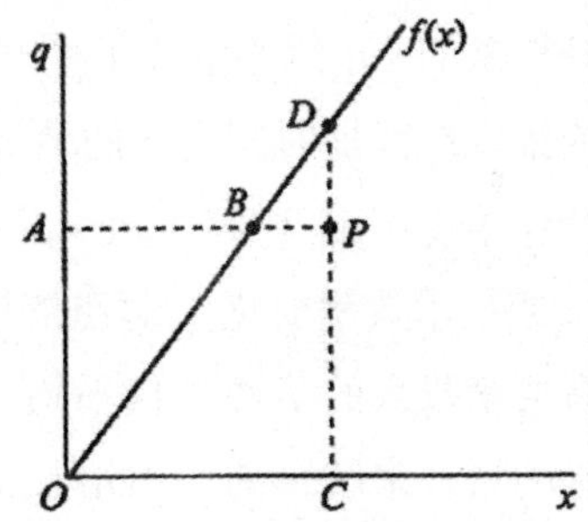

图 3－3　规模报酬不变

Farrell 对产出导向效率测量定义如下。如图 3－4 所示，ZZ' 曲线表示单位生产可能性曲线，点 A 对应于无效厂商，因为 ZZ' 表示生产可能性的上限，因此在点 A 运营的无效厂商位于该曲线下方。距离 AB 代表技术无效，它代表不需要额外的投入所能增加的产出量。因此，产出导向效率测量可表示为

$$TE = OA/OB = D_0(x, q) \tag{3.2}$$

其中，$D_0(x, q)$ 表示在投入向量的观测值为 x，产出向量的观测值为 q

时的产出距离函数值。

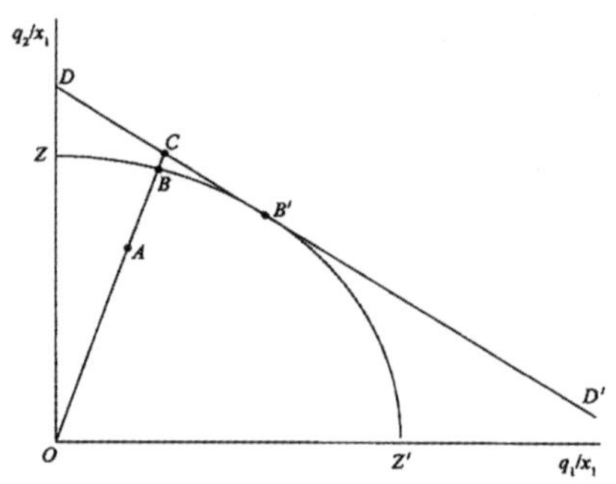

图 3－4　产出导向的技术效率和配置效率

3.1.1.3　全要素生产率

当用一种投入只生产一种产出时，测算生产率相对简单。在这种情况下，每单位投入的产出是对生产率水平的综合测量，而且它能用于比较厂商或产业的绩效。然而，当用多种投入生产多种产出时，计算相对复杂。在这种情况下，经常利用比如每人、每工作时或每公顷产出等偏生产率测量来进行计算。虽然普遍使用，但偏生产率测量用途有限，而且很可能潜在的误导和歪曲厂商的绩效。多因素或全要素生产率（Multifactor or Total Factor Productivity，MFP 或 TFP）测算解释了生产中若干投入因素的使用，因此更适合于厂商之间或给定厂商随时间变化的绩效测量和比较。

全要素生产率（TFP）是指各要素（如资本和劳动等）投入之外的技术进步（或技术效率变化）对经济增长贡献的因素，是产出量与投入量的比例或所有要素投入的某种加权平均，反映在经济增长贡献上，表现为不能由要素投入的增长来解释的产出增长部分。由于劳动生产率、资本生产率等单项指标容易产生交叉影响而难以反映生产效率的提高，全要素生产率剔除了要素规模作用，因而成为了衡量一个地区或行业经济运行状况、反映技术进步和技术效率等方面水平的综合指标。

3.1.2　全要素生产率的测算方法

全要素生产率增长的测算方法主要有增长核算法和基于技术效率的前沿函数法。增长核算法包括索洛增长核算法、柯布－道格拉斯生产函数法、指数法和对偶法等，而前沿函数法则包括随机前沿分析法（SFA）和非参数 DEA Malmquist 指数法。增长核算法与柯布－道格拉斯生产函数法的缺点是，其技术进步为希克斯中性与资本和劳动产出弹性保持不变的假设可能与事实不符，现实表明技术进步也与政策、制度等因素有关。指数法与对偶法也尚未完全解决这一问题，因而随机前沿分析法和非参数 DEA Malmquist 指数法可能更为适用。

3.1.2.1　数据包络分析方法

数据包络分析（Data Envelopment Analysis，简称 DEA）由 Charnes，Cooper 和 Rhodes 在 1978 年提出，该方法的原理主要是通过保持决策单元（DMU）的输出或者输入不变，借助于数学规划和统计数据确定相对有效的生产前沿面，将各个决策单元投影到 DEA 的生产前沿面上，并通过比较决策单元偏离 DEA 前沿面的程度来评价它们的相对有效性。1984 年 Banker，Charnes 和 Cooper 给出了 DEA 方法的 BCC 模型，把技术效率（TE）分解为纯技术效率（PEC）和规模效率（SEC），$TE = PEC \times SEC$，BCC 模型是在 CCR 模型的线性规划问题中加入一个条件得到的。

3.1.2.2　随机前沿分析方法

参数方法依赖于生产函数的选择，常用的生产函数为 Cobb－Douglas 生产函数、Translog 生产函数等。参数方法的发展经历了确定型前沿模型和随机型前沿模型。由于确定型前沿模型把所有可能产生影响的随机因素都作为技术无效率来进行测定，这使得其技术效率测定结果与实际的效率水平有一定的偏差。Aigner，Lovell & Schmidt（1977）以及 Meeusen & Van Den Broeck（1977）分别独立的提出的随机前沿生产函数模型，对模型中的误差项进行了区分，提高了效率测度方法的准确性。

除了增加表示统计噪声的随机误差项 v_i 之外，还增加了表示与技术无效有关的非负随机变量。SFA 的优点在于允许随机误差的存在，但 SFA 设定的前沿函数和无效率项分布的合理性值得考虑。

3.1.3　Malmquist 指数方法及原理

Malmquist 指数最初由瑞典经济学和统计学家 Sten Malmquist（1953）提

出，Caves，Christensen & Diewert（1982）首先将该指数应用于生产率变化的测算，此后与 Charnes，Cooper & Rhodes（1978）建立的 DEA 理论相结合，在生产率测算中的应用日益广泛。Färe，Grosskopf &Valdmanis（1989）将 Malmquist 的思想应用到生产分析上，Färe，Grosskopf & Norris（1994）建立了用来分析全要素生产率增长（TFPG）的 Malmquist 生产率指数，进而应用 Shephard 距离函数（Distance Function）将全要素生产率分解为技术进步（Technological Change）和技术效率变化。在实证分析中，研究者普遍采用 Fare et al（1994）构建的基于 DEA 的 Malmquist 指数。

Malmquist 指数是一个数量指数，其被定义为距离函数测量值的比率。根据 Fare et al（1994）的做法，为了定义出基础的测量生产率变化的 Malmquist 指数，假设对于 $t=1, 2, \cdots, T$ 的每一期，都存在一个从 $x_t \in \Re_+^N$ 到 $y_t \in \Re_+^M$ 的生产技术集 S^t，其数学表达式为

$$S^t = \{(x_t, y_t): x_t \text{ 可以生产 } y_t\} \tag{3.3}$$

对于每一个决策单元 i，t 期的产出距离函数定义为

$$D_i^t(x_t, y_t) = \inf\{\theta: (x_t, y_t/\theta) \in S^t\} = \sup\{\theta: (x_t, \theta y_t) \in S^t\}^{-1} \tag{3.4}$$

这个函数的定义等同于给定 x_t，产出变量 y_t 可以等比例放大倍数的倒数。此函数完全刻画了技术的特点。特别地，$D_i^t(x_t, y_t) \leqslant 1$ 当且仅当 $(x_t, y_t) \in S^t$。另外，$D_i^t(x_t, y_t) = 1$ 当且仅当 (x_t, y_t) 位于生产技术前沿。用 Farrell（1957）的术语来说，当生产的技术效率为 100% 时，才会发生。在单投入、单产出以及规模报酬不变的情况下，当平均产出最大化时，产出最大化。这个数值利用数据包络分析法来确定，将在后面详细阐述。Malmquist 指数来自于距离函数的定义，而且其中生产技术是一次齐次的。另外，它也对应于 Farrell（1957）所定义的产出效率，产出效率计算出了决策单元到生产前沿面的距离。为了定义 Malmquist 指数，还需定义跨期的距离函数

$$D_i^t(x_{t+1}, y_{t+1}) = \inf\{\theta: (x_{t+1}, y_{t+1}/\theta) \in S^t\} \tag{3.5}$$

这个函数给出了在 t 期的技术情况下，给定 x_{t+1}，产出 y_{t+1} 所能被放大倍数的倒数。同理也可定义 $D_i^{t+1}(x_t, y_t)$ 和 $D_i^{t+1}(x_{t+1}, y_{t+1})$。

在此基础上，可以定义如下的 Malmquist 指数。

如果将 t 期的技术当作参考值，从 t 期到 $t+1$ 期的 Malmquist 指数（产出导向）可以表示为

$$M_i^t\left(x_t, y_t, x_{t+1}, y_{t+1}\right)=\frac{D_i^t\left(x_{t+1}, y_{t+1}\right)}{D_i^t\left(x_t, y_t\right)} \tag{3.6}$$

如果将 $t+1$ 期的技术当作参考值，从 t 期到 $t+1$ 期的 Malmquist 指数表示为

$$M_i^{t+1}\left(x_t, y_t, x_{t+1}, y_{t+1}\right)=\frac{D_i^{t+1}\left(x_{t+1}, y_{t+1}\right)}{D_i^{t+1}\left(x_t, y_t\right)} \tag{3.7}$$

其中，i 表示第 i 个决策单元，(x_t, y_t) 和 (x_{t+1}, y_{t+1}) 分别为决策单元在 t 期到 $t+1$ 期的投入产出向量。$D_i^t(x_t, y_t)$ 和 $D_i^t(x_{t+1}, y_{t+1})$ 分别表示以第 t 期的技术为参考值的 t 期和 $t+1$ 期的第 i 个决策单元与效率前沿面的距离。$D_i^{t+1}(x_t, y_t)$ 和 $D_i^{t+1}(x_{t+1}, y_{t+1})$ 表示以第 $t+1$ 期的技术为参考值的 t 期和 $t+1$ 期的第 i 个决策单元与效率前沿面的距离。

如果 M_i^{t+1} 的值大于1，表示从 t 期到 $t+1$ 期的全要素生产率正增长，如果 M_i^{t+1} 的值小于1，则表示全要素生产率下降。

根据 Fare 等（1998）的论述，如果技术是 Hicks 产出中性的，这两个指数 M_i^t 和 M_i^{t+1} 等价。但为了避免添加限制条件或随机选择两种技术之一，Malmquist 指数通常被定义为这两种指数的几何平均值，即

$$M_i^{t+1}\left(x_t, y_t, x_{t+1}, y_{t+1}\right)=\sqrt{\frac{D_i^t\left(x_{t+1}, y_{t+1}\right)}{D_i^t\left(x_t, y_t\right)} \times \frac{D_i^{t+1}\left(x_{t+1}, y_{t+1}\right)}{D_i^{t+1}\left(x_t, y_t\right)}} \tag{3.8}$$

在规模效率不变（CRS）的条件下，将此距离函数重新组合，得到技术效率变化指数（Technical Efficiency Change，TEC）与技术变化指数（Technical Change，TC）的乘积

$$M_i^{t+1}\left(x_t, y_t, x_{t+1}, y_{t+1}\right)=\frac{D_{ic}^{t+1}\left(x_{t+1}, y_{t+1}\right)}{D_{ic}^t\left(x_t, y_t\right)} \cdot \sqrt{\frac{D_{ic}^t\left(x_{t+1}, y_{t+1}\right)}{D_{ic}^{t+1}\left(x_{t+1}, y_{t+1}\right)} \times \frac{D_{ic}^t\left(x_t, y_t\right)}{D_{ic}^{t+1}\left(x_t, y_t\right)}} \tag{3.9}$$

这里

$$TEC_i^{t+1}=\frac{D_{ic}^{t+1}(x_{t+1},\ y_{t+1})}{D_{ic}^{t}(x_t,\ y_t)}$$

$$TC_i^{t+1}=\sqrt{\frac{D_{ic}^{t}(x_{t+1},\ y_{t+1})}{D_{ic}^{t+1}(x_{t+1},\ y_{t+1})}\times\frac{D_{ic}^{t}(x_t,\ y_t)}{D_{ic}^{t+1}(x_t,\ y_t)}} \tag{3.10}$$

从而

$$M_i^{t+1}(x_t,\ y_t,\ x_{t+1},\ y_{t+1})=TEC_i^{t+1}\times TC_i^{t+1} \tag{3.11}$$

其中第一部分 TEC，是生产相对效率变化指数，表示从 t 到 $t+1$ 期的技术效率变化程度，也称为“追赶效应”或者“水平效应”，它衡量决策单元生产靠近当期生产前沿边界的程度。当 TEC >1，表明决策单元的生产更接近生产前沿边界，相对技术效率有所提高；反之表示技术效率下降。第二部分 TC 为从 t 期到 $t+1$ 期生产技术变动值的几何平均数，即从 t 到 $t+1$ 期的技术进步，代表两个时期内生产前沿边界的移动，称为“增长效应”。TC >1 表示技术进步；反之表示技术衰退。

在假设规模报酬可变（VRS）的条件下，Fare et al（1994）将规模报酬不变（CRS）下的技术效率（TEC）分解为 VRS 下的纯技术效率指数（Pure Technical Efficiency Change，PEC）和规模效率指数（Scale Efficiency Change，SEC）的乘积，

$$TEC_i^{t+1}=\frac{D_{iv}^{t+1}(x_{t+1},\ y_{t+1})}{D_{iv}^{t}(x_t,\ y_t)}\cdot\sqrt{\frac{D_{iv}^{t+1}(x_{t+1},\ y_{t+1})/D_{ic}^{t+1}(x_{t+1},\ y_{t+1})}{D_{iv}^{t+1}(x_t,\ y_t)/D_{ic}^{t+1}(x_t,\ y_t)}\times\frac{D_{iv}^{t}(x_{t+1},\ y_{t+1})/D_{ic}^{t}(x_{t+1},\ y_{t+1})}{D_{iv}^{t}(x_t,\ y_t)/D_{ic}^{t}(x_t,\ y_t)}} \tag{3.12}$$

这里

$$PEC_i^{t+1}=\frac{D_{iv}^{t+1}(x_{t+1},\ y_{t+1})}{D_{iv}^{t}(x_t,\ y_t)}$$

$$SEC_i^{t+1}=\sqrt{\frac{D_{iv}^{t+1}(x_{t+1},\ y_{t+1})/D_{ic}^{t+1}(x_{t+1},\ y_{t+1})}{D_{iv}^{t+1}(x_t,\ y_t)/D_{ic}^{t+1}(x_t,\ y_t)}\times\frac{D_{iv}^{t}(x_{t+1},\ y_{t+1})/D_{ic}^{t}(x_{t+1},\ y_{t+1})}{D_{iv}^{t}(x_t,\ y_t)/D_{ic}^{t}(x_t,\ y_t)}}$$

$$TEC_i^{t+1}=PEC_i^{t+1}\times SEC_i^{t+1} \tag{3.13}$$

Fare et al（1994）是利用给定的面板数据值，利用 DEA 类线性规划方法，测算式中的距离值。

假设存在 $i=1, \cdots, K$ 个决策单元，在 $t=1, \cdots, T$ 时期，使用 $n=1, \cdots, N$ 种投入 $x_{it}^{(n)}$，生产出 $m=1, \cdots, M$ 种产出 $y_{it}^{(m)}$，这里 $x_{it}^{(n)}$ 和 $y_{it}^{(m)}$ 均大于零。t 期的参考技术构造如下：

$$
\begin{aligned}
S^t = \{(x_t, y_t): y_t^{(m)} \leqslant \sum_{i=1}^{K} z_{it} y_{it}^{(m)} & \quad m = 1, \cdots, M\} \\
\sum_{i=1}^{K} z_{it} x_{it}^{(n)} \leqslant x_t^{(n)} & \quad n = 1, \cdots, N \\
z_{it} \geqslant 0 & \quad i = 1, \cdots, K
\end{aligned} \tag{3.14}
$$

由此构造出来的技术规模报酬不变，且投入和产出满足 Fare et al（1985）提出的可自由处置性的强条件假设。

对于第 i 个决策单元，为了测算其在 t 期和 $t+1$ 期的 Malmquist 指数，利用数据包络分析方法，需要计算两个时期的四个距离函数值 $D_i^t(x_t, y_t)$，$D_i^{t+1}(x_t, y_t)$，$D_i^t(x_{t+1}, y_{t+1})$ 和 $D_i^{t+1}(x_{t+1}, y_{t+1})$，进而需要解决四个不同的线性规划问题：

$$
\begin{aligned}
& (D_i^t(x_{i^1 t}, y_{i^1 t}))^{-1} = \max \theta_{i^1} \\
\text{s. t} \quad & \theta_{i^1} y_{i^1 t}^{(m)} \leqslant \sum_{i=1}^{K} z_{it} y_{it}^{(m)} \quad m = 1, \cdots, M \\
& \sum_{i=1}^{K} z_{it} x_{it}^{(n)} \leqslant x_{i^1 t}^{(n)} \quad n = 1, \cdots, N \\
& z_{it} \geqslant 0 \quad i = 1, \cdots, K
\end{aligned} \tag{3.15}
$$

$$
\begin{aligned}
& (D_i^{t+1}(x_{i^1 t}, y_{i^1 t}))^{-1} = \max \theta_{i^1} \\
\text{s. t} \quad & \theta_{i^1} y_{i^1 t}^{(m)} \leqslant \sum_{i=1}^{K} z_{it+1} y_{it+1}^{(m)} \quad m = 1, \cdots, M \\
& \sum_{i=1}^{K} z_{it+1} x_{it+1}^{(n)} \leqslant x_{i^1 t}^{(n)} \quad n = 1, \cdots, N \\
& z_{it+1} \geqslant 0 \quad i = 1, \cdots, K
\end{aligned} \tag{3.16}
$$

$$
\begin{aligned}
& (D_i^t(x_{i^1 t+1}, y_{i^1 t+1}))^{-1} = \max \theta_{i^1} \\
\text{s. t} \quad & \theta_{i^1} y_{i^1 t+1}^{(m)} \leqslant \sum_{i=1}^{K} z_{it} y_{it}^{(m)} \quad m = 1, \cdots, M \\
& \sum_{i=1}^{K} z_{it} x_{it}^{(n)} \leqslant x_{i^1 t+1}^{(n)} \quad n = 1, \cdots, N \\
& z_{it} \geqslant 0 \quad i = 1, \cdots, K
\end{aligned} \tag{3.17}
$$

$$
\begin{aligned}
&(D_i^{t+1}(x_{i^1t+1}, y_{i^1t+1}))^{-1} = \max\theta_{i^1} \\
\text{s.t}\quad & \theta_{i^1} y_{i^1t+1}^{(m)} \leqslant \sum_{i=1}^{K} z_{it+1} y_{it+1}^{(m)} \quad m = 1,\cdots,M \\
& \sum_{i=1}^{K} z_{it+1} x_{it+1}^{(n)} \leqslant x_{i^1t+1}^{(n)} \quad n = 1,\cdots,N \\
& z_{it+1} \geqslant 0 \quad i = 1,\cdots,K
\end{aligned} \tag{3.18}
$$

在运用这种方法进行经验研究时，可能会出现技术退步，这在经济学上很难解释。为了防止这种极难解释的技术倒退，在估计 $t+1$ 期的技术边界时，同时也把 t 期最优决策单元的技术放在了上面线性规划的约束条件中。

3.2 区域金融创新效率评价指标的构建

3.2.1 金融创新效率的内涵及测算

效率一般被理解为生产率，当提及生产率时，生产率更多被理解为全要素生产率。它是一种包括所有生产要素的生产率测量，在多产出背景下，它也包括所有产出。全要素生产率的提高是技术进步、技术效率的改善以及要素配置效率的提高和规模经济等因素共同作用的结果。

金融创新不仅是一种生产要素，更多地体现在对生产要素的配置上，而效率恰好能反映出生产要素的利用能力，也更适用于分析金融业多投入、多产出的服务特性。因此，在适当选取投入与产出变量的基础上，效率评价与金融创新的测度是耦合的。

本书选择全要素生产率的测算方法来测算金融创新效率。

3.2.2 金融创新效率投入产出变量的确定

在技术效率研究方法上，Bergerab（1997）较早地提出了利用生产法和中介法来确定投入和产出。生产法的投入是人力和资本，产出是贷款和存款服务；中介法将银行作为储蓄者和投资人的金融中介。Sealey 和 Lindley（1977）

的资产法，也是以人力和资本作为投入，仅仅以收益性资产为产出。Das 和 Ghosh（2006）、Pasiouras（2008）等学者采用以银行盈利为导向的中介法界定投入与产出，其投入要素定义为利息支出（存款等付息资产的投入）和非利息支出（包括员工费用、业务费用、折旧和摊销等营业费用）；产出要素包括利息收入和非利息收入（交易和衍生品净收入、手续费及佣金净收入、汇兑净收入）。由于本书对区域金融创新的效率进行评价，因此金融创新不能简单的等同于技术进步，从某种意义上来说更代表着一种效率水平。因此本书主要利用生产法来建立投入产出指标。

3.2.3 变量说明及样本数据的选取

3.2.3.1 投入变量

区域金融创新的投入指标反映了国家、地区乃至金融中介在金融创新的人力、资本等方面的投入力度，在经济学的研究中，一般将人力和资本作为两个基本投入。

（1）金融创新的人力投入：选取各地区金融业的就业人数作为衡量指标。数据来源于《中国统计年鉴2009—2015》。

（2）金融创新的资本投入：选取各地区的金融资本存量作为衡量指标。

这里，金融资本存量利用永续盘存法计算得到。永续盘存法由 Goldsmith 于1951年建立，现在被 OECD 国家广泛采用，它的基本公式为：

$$K_t = I_t + (1-\alpha_t)K_{t-1} \tag{3.19}$$

其中 K_t 表示第 t 年的资本存量，K_{t-1} 表示第 $t-1$ 年的资本存量，I_t 表示第 t 年的投资，α_t 表示第 t 年的折旧率。现有的研究在永续盘存法的基础上做了很多改进，但是细节上存在很大差异。由于本书的样本选择的是各地区的金融资本存量，因此借鉴宋海岩、刘淄楠等（2003）的做法，利用以下公式进行计算：

$$K_{it} = I_{it} + (1-\alpha_{it}-g_{it})K_{it-1} \tag{3.20}$$

其中 K_{it} 表示 i 地区第 t 年的金融资本存量，K_{it-1} 表示 i 地区第 $t-1$ 年的金融资本存量，I_{it} 表示 i 地区第 t 年的金融业固定资产投资，α_{it} 表示 i 地区第 t 年的折旧率，本书选择官方公布的名义折旧率3.6%，g_{it} 表示 i 地区第 t 年的

GDP 增长率，将 g_{it} 纳入模型中，可以体现出各地区的实际情况。

利用永续盘存法计算金融资本存量时有三个关键的问题：

（1）基年金融资本存量 K 的确定

一种做法是假定基期的各地区资本存量相同，先估计全国基期资本存量，然后将其平均分配到各个地区，如宋海岩、刘淄楠等（2003）；另外一种做法是基期的固定资本形成总额除以某个具体数值作为初始的资本存量。本书采取第二种方法，并参照学者们普遍的做法，将基期固定资本形成总额除以10%作为初始资本存量。

（2）对当年投资 I 的取舍

在计算每年的新增资本时，王小鲁和樊纲（2000）、张军和章元（2003）等大多数研究对当年的投资进行了一定的扣除。根据张军、章元（2003）的研究，在综合了很多学者不同方法的基础上，提出生产性积累的增速与全社会固定资产投资的增速基本保持一致，并在此基础上，对根据假设所得到的数据与全社会固定资产投资进行了对比。结果发现，拟合出的积累数据相当于对全社会固定资产投资进行了6%—10%的扣除，因此本书借鉴张军、章元（2003）的研究结果，将各地区当年的金融业固定资产投资进行6%的扣除，将扣除后的数据作为当年的金融业资本存量。

（3）固定资产投资

将各地区每年的金融业固定资产投资的名义值，利用指数平减法，核算为以1990年为基期的实际值，计算公式如下：

$$I_t = \frac{I_t^{(2)}}{P_{Kt}} \tag{3.21}$$

$$I_{it} = I_t \times \frac{I_{it}^{(2)}}{I_t^{(2)}} \times \frac{I_{it}^{(1)}}{I_{it}^{(2)}} \tag{3.22}$$

其中，I_{it}表示第 t 年 i 地区金融业固定资产投资实际值，I_t 表示第 t 年全国全社会固定资产投资实际值，$I_{it}^{(1)}$ 表示第 t 年 i 地区金融业固定资产投资名义值，$I_{it}^{(2)}$ 表示第 t 年 i 地区全社会固定资产投资名义值，$I_t^{(2)}$ 表示第 t 年全国全社会固定资产投资名义值，P_{Kt}表示第 t 年的全社会固定资产投资价格指数。

首先根据（3.21）式利用指数平减法计算出各年全国全社会固定资产投资的实际值，再利用（3.22）式计算出各地区第 t 年金融业固定资产投资的实际值。2004—2014年金融业固定资产投资名义值的数据采用各地区分行业的固定资产投资，该数据来自《中国统计年鉴2005—2015》，年鉴中有完整的数据；1990—2004年采用基本建设固定资产投资、更新改造固定资产投资和城镇集体单位固定资产投资三项的和，数据来自《中国统计年鉴1991—2004》。

3.2.3.2 产出变量

本书主要从金融中介的角度选择产出变量。将金融业总产出扣除中间消耗的金融业增加值作为产出指标，仍然以1990年为基期，折合为实际值。数据来源于《中国统计年鉴2009—2015》。

3.3 区域金融创新效率评价与差异分析

3.3.1 效率评价

以金融业就业人数和金融业资本存量为投入变量，以金融业增加值为产出变量，运用DEAP软件，利用DEA-Malmquist指数法，对2008—2014年我国30个地区金融创新的技术效率变动（TEC）、技术变动（TC）、纯技术变动（PEC）、规模效率变动（SEC）和全要素生产率变动（TFP）进行测算。（由于西藏的数据有缺失，所以这里对除去西藏的30个地区的金融创新效率进行评价）

图3-5显示了2008—2014年我国金融创新的Malmquist指数的平均变动情况。表3-1显示了2008—2014年全国金融创新Malmquist指数及分解情况。整体来看，我国金融创新Malmquist指数的平均变化率为1.152，上涨了15.2%，总体呈现明显的上升趋势；技术效率指数平均变动为1.075，上升了7.5个百分点，而技术进步的平均变动为1.072，上升了7.2个百分点，可见，在2009—2014期间，各效率变动指数均呈现上升趋势，而金融创新的全要素生产率的大幅度提升，主要是依赖于技术效率和技术变动的增长。

结合图3-5和表3-1可以看出，2008—2014年，金融创新的全要素生产率变动均大于1，说明我国金融创新的效率总体上呈现上升的趋势。进一步分析发现，全要素生产率与技术进步指数的变化趋势基本一致，说明我国区域金融创新的技术进步是影响全要素生产率变动的主要原因。此外，金融创新的 TFP 值在样本年限内呈现出两个明显的高峰和一个低谷的波动性变化。2008—2011 年期间，金融创新 Malmquist 指数值为 1.064 和 1.059，全要素生产率的增长速度减缓，规模效率的变动在其滞后期内均有所下降，导致 2011—2012 年的纯技术效率和规模效率均呈现下降趋势，共同造成了金融创新效率增长的减缓。其原因可能在于受到金融危机的影响，给金融创新带来巨大的风险，从而企业在金融资源配置时受到限制。

表 3-1 2008—2014 全国金融创新 Malmquist 指数及分解

时间	TEC	TC	PEC	SEC	TFP
2008—2009	1.123	1.189	1.06	1.06	1.336
2009—2010	1.144	0.93	1.025	1.116	1.064
2010—2011	1.042	1.016	1.05	0.993	1.059
2011—2012	0.936	1.223	0.982	0.953	1.144
2012—2013	1.051	1.067	1.003	1.048	1.121
2013—2014	1.172	1.033	1.063	1.102	1.211
平均值	1.075	1.072	1.03	1.044	1.152

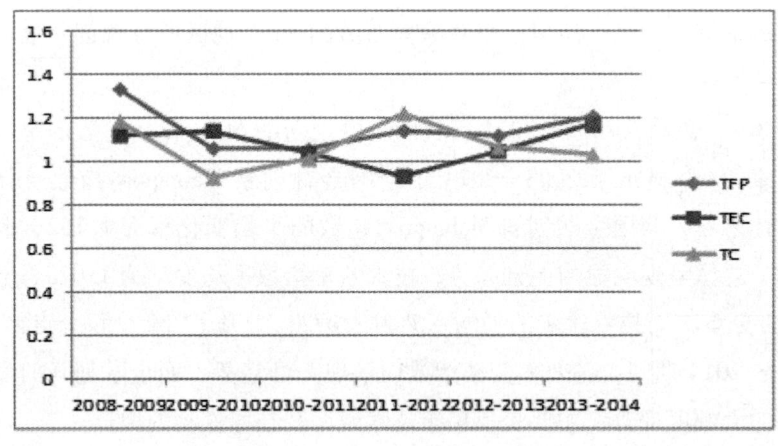

图 3-5 2008—2014 年我国金融创新 Malmquist 指数的平均变动

表 3-2　2008—2014 年 30 个地区金融创新 Malmquist 指数的平均值

地区	TEC	TC	PEC	SEC	TFP
东部地区	1.011	1.064	0.996	1.015	1.076
北　京	0.955	1.052	0.962	0.993	1.005
天　津	1.000	1.076	1.000	1.000	1.076
河　北	1.071	1.058	1.048	1.022	1.134
上　海	0.991	1.045	1.000	0.991	1.035
江　苏	1.014	1.085	1.025	0.989	1.100
浙　江	0.939	1.056	0.947	0.992	0.992
福　建	0.998	1.088	0.98	1.019	1.086
山　东	1.024	1.042	1.028	0.996	1.067
广　东	0.990	1.037	1.000	0.990	1.027
海　南	1.124	1.103	0.973	1.156	1.240
中部地区	1.123	1.081	1.068	1.051	1.214
山　西	1.200	1.073	1.118	1.073	1.287
安　徽	1.108	1.106	1.056	1.049	1.226
江　西	1.171	1.096	1.072	1.092	1.284
河　南	1.157	1.057	1.127	1.027	1.222
湖　北	1.031	1.106	1.007	1.024	1.141
湖　南	1.069	1.050	1.030	1.038	1.122
西部地区	1.103	1.073	1.039	1.062	1.184
内蒙古	1.071	1.106	1.030	1.041	1.185
广　西	1.087	1.090	1.034	1.051	1.184
重　庆	1.211	1.084	1.148	1.055	1.312
四　川	1.086	1.048	1.069	1.016	1.138
贵　州	1.095	1.079	1.034	1.060	1.182
云　南	1.103	1.078	1.059	1.042	1.19
陕　西	1.098	1.032	1.050	1.046	1.133
甘　肃	1.164	1.068	1.051	1.107	1.242
青　海	1.166	1.069	1.000	1.166	1.247
宁　夏	1.129	1.066	0.998	1.131	1.203
新　疆	1.044	1.084	0.999	1.045	1.132
东北地区	1.074	1.074	1.030	1.043	1.155
辽　宁	1.080	1.106	1.051	1.028	1.195
吉　林	1.037	1.065	0.993	1.044	1.105
黑龙江	1.106	1.052	1.046	1.057	1.164
均　值	1.075	1.072	1.03	1.044	1.152

从表3－2各地区来看，东部地区10个省全要素生产率的平均变动最低，为1.076，东部地区的天津、上海、江苏、山东、广东属于我国的经济发达城市，这些地区的纯技术变动效率均大于规模效率，而全要素生产率的增长偏低，主要是因为这些地区的规模效率呈下降趋势；中部6个省市地区全要素生产率的平均变动最高，为1.214，中部地区2008—2014年技术进步、纯技术效率和规模效率的平均变动均高于东部地区，因此全要素生产率高于东部地区13.8个百分点，说明与中西部地区相比，东部地区良好的环境和技术因素对其创新效率具有一定的影响；西部地区的平均变动为1.184，规模效率的增长高于其它三个地区，而技术进步的变动与东北地区持平，略低于中部地区，但比东部地区高了0.9个百分点；东北地区的平均变动为1.155，在四个区域中位列第三，各项创新效率基本位于四个区域的均值水平。

3.3.2 效率的差异分析

对于各区域每一年的金融创新效率进行测算后，得到如表3－3的结果。

表3－3 2008—2014年区域金融创新Malmquist指数的平均值

区域	时间	TEC	TC	PEC	SEC	TFP
东部地区	2008—2009	1.036	1.196	0.973	1.050	1.239
	2009—2010	1.136	0.944	1.087	1.047	1.070
	2010—2011	0.985	1.007	1.003	0.983	0.990
	2011—2012	0.877	1.197	0.992	0.890	1.050
	2012—2013	1.023	1.057	0.974	1.052	1.080
	2013—2014	1.075	1.019	0.982	1.105	1.095
	平均值	1.022	1.070	1.002	1.021	1.087
中部地区	2008—2009	1.296	1.188	1.155	1.117	1.540
	2009—2010	1.215	0.933	1.046	1.160	1.133
	2010—2011	1.120	1.008	1.134	0.988	1.104
	2011—2012	0.935	1.250	0.955	0.979	1.168
	2012—2013	1.028	1.103	1.014	1.014	1.131
	2013—2014	1.222	1.055	1.148	1.065	1.285
	平均值	1.136	1.089	1.075	1.054	1.227

续表

区域	时间	TEC	TC	PEC	SEC	TFP
西部地区	2008—2009	1. 179	1. 186	1. 100	1. 068	1. 398
	2009—2010	1. 132	0. 923	0. 979	1. 156	1. 044
	2010—2011	1. 116	1. 029	1. 101	1. 013	1. 125
	2011—2012	0. 996	1. 232	1. 001	0. 996	1. 223
	2012—2013	1. 089	1. 067	1. 022	1. 064	1. 158
	2013—2014	1. 250	1. 042	1. 092	1. 148	1. 295
	平均值	1. 127	1. 080	1. 049	1. 074	1. 207
东北地区	2008—2009	1. 160	1. 186	1. 122	1. 032	1. 376
	2009—2010	1. 118	0. 919	0. 988	1. 130	1. 027
	2010—2011	0. 947	1. 083	0. 973	0. 973	1. 024
	2011—2012	0. 963	1. 231	0. 972	0. 991	1. 183
	2012—2013	1. 079	1. 046	1. 021	1. 055	1. 123
	2013—2014	1. 229	1. 018	1. 127	1. 092	1. 248
	平均值	1. 083	1. 080	1. 034	1. 046	1. 163

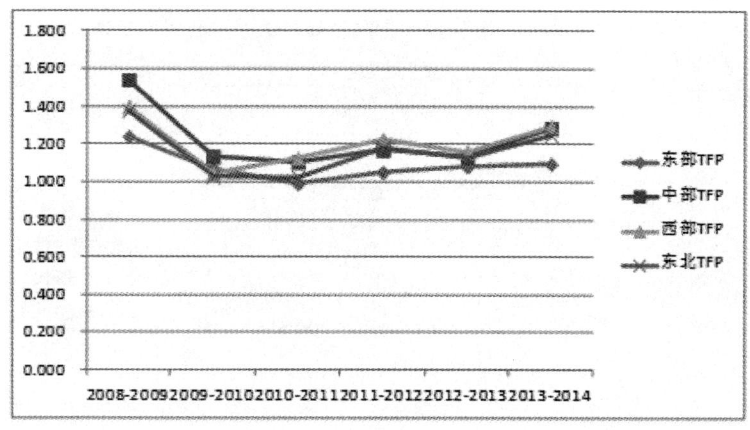

图 3 - 6　2008—2014 区域金融创新全要素生产率的平均变动

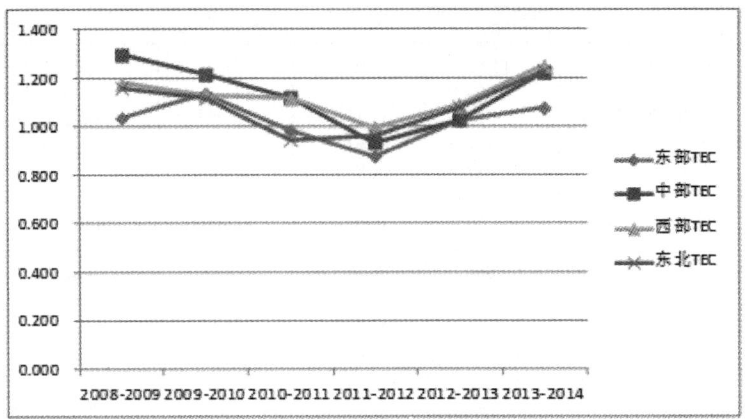

图 3－7　2008—2014 区域金融创新技术效率的平均变动

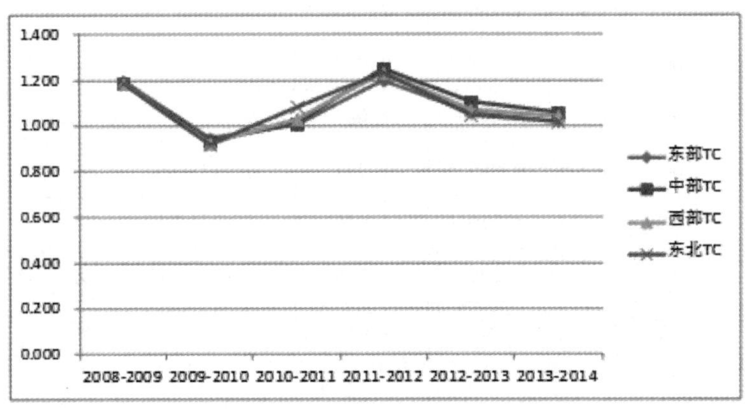

图 3－8　2008—2014 区域金融创新技术进步的平均变动

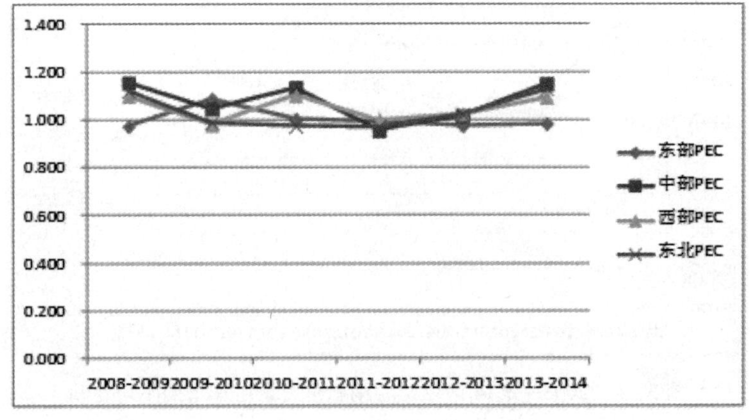

图 3－9　2008—2014 区域金融创新纯技术效率的平均变动

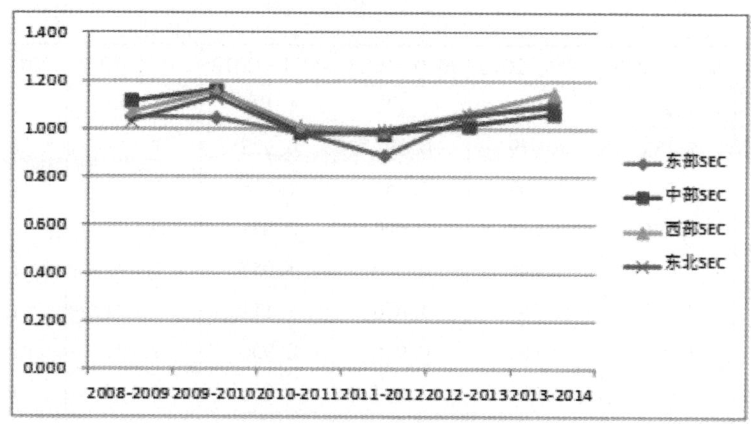

图 3－10　2008—2014 区域金融创新规模效率的平均变动

结合表 3－3 及图 3－6 至图 3－10，2008—2014 年各区域金融创新的全要素生产率四个区域的变化趋势基本一致，在 2008—2009 年最高，2009—2010 年有明显的下降趋势后稳步提升。各区域的全要素生产率变动与技术进步的变动情况基本保持一致，而受规模效率的影响并不明显。

2010—2013 年中西部地区金融创新的全要素生产率提高很快，超过了东部地区；4 个区域技术进步的变动趋势基本吻合，而纯技术效率变动差异明显，且变化趋势不稳定，在 2009—2010 年和 2011—2012 期间，中西部地区的纯技术效率变动分别有一个非常明显的下降趋势，而其它年份又处于一个较高的水平，东北和西部地区的纯技术效率变动除 2010—2011 期间外基本保持一致；规模效率的变化中西部及东北地区水平相当，且变化趋势基本保持一致，而东部地区的规模效率低于其它三个区域。综上，我国各区域金融创新纯技术效率的波动性要高于综合技术效率，中部地区的规模效率和纯技术效率的匹配程度最好，而其它三个区域的规模效率均略高于纯技术效率，反映这三个区域的规模结构较好，但应该注重于规模结构的匹配。

表 3－4　2008—2014 年 30 个地区金融创新的全要素生产率（TFP）

地区	2008—2009	2009—2010	2010—2011	2011—2012	2012—2013	2013—2014
东部	1.239	1.070	0.990	1.050	1.080	1.095
北　京	0.969	0.995	0.918	1.052	1.022	1.083
天　津	1.292	1.166	0.795	1.210	1.058	1.013

续表

地区	2008—2009	2009—2010	2010—2011	2011—2012	2012—2013	2013—2014
河　北	1. 183	1. 046	1. 127	1. 178	1. 040	1. 244
上　海	1. 183	0. 919	0. 941	0. 922	1. 147	1. 137
江　苏	1. 010	1. 207	1. 053	1. 136	1. 068	1. 137
浙　江	1. 226	1. 078	0. 999	0. 831	0. 993	0. 873
福　建	1. 173	1. 091	0. 980	1. 057	1. 090	1. 137
山　东	0. 913	1. 189	1. 066	1. 111	1. 073	1. 070
广　东	1. 017	0. 981	0. 935	0. 950	1. 181	1. 119
海　南	2. 427	1. 023	1. 085	1. 050	1. 128	1. 140
中部	1. 540	1. 133	1. 104	1. 168	1. 131	1. 285
山　西	1. 943	1. 192	1. 071	1. 281	1. 168	1. 225
安　徽	1. 762	1. 008	1. 069	1. 139	1. 138	1. 381
江　西	1. 497	1. 285	1. 310	1. 154	1. 106	1. 391
河　南	1. 408	1. 258	1. 116	1. 180	1. 128	1. 267
湖　北	1. 083	1. 066	1. 127	1. 213	1. 139	1. 224
湖　南	1. 546	0. 986	0. 930	1. 041	1. 106	1. 224
西部	1. 398	1. 044	1. 125	1. 223	1. 158	1. 295
内蒙古	1. 582	1. 078	1. 149	1. 058	1. 069	1. 250
广　西	1. 731	1. 015	0. 944	1. 183	1. 184	1. 187
重　庆	1. 798	1. 126	1. 315	1. 341	1. 206	1. 187
四　川	1. 002	1. 104	1. 189	1. 332	1. 071	1. 160
贵　州	1. 412	1. 017	1. 059	1. 334	1. 187	1. 133
云　南	1. 530	0. 966	1. 035	1. 143	1. 291	1. 258
陕　西	1. 318	0. 965	1. 091	1. 080	1. 088	1. 301
甘　肃	1. 227	1. 023	1. 306	1. 195	1. 256	1. 495
青　海	1. 335	1. 021	1. 032	1. 293	1. 096	1. 883
宁　夏	1. 308	1. 190	1. 214	1. 287	1. 176	1. 061
新　疆	1. 138	0. 982	1. 037	1. 211	1. 119	1. 335
东北	1. 376	1. 027	1. 024	1. 183	1. 123	1. 248
辽　宁	1. 652	1. 032	0. 999	1. 245	1. 113	1. 232
吉　林	1. 156	0. 936	0. 976	1. 112	1. 179	1. 312
黑龙江	1. 319	1. 114	1. 098	1. 191	1. 077	1. 199
均　值	1. 372	1. 063	1. 055	1. 143	1. 121	1. 214

表3－4中汇总了各地区2008—2014年的全要素生产率指数，从该表中可以看出全国30个地区的全要素生产率在时间上的变化趋势。

各地区金融创新的全要素生产率在空间上的分布具有一定的集聚，相邻地区的效率值相近。再结合图3－6可以看出，东部沿海地区金融创新的全要素生产率没有体现出明显的优势，而中西部地区尤其是中部地区优势明显。可能的原因是，东部地区的金融创新已经处于一个较高的水平，因此全要素生产率的提升速度减缓，而中部地区目前增速较快，西部和东北地区还有提升空间。

3.4　区域科技创新效率评价指标的构建

3.4.1　科技创新效率投入产出变量的确定

根据第2章对科技创新含义的界定，科技创新是从新知识的产生、新技术的开发到新产品的生产、新产业的形成直至新价值实现的一个复杂的系统的动态过程。根据其时间逻辑顺序可分为知识创新、技术创新和产业化三个阶段。知识创新是通过科学研究获得新的基础科学和技术知识的过程，包括基础研究与应用研究，创新主体为高校和科研院所。技术创新指新产品（新技术）的研发，创新主体为企业。产业化指新产品的规模化生产与销售过程，创新主体为企业。知识创新是技术创新的源头和先导，技术创新从社会对商品的需求出发，对知识创新成果进行应用性与可行性孵化，同时技术创新成果是产业化的基础，知识创新成果最终通过产业化实现其市场价值。因此下面从知识创新、技术创新和产业化三个角度确定科技创新的投入产出变量。

在评价指标体系的建立方面，王宏起和徐玉莲（2012）、庞瑞芝和范玉等（2014）、芦锋和韩尚容（2015）等已经做了一定的研究。为了使指标体系具有较强的实际操作性，又能客观、全面地反映区域科技创新能力，本着科学性、可操作性和导向性的原则来构建评价指标体系（见表3－5）。

3.4.2 变量说明及样本数据的选取

表3-5 区域科技创新效率评价指标体系

<table>
<tr><th>分类</th><th>一级指标</th><th>二级指标</th></tr>
<tr><td rowspan="8">投入指标</td><td rowspan="2">知识创新投入</td><td>就业人口中硕士博士所占比重</td></tr>
<tr><td>教育经费投入占地方财政支出的比重</td></tr>
<tr><td rowspan="4">技术创新投入</td><td>R&D 经费投入强度</td></tr>
<tr><td>万人 R&D 人员全时当量</td></tr>
<tr><td>科学技术人员占专业技术人员的比重</td></tr>
<tr><td>有研发机构的企业占企业总数的比重</td></tr>
<tr><td rowspan="2">产业化投入</td><td>开发新产品经费占主营业务收入的比重</td></tr>
<tr><td>高技术企业技术获取及技术改造经费占主营业务收入的比重</td></tr>
<tr><td rowspan="5">产出指标</td><td rowspan="2">知识创新产出</td><td>万人三大检索论文数</td></tr>
<tr><td>万人三大专利授权数</td></tr>
<tr><td rowspan="2">技术创新产出</td><td>新产品销售收入占主营业务收入的比重</td></tr>
<tr><td>万人技术市场成交额</td></tr>
<tr><td>产业化产出</td><td>高技术产业出口交货值占主营业务收入的比重</td></tr>
</table>

1. 投入变量

根据《中国科技发展研究报告》（2011）提出的中国地区科技竞争力指标体系，其中科技投入水平包括三大内容：科技基础设施、人员投入量和资金投入量。科技创新投入指标反映国家、地方乃至企业在科技创新的人力、物力、财力等方面的投入力度。按照对科技创新不同阶段的划分，按照以下三个方面进行衡量。

（1）知识创新投入，反映一个国家或地区为获取新知识所投入的人力或财力，选择就业人口中硕士、博士所占比重和教育经费投入占地方财政支出的比重来衡量，这两个指标分别反映出就业人员中获取新知识的能力和政府对新知识获取的投入力度和重视程度。

（2）技术创新投入，反映在技术创新研发过程中产品创新研发与研发人员投入力度，分别采用 R&D 经费投入强度、万人 R&D 人员全时当量、科学技术人员占专业技术人员的比重、有研发机构的企业占企业总数的比重来衡量。前 3 个指标分别从人力、财力投入上反映了一个地区的 R&D 投入强度，即地区对 R&D 活动的重视程度，科学技术人员占专业技术人员的比重反映了专业技术人员中进行技术创新人员所占的比重，而有研发机构的企业占企业总数的比重则反映出一个地区的企业对研发创新的重视程度。

（3）产业化投入主要反映企业要把新的知识和技术转化成新产品的经费投入，采用开发新产品经费占主营业务收入的比重和高技术企业技术获取及技术改造经费占主营业务收入的比重作为衡量指标。

2. 产出变量

科技创新产出指标反映科技创新活动的成果或效果，是对科技创新各种投入的回报，主要体现在知识产出、技术产出和产业化产出三个方面。

（1）知识产出。专利虽然不能代表所有的创新，但由于其通用性、可得性和科学性，专利申请授权量仍然是很多研究者常用的衡量创新产出的指标。考虑到专利相关的法律制度，即专利的申请、受理和授权过程在全国范围内都是一致的，不同区域的专利数据具有可比性，在一定程度上可以代表地区创新水平。广义的创新不仅包括应用研究，还包括基础科学领域的研究。基础科学必须经过应用技术转化这一环节，方能和生产直接发生联系，应用技术的增长受基础科学知识的制约，如果没有基础科学知识的增长，经济也不会有长期增长，而基础研究产出大都以论文的形式存在，仅用专利作为衡量创新水平存在偏颇，因此将知识产出通过万人三大检索论文数和万人三大专利授权数来衡量。

（2）技术创新产出。由于该阶段的主要特征是将新的技术应用于新的产品，而又以新产品所获得的收入或利润来衡量，因此选取新产品销售收入占主营业务收入的比重和万人技术市场成交额来衡量。

（3）产业化产出。主要指高新技术的产业化阶段，根据数据的可得性，选择高技术产业出口交货值占主营业务收入的比重来衡量，反映一个地区科技创新成果的实际转化情况。

以上相关数据分别来自 2010—2015 年的《中国科技统计年鉴》《中国统计年鉴》和《中国高技术产业统计年鉴》。

3.5 区域科技创新效率评价与差异分析

3.5.1 效率评价

利用 DEA - Malmquist 指数法，运用 DEAP 软件，对 2008—2014 年我国 30 个地区科技创新的技术效率变动（TEC）、技术变动（TC）、纯技术变动（PEC）、规模效率变动（SEC）和全要素生产率变动（TFP）进行测算。（由于西藏的数据有缺失，所以这里对除去西藏的 30 个地区的科技创新效率进行评价）

图 3 - 11 显示了 2008—2014 年我国科技创新的 Malmquist 指数的平均变动情况，表 3 - 6 显示了 2008—2014 年全国科技创新 Malmquist 指数及分解情况。整体来看，我国科技创新 Malmquist 指数的平均变化率为 0.967，下降了 3.3 个百分点，在 2008—2010 年间呈现下降趋势，而后两年内稳步上升，在 2013—2014 年又有所下降。技术效率指数平均变动为 0.986，下降了 1.4 个百分点，而技术进步的平均变动为 0.981，下降了 1.9 个百分点，纯技术效率的变动基本稳定。可见，在 2009—2014 期间，各效率变动指数均呈现略有下降的趋势。

表 3 - 6　2008—2014 全国科技创新 Malmquist 指数及分解

时间	TEC	TC	PEC	SEC	TFP
2008—2009	0.953	0.979	1.001	0.953	0.933
2009—2010	1.005	0.836	1.002	1.003	0.84
2010—2011	0.974	1.037	0.995	0.979	1.011
2011—2012	1.06	0.953	1.001	1.059	1.009
2012—2013	1.027	1.041	1.000	1.026	1.068
2013—2014	0.907	1.058	0.993	0.913	0.96
平均值	0.986	0.981	0.999	0.988	0.967

结合图 3 - 11 和表 3 - 6 可以看出，2008—2014 年，科技创新的全要素生产率变动在 2009—2010 年达到最低为 0. 84，而后两年稳步增长。科技创新的 TFP 值在样本年限内呈现出一个明显的高峰和一个低谷的波动性变化。2010—2013 年期间，科技创新 Malmquist 指数值为 1. 011、1. 009 和 1. 068，全要素生产率呈增长趋势，规模效率的变动同样也呈现出增长趋势。进一步分析发现，与金融创新中技术变动和全要素生产率变化趋势基本一致不同，我国科技创新的技术效率和规模效率指数与全要素生产率的变化趋势基本一致，说明我国科技创新全要素生产率的变动主要受技术效率和规模效率变动的影响。

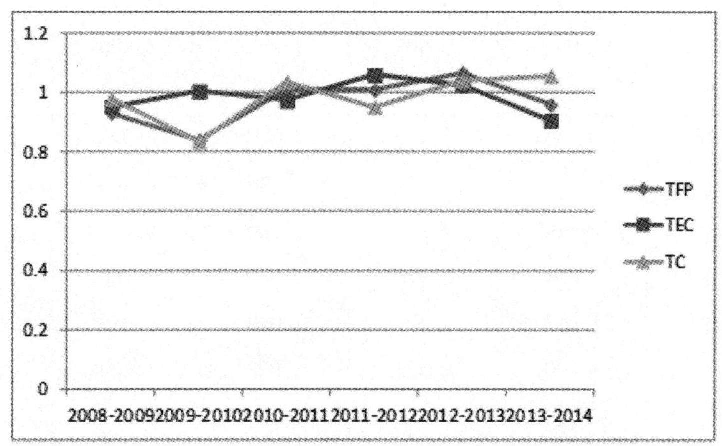

图 3 - 11　2008—2014 年我国科技创新 Malmquist 指数的平均变动

表 3 - 7　2008—2014 年 30 个地区科技创新 Malmquist 指数的平均值

地区	TEC	TC	PEC	SEC	TFP
东部地区	0. 988	1. 028	0. 996	0. 993	1. 017
北　京	1. 000	1. 020	1. 000	1. 000	1. 020
天　津	1. 000	1. 076	1. 000	1. 000	1. 076
河　北	0. 978	0. 981	1. 000	0. 978	0. 959
上　海	1. 000	1. 114	1. 000	1. 000	1. 114
江　苏	1. 000	1. 096	1. 000	1. 000	1. 096
浙　江	1. 000	1. 061	1. 000	1. 000	1. 061
福　建	0. 959	0. 969	0. 996	0. 964	0. 930

续表

地区	TEC	TC	PEC	SEC	TFP
山　东	0.946	0.935	0.962	0.983	0.885
广　东	1.000	1.136	1.000	1.000	1.136
海　南	1.000	0.893	1.000	1.000	0.893
中部地区	1.001	0.978	1.000	1.001	0.977
山　西	0.912	1.029	0.990	0.921	0.938
安　徽	0.989	0.960	1.000	0.989	0.950
江　西	1.020	0.995	1.005	1.015	1.014
河　南	1.082	0.989	1.003	1.079	1.069
湖　北	1.000	0.993	1.000	1.000	0.993
湖　南	1.000	0.900	1.000	1.000	0.900
西部地区	0.982	0.957	1.000	0.982	0.940
内蒙古	0.863	0.938	1.000	0.863	0.809
广　西	0.966	0.861	1.000	0.966	0.831
重　庆	1.000	0.910	1.000	1.000	0.910
四　川	1.017	1.071	1.000	1.017	1.089
贵　州	1.000	0.823	1.000	1.000	0.823
云　南	0.963	0.906	1.000	0.963	0.873
陕　西	1.039	0.997	1.003	1.036	1.035
甘　肃	1.022	0.982	1.000	1.022	1.003
青　海	0.938	0.969	1.000	0.938	0.910
宁　夏	0.935	0.937	1.000	0.935	0.877
新　疆	0.984	0.989	1.000	0.984	0.973
东北地区	1.000	0.992	1.000	1.000	0.992
辽　宁	1.000	0.964	1.000	1.000	0.964
吉　林	1.000	1.049	1.000	1.000	1.049
黑龙江	1.000	0.964	1.000	1.000	0.964
均　值	0.986	0.981	0.999	0.988	0.967

从表3-7各地区来看，东部地区10个省全要素生产率的平均变动最高，

为 1.017，东部地区的北京、天津、上海、江苏、浙江、广东属于我国的经济发达地区，全要素生产率均大于 1，这些地区的技术效率、纯技术效率和规模效率的变动均为 1，而全要素生产率的增长和技术变动保持一致；中部 6 个省市地区全要素生产率的平均变动为 0.977，中部地区 2008—2014 年技术效率、纯技术效率和规模效率的平均变动均高于东部地区，而由于技术变动低于东部地区 5 个百分点，因此导致全要素生产率低于东部地区，说明与中西部地区相比，东部地区科技创新所拥有的先进技术对其创新效率具有一定的影响；西部地区的平均变动最低，为 0.94，各个效率在四个区域中也属最低；东北地区的平均变动为 0.992，仅低于东部地区位列第二，各项创新效率高于四个区域的均值水平。

3.5.2 效率的差异分析

对于各地区每一年的科技创新效率进行测算后，得到如表 3-8 的结果。

表 3-8 2008—2014 年区域科技创新 Malmquist 指数的平均值

区域	时间	TEC	TC	PEC	SEC	TFP
东部地区	2008—2009	0.947	0.978	1.000	0.947	0.943
	2009—2010	1.057	0.965	1.000	1.057	1.023
	2010—2011	0.984	1.016	0.993	0.990	0.997
	2011—2012	1.003	0.994	0.996	1.007	0.996
	2012—2013	1.002	1.075	1.000	1.003	1.077
	2013—2014	0.968	1.221	0.986	0.982	1.183
	平均值	0.994	1.041	0.996	0.998	1.036
中部地区	2008—2009	0.974	1.051	1.000	0.973	1.021
	2009—2010	1.054	0.799	1.010	1.044	0.841
	2010—2011	1.038	1.068	0.988	1.048	1.106
	2011—2012	1.108	1.011	1.010	1.097	1.117
	2012—2013	1.031	1.037	1.003	1.029	1.069
	2013—2014	0.861	0.969	0.990	0.867	0.835
	平均值	1.011	0.989	1.000	1.010	0.998

续表

区域	时间	TEC	TC	PEC	SEC	TFP
西部地区	2008—2009	0.960	0.948	1.002	0.958	0.920
	2009—2010	0.990	0.747	1.000	0.990	0.741
	2010—2011	0.945	1.081	1.000	0.945	1.020
	2011—2012	1.163	0.944	1.000	1.163	1.101
	2012—2013	1.060	1.056	1.000	1.060	1.120
	2013—2014	0.901	0.979	1.000	0.901	0.889
	平均值	1.003	0.959	1.000	1.003	0.965
东北地区	2008—2009	1.000	1.126	1.000	1.000	1.126
	2009—2010	1.000	1.168	1.000	1.000	1.168
	2010—2011	1.000	1.175	1.000	1.000	1.175
	2011—2012	1.000	0.859	1.000	1.000	0.859
	2012—2013	1.000	0.943	1.000	1.000	0.943
	2013—2014	1.000	1.164	1.000	1.000	1.164
	平均值	1.000	1.073	1.000	1.000	1.073

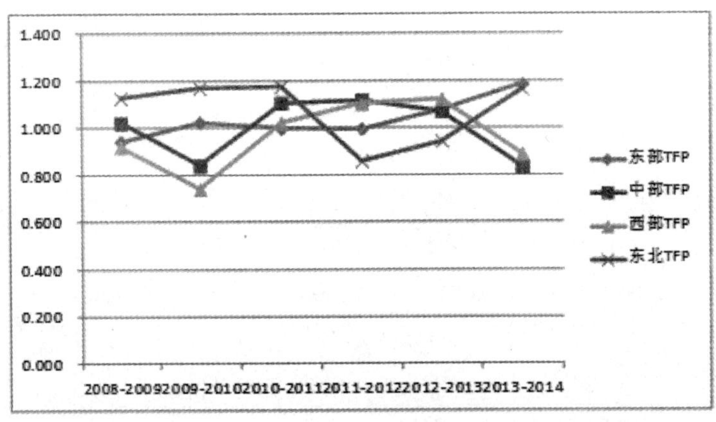

图 3-12　2008—2014 区域科技创新全要素生产率的平均变动

结合表 3-8 及图 3-12 至图 3-16，2008—2014 年各区域科技创新的全要素生产率和技术进步的变化趋势基本一致，而技术效率和规模效率的变动差异不十分明显，纯技术效率的变动情况比较明显。

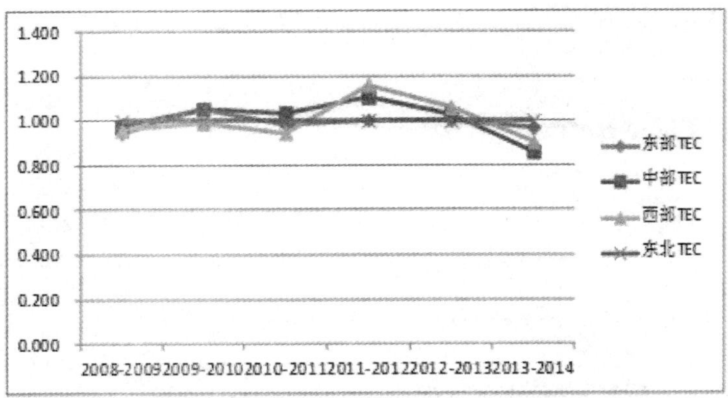

图 3－13　2008—2014 区域科技创新技术效率的平均变动

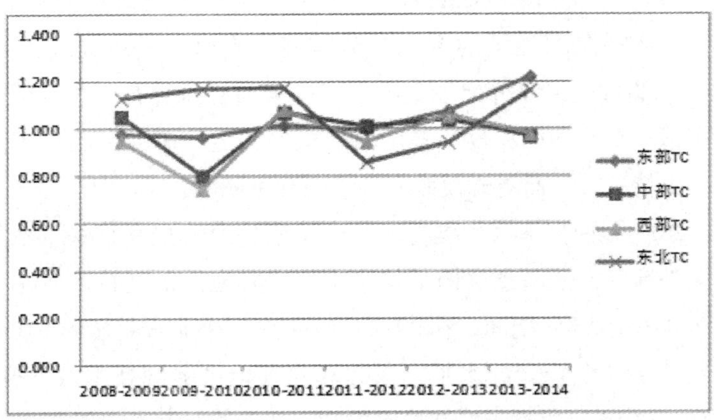

图 3－14　2008—2014 区域科技创新技术进步的平均变动

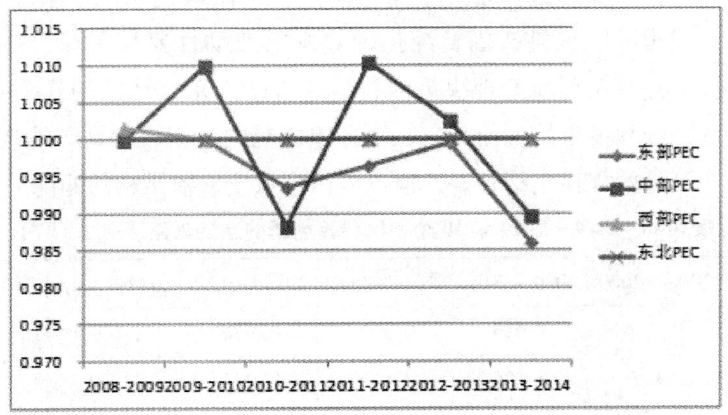

图 3－15　2008—2014 区域科技创新纯技术效率的平均变动

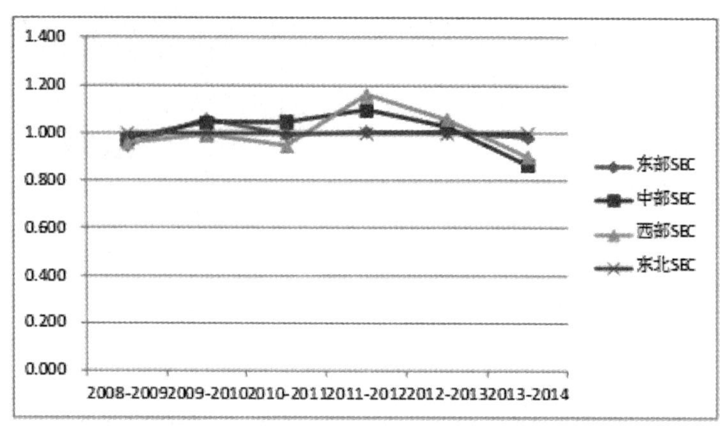

图 3－16 2008—2014 区域科技创新规模效率的平均变动

全要素生产率东部地区的变化趋势是稳中有升，而东北地区在 2008—2011 年最高，2011—2012 年有明显的下降趋势后稳步提升，中西部地区的变化趋势与东部和东北地区相反。各区域的全要素生产率变动与技术进步的变动情况基本保持一致，而受规模效率的影响并不明显。

2010—2013 年西部地区科技创新的全要素生产率提高很快，不仅赶上而且超过了东部地区，并高于全国平均水平；中部地区的纯技术效率变化最不稳定，在 2008—2013 年期间，在 2010—2011 有一个非常明显的下降趋势，而其它年份又处于一个较高的水平，东北和西部地区的纯技术效率变动一致，并且在 2008—2014 年保持了非常稳定的状态；规模效率的变化东北地区一直处于平均水平，并没有明显变化，而中部地区在 2008—2013 年保持了较高水平。综上，我国各区域科技创新纯技术效率的波动性要高于综合技术效率，这说明需要提高科技创新管理决策的科学化水平。东北地区的规模效率和纯技术效率的匹配程度最好，而其它三个区域的规模效率均略高于纯技术效率，反映这三个区域的规模结构较好，但也应该注重于规模结构的匹配。

表 3－9 2008—2014 年 30 个地区科技创新的全要素生产率（TFP）

地区	2008—2009	2009—2010	2010—2011	2011—2012	2012—2013	2013—2014
东部	0.943	1.023	0.997	0.996	1.077	1.183
北　京	0.936	0.885	0.871	1.003	1.274	1.223
天　津	1.132	0.730	1.086	1.018	1.274	1.334

续表

地区	2008—2009	2009—2010	2010—2011	2011—2012	2012—2013	2013—2014
河　北	0. 878	1. 049	0. 866	0. 932	1. 040	1. 008
上　海	0. 869	1. 137	1. 036	0. 955	1. 170	1. 670
江　苏	1. 005	1. 212	1. 105	1. 153	0. 845	1. 323
浙　江	1. 196	0. 980	0. 954	1. 174	1. 096	0. 990
福　建	1. 026	0. 702	0. 887	1. 007	1. 012	0. 991
山　东	0. 898	0. 794	0. 875	0. 952	0. 908	0. 889
广　东	1. 145	1. 197	1. 174	1. 027	0. 878	1. 481
海　南	0. 340	1. 547	1. 120	0. 734	1. 270	0. 921
中部	1. 021	0. 841	1. 106	1. 117	1. 069	0. 835
山　西	1. 217	0. 712	1. 218	1. 258	1. 042	0. 493
安　徽	0. 958	0. 804	0. 996	0. 962	1. 051	0. 947
江　西	0. 946	1. 059	1. 140	1. 133	1. 014	0. 831
河　南	0. 963	0. 714	1. 519	1. 577	1. 036	0. 876
湖　北	1. 202	0. 761	0. 980	0. 910	1. 162	1. 010
湖　南	0. 838	0. 993	0. 783	0. 861	1. 106	0. 854
西部	0. 920	0. 741	1. 020	1. 101	1. 120	0. 889
内蒙古	0. 702	0. 362	0. 844	2. 143	1. 459	0. 420
广　西	0. 845	0. 608	0. 977	0. 714	1. 138	0. 810
重　庆	0. 816	0. 511	1. 308	0. 953	0. 978	1. 114
四　川	1. 114	1. 049	1. 237	1. 002	1. 048	1. 099
贵　州	0. 863	0. 491	0. 757	1. 012	1. 257	0. 764
云　南	0. 702	0. 638	0. 997	0. 976	0. 907	1. 117
陕　西	1. 616	0. 749	1. 100	0. 917	1. 047	0. 963
甘　肃	1. 137	0. 851	1. 024	0. 939	0. 974	1. 122
青　海	0. 846	0. 520	0. 987	1. 820	1. 071	0. 670
宁　夏	0. 843	0. 845	1. 024	1. 015	1. 224	0. 502
新　疆	0. 636	1. 528	0. 965	0. 624	1. 219	1. 193
东北	1. 126	1. 168	1. 175	0. 859	0. 943	1. 164
辽　宁	0. 893	0. 873	1. 041	1. 030	1. 043	0. 921
吉　林	1. 621	2. 023	0. 386	0. 852	0. 845	1. 462
黑龙江	0. 864	0. 609	2. 098	0. 696	0. 940	1. 108
均　值	1. 372	1. 063	1. 055	1. 143	1. 121	1. 214

表3-9中汇总了各地区2008—2014年科技创新的全要素生产率指数，从该表中可以看出全国30个地区的全要素生产率在时间上的变化趋势。

各地区科技创新的全要素生产率在空间上的分布也呈现出一定的集聚现象，但和金融创新的空间分别特征有所不同。再结合图3-12可以看出，各区域科技创新的全要素生产率在时间上的变化并不十分稳定，而在2001年和2012年分别有高值出现，高值出现的地区分别为黑龙江、内蒙古和青海。通过对投入产出数据进行分析发现，黑龙江省有研发机构的企业数所占的比重由2010年的2.24%提升到了2011年的5%，而且万人发明专利授权数也提高了一倍，因此全要素生产率出现了异常的高值。内蒙古2011—2012年出现异常高值的原因是万人技术市场成交额由2011年的91.36万一跃升至为2012年的426.09万，而青海在2012年专业技术人员中科技人员所占的比例较2011年增长了139%，这应该和国家或地方政府的支持有关。

3.6 本章小结

本章以我国省级面板数据为研究对象，在现有研究和相关理论的基础上，建立了区域金融创新和科技创新的效率评价指标体系，采用了DEA-Malmquist指数法对区域金融创新和科技创新的全要素生产率进行了测算，对区域金融创新和科技创新效率的差异进行了分析，并对全要素生产率在空间上的分布情况进行了分析，得到以下结论：

1. 金融创新效率在2009—2014年期间，各效率变动指数均呈现上升趋势，而金融创新的全要素生产率的大幅度提升，主要是依赖于技术效率和技术变动的增长。从各地区来看，东部地区10个省全要素生产率的平均变动最低，而东部大多数地区的纯技术效率高于规模效率；中部6个省市地区全要素生产率的平均变动最高；西部地区的规模效率的增长高于其它三个地区，而技术进步的变动与东北地区持平，略低于中部地区；东北地区全要素生产率的平均变动在四个区域中位列第三，各项创新效率基本位于四个区域的均值水平。

2. 科技创新的 Malmquist 指数在 2009—2014 年期间，各效率变动指数均呈现略有下降的趋势。我国科技创新的技术效率和规模效率指数与全要素生产率的变化趋势基本一致，说明我国科技创新全要素生产率的变动主要受技术效率和规模效率变动的影响。从各地区来看，东部地区全要素生产率的平均变动最高，东北地区其次，而中部地区高于西部地区。东部和东北地区全要素生产率的增长主要源于技术变动，而中西部地区全要素生产率的增长主要源于规模效率的增长。

3. 从全要素生产率在空间上的分布情况来看，相邻地区还是存在一定的集聚现象。由此可以看出，按照效率水平划分区域金融创新和科技创新更易找到区域之间的异质性。从时间趋势上看，区域之间的金融创新效率和科技创新效率也具有差异。

4. 在区域经济发展过程中，不应该仅以规模扩大的方式来促进金融创新和科技创新，而更应该注重各种资源的整合及合理利用，各地区应该结合本地区的实际情况及特点，以如何提高创新效率和水平的角度制定金融科技政策，而不能盲目照搬以免造成资本和人力投入的低效消耗。

第4章

区域金融创新与科技创新环境评价

本章分别构建了区域创新生态环境、金融创新主体环境和科技创新主体环境的评价指标体系，利用因子评价模型和主成分评价模型对创新环境进行评价。创新环境评价的目标是要通过对当前创新环境的质量进行客观评价，进而找出在某一时期内创新环境所处的状态，还要探寻形成这种状态的原因是什么。在区域创新环境评价指标体系的构建方面，应在综合分析各地区创新环境现状和信息的基础上，全面客观地反映我国状况，同时为创新环境与经济增长协调发展的研究提供借鉴。根据科学性、可行性、可比性和地域性原则分别建立评价指标体系。同时将测算得到的环境评价指数作为第6章区域金融创新实力和科技创新实力的衡量因素，也为后续研究奠定了基础。

4.1 区域创新生态环境评价

4.1.1 创新生态环境的内涵

生态环境就是“由生态关系组成的环境”的简称，是指与人类密切相关的，影响人类生活和生产活动的各种自然力量或作用的总和，是关系到社会和经济持续发展的复合生态系统。

创新生态环境是一个仿生学概念，其理论依据来源于20世纪产生的一门新兴学科——生态经济学。这一概念首先由美国学者Mackenzie提出，他主张运用生态学概念研究人类群落和社会，认为经济分析必须考虑生态过程。在此基础上，美国经济学家Boniten在其《一门科学——生态经济学》一书中正式提出了生态经济学的概念。随后，生态学的相关概念和理念开始逐步应用于经济和社会的各个领域。对于创新生态环境而言，广义上的创新生态环境是指宏观层面的创新环境，指与创新的产生、发展具有互动关系的社会、自然因素的总和，包括政治、经济、文化、地理、人口等一切与创新相互影响、相互作用的方面，主要强调创新的外部环境，是创新的一些基础条件；狭义上的创新生态环境指的是有利创新产生和发展的外部环境，即微观层面的创新环境，包括国家政策环境、区域经济环境、法律环境、人文环境等。创新生态环境中各因素相互联接、相互依赖、相互作用、共同构成一个有机整体。创新生态环境对创新的发展具有基础性、根本性和长远性意义。

4.1.2 创新生态环境评价指标的建立

在我国创新生态环境评价指标体系的构建方面，立足于生态学理论，在综合分析各地区创新生态现状和信息的基础上，全面客观地反映我国创新生态环境状况。本书所选取的相关指标，首先必须具有明确的创新生态评价价值；其次要与地区创新生态环境呈现出较强的相关性，相关性较大的指标通常具有较大的评价意义；最后，指标的选取不是以适应某一地区的研究为标准，而是以大多数城市的适用性为准则，指标需要具有较强的通用性。

创新生态环境中的各个要素相互联接、相互依赖、相互作用，共同构成一个有机整体。金融、科技创新体系发展所需的资本、专业技术、人力资源等等都要依靠经济基础来提供。经济基础通过作用于高校、企业、科研院所、金融机构、金融市场及金融科技创新的制度环境，对创新生态整体的强健性及平衡能力产生影响。而经济环境良好发展的前提，是市场制度与社会生产力的不断相互作用。在市场力的作用下，不能适应社会生产力发展的市场制度环境终会被淘汰。因此，社会生产力发达的地区，其市场制度环境通常较为完善，也拥有较好的约束及激励机制。

地方政府行为促进了国民经济的发展和地区投资环境的改善。区域之间的各种竞争，迫使各地政府不断推进经济发展，提高了整体经济的活力。同样在地区竞争中，如果一个地区不能提供企业与各种生产要素所需的良好基础设施及社会经济环境，就会在竞争中处于劣势。这同样会迫使各地政府加大基础设施的投资力度，提供良好的公共产品，提高公共服务水平，使地区投资的软硬环境得到改善。

人文环境、社会保障、居民生活水平等从某一个角度反映了社会的诚信文化。诚信文化是在社会网络中所形成的一种诚信规则，是构成创新生态环境的十分重要的因素。

综合以上的分析，一个地区的创新生态环境可以说是金融创新和科技创新赖以生存的土壤，区域的经济基础、经济开放程度、企业的发展规模、社会保障、政府的支持及居民的生活水平等等因素均会对该地区金融和科技创新的规模及发展具有决定性的作用。对于创新生态环境的评价，主要从经济环境、社会环境、人文环境和生活环境四个方面来衡量。

经济基础是创新生态系统赖以生存、发展的物质载体。经济环境的发展对社会保障提供支持，对企业的发展规模、经营绩效的提升都会起到积极的促进作用，也会促进各地区的教育资源、文化氛围和生活环境的提升，反之一个地区的社会环境、人文环境和生活环境的发展也会对一个地区的经济基础和经济开放程度产生良性影响。创新生态环境中的各个因素“互利共生”，良性循环，进而促进创新生态环境的发展。

对创新生态环境评价指标的建立不仅遵循了以上的原则，还在借鉴了刘雷、喻忠磊等（2016）对城市创新能力评价指标的选取和胡登峰、王巍（2012）对技术创新投融资金融生态环境评价指标的构建以及金欣雪（2015）对金融生态评价指标体系确立的基础上，从经济环境、社会环境、人文环境、生活环境4个维度，从经济基础、企业诚信、社会保障水平、教育资源、居民生活水平等多个方面构建创新生态环境的评价指标体系。具体指标见表4-1。

表4-1 创新生态环境评价指标体系

<table>
<tr><th>一级指标</th><th>二级指标</th><th>三级指标</th><th>指标含义</th><th>变量</th></tr>
<tr><td rowspan="8">经济环境</td><td rowspan="5">经济基础</td><td>经济发展水平</td><td>人均GDP（元）</td><td>x_1</td></tr>
<tr><td>经济结构</td><td>第三产业占比（%）</td><td>x_2</td></tr>
<tr><td>经济市场化程度</td><td>非国有就业人员占比（%）</td><td>x_3</td></tr>
<tr><td rowspan="2">经济活跃程度</td><td>人均社会消费品零售总额（元）</td><td>x_4</td></tr>
<tr><td>人均房地产投资额（元）</td><td>x_5</td></tr>
<tr><td rowspan="3">经济开放程度</td><td>国际化程度</td><td>外商直接投资占GDP比重（%）</td><td>x_6</td></tr>
<tr><td rowspan="2">对外开放水平</td><td>进出口总额（万美元）</td><td>x_7</td></tr>
<tr><td>人境旅游外汇收入（万美元）</td><td>x_8</td></tr>
<tr><td rowspan="8">社会环境</td><td rowspan="2">企业诚信</td><td>企业规模</td><td>固定资产年平均余额（亿元）</td><td>x_9</td></tr>
<tr><td>企业经营绩效</td><td>企业利润总额（亿元）</td><td>x_{10}</td></tr>
<tr><td rowspan="3">社会保障</td><td rowspan="3">社会保险水平</td><td>失业保险年末参保人数（万人）</td><td>x_{11}</td></tr>
<tr><td>基本医疗保险年末参保人数（万人）</td><td>x_{12}</td></tr>
<tr><td>养老保险年末参保人数（万人）</td><td>x_{13}</td></tr>
<tr><td rowspan="3">政府服务</td><td>地方政府干预</td><td>地方政府税收占财政收入的比重（%）</td><td>x_{14}</td></tr>
<tr><td rowspan="2">政府财政能力</td><td>地方政府财政收入（亿元）</td><td>x_{15}</td></tr>
<tr><td>地方政府财政支出（亿元）</td><td>x_{16}</td></tr>
<tr><td rowspan="5">人文环境</td><td>政府支持</td><td>政府教育支出</td><td>人均政府教育事业费支出（元）</td><td>x_{17}</td></tr>
<tr><td rowspan="4">人文资源</td><td rowspan="2">教育资源</td><td>普通高校数（所）</td><td>x_{18}</td></tr>
<tr><td>高校专任教师数（人）</td><td>x_{19}</td></tr>
<tr><td rowspan="2">文化氛围</td><td>人均公共图书馆藏量（册）</td><td>x_{20}</td></tr>
<tr><td>居民人均教育文化娱乐支出（元）</td><td>x_{21}</td></tr>
</table>

续表

一级指标	二级指标	三级指标	指标含义	变量
生活环境	居民生活水平	居民收入	职工平均工资（元）	x_{22}
			人均储蓄额（元）	x_{23}
			人均可支配收入（元）	x_{24}
		居民支出	人均可支配支出（元）	x_{25}
	生活质量	交通环境	百人私人汽车拥有量（量）	x_{26}
		通讯环境	人均邮电业务量（元）	x_{27}
		城镇化水平	城镇人口占地区总人口的比重（%）	x_{28}

4.1.3　指标含义

1. 经济环境

（1）经济基础

通过经济发展水平、经济结构、经济活跃程度及经济市场化程度等四个方面来对其进行综合反映。

①经济发展水平。经济发展具有较高水平时，可以加快金融部门的发展速度，提高各科技创新主体的创新水平。本书选取人均 GDP 来衡量各地区的经济发展水平。

②经济结构。各地区的经济结构对该地区的经济效益和发展前景有着很重要的影响。本书选用地区第三产业生产总值占该区域 GDP 的比重来衡量该地区的经济结构。

③经济市场化程度。如果一个地区具有较高的市场化程度，那么该地区的自由竞争水平通常较高，而政府或政策管制会更少，而且会为金融机构的独立经营以及科技创新的成果转化提供有利的保障。本书通过非国有单位就业人员占该地区就业总人口的比重来反映经济市场化程度。

④经济活跃程度。经济比较活跃的地区，金融体系和科技创新体系的发展良好，运行比较完善。本书通过人均房地产投资额和人均社会消费品零售总额两个指标来衡量各地区的经济活跃程度。其中，人均房地产投资额反映该地区投资的活跃情况，人均社会消费品零售总额则反映了商品贸易的活跃

情况。

（2）经济开放程度

经济的开放程度越高，该地区引进的外资、先进的技术和经验就越多，越能够有效地促进城市经济的快速发展。本书通过外商直接投资占 GDP 的比重来衡量该地区的国际化程度，通过地区的进出口总额和入境旅游外汇收入来衡量该地区的对外开放水平。

2．社会环境

（1）企业诚信

企业的诚信与企业的规模、企业绩效和管理能力有着很密切的联系。通常情况下，规模企业诚信水平高，中小企业诚信水平低。经营绩效高的企业内部管理水平较高，诚信水平也较高。本书通过规模以上工业企业年平均固定资产余额来衡量企业规模，采用利润总额来衡量企业经营绩效。

（2）社会保障

健全的社会保障机制有利于建设新型的信任机制并能够促进经济的稳定，降低创新风险，有利于创新生态环境的改善。本书利用地区失业保险年末参保人数、基本医疗保险年末参保人数和养老保险年末参保人数来衡量该地区的社会保险情况。

（3）政府服务

地方政府服务的质量与方向，在很大程度上决定着该地区创新生态环境的质量与方向。适当的政府干预有利于对创新生态环境的发展进行纠正，为金融和科技创新的生态平衡提供帮助。本书从地方政府干预和地方政府财政能力两个方面反映政府服务的质量。利用地区税收收入占该地区财政收入的比重来衡量政府干预市场活动的程度，利用地方政府财政收入和财政支出水平来代表地方财政能力。

3. 人文环境

良好的社会文化和人文环境会构成稳定的社会诚信体系，诚信文化是影响创新生态环境的重要因素之一。本书从政府支持和人文资源两个方面来反映各地区的人文环境。利用人均政府教育事业费支出来衡量政府对教育的支持程度，利用各地区普通高等学校数和高校专任教师数来衡量该地区的教育资源，利用人均公共图书馆藏量和居民人均教育文化娱乐支出来衡量该地区的文化氛围。

4. 生活环境

（1）居民生活水平

居民生活水平的高低直接影响着该地区创新生态环境的发展。居民的生活水平越高，一方面有利于金融机构各项业务的开展，降低金融体系经营风险，另一方面对科技创新的水平和规模也会提出更高的要求。本书利用职工平均工资、人均居民储蓄额、人均可支配收入衡量居民收入情况，选择人均可支配支出来衡量居民消费支出情况。

（2）生活质量

利用百人私人汽车拥有量来衡量该地区的交通环境，通过人均邮电业务量来衡量该地区邮政及电信业务的发展水平，采用城镇人口占地区总人口的比重来衡量该地区的城镇化水平。

4.1.4　数据来源

创新生态环境指标数据中，除国有单位就业人数外，均来自《中国统计年鉴 2010—2015》数据，或由年鉴中的数据计算得到。

衡量经济市场化程度的非国有就业人员占比 =（该地区就业人数 - 国有单位就业人员数）/就业人数，其中国有单位就业人数来自《中国人口统计年鉴 2010—2015》；衡量企业规模的固定资产年平均余额 =（上一年固定资产余额 + 本年固定资产余额）/2；衡量各地区文化氛围的居民人均教育文化娱乐支出，由于《中国统计年鉴》上是按照城镇居民与农村居民分别进行的统计，因此居民人均教育文化娱乐支出 =（城镇居民人均教育文化娱乐支出 × 城镇人口 + 农村居民人均教育文化娱乐支出 × 农村人口）/地区总人口，计算得到。

4.1.5　因子模型的构建

分别对 2009—2014 年除去西藏的 30 个地区的经济环境、社会环境、人文环境和生活环境 4 个一级指标进行因子分析，得到因子得分。

（1）将所有指标进行标准化处理，消除不同量纲的影响，公式如下：

$$x'_{ij} = \frac{x_{ij} - \bar{x}_{\cdot j}}{s_j} \tag{4.1}$$

其中，x_{ij}为第i个地区的第j个指标的数值，$s_j = \sqrt{\frac{1}{n-1}\sum_{i=1}^{n}(x_{ij} - \bar{x}_{\cdot j})^2}$为各指标的标准差，$n$为样本个数，$n=30$。

（2）求样本数据的相关系数矩阵。

以经济环境为例对应的8个指标，建立相关系数矩阵

$$\boldsymbol{R} = \begin{bmatrix} r_{11} & r_{12} & \cdots & r_{1k} \\ r_{21} & r_{22} & \cdots & r_{2k} \\ \cdots & \cdots & \cdots & \cdots \\ r_{k1} & r_{k2} & \cdots & r_{kk} \end{bmatrix}$$

其中为k指标个数，$k=8$。

（3）计算相关系数的特征值、贡献率及累计贡献率。

（4）提取累计贡献率大于80%的前l个主分量F_1，F_2，…，F_l，求出原始因子载荷矩阵。

（5）计算各综合因子得分并进行排序。

以各因子的信息贡献率计算出权重得到综合得分，其计算公式为：

$$F_i = \frac{\lambda_1}{\sum_{m=1}^{l}\lambda_m} \cdot F_{i1} + \frac{\lambda_2}{\sum_{m=1}^{l}\lambda_m} \cdot F_{i2} + \cdots + \frac{\lambda_l}{\sum_{m=1}^{l}\lambda_m} \cdot F_{il} \tag{4.2}$$

其中，F_{i1}，F_{i2}，…，F_{il}和F_i分别为各个地区的主因子得分和综合得分，$i=1$，2，…，30。

4.1.6 创新生态环境的因子模型评价

1. 四个环境一级指标的因子评价

对2009—2014年除去西藏的30个地区的四个一级指标分别进行因子评价。下面以2014年的经济环境数据为例进行具体评价。

（1）对样本数据标准化后计算相关系数矩阵，并对各样本数据的相关性进行检验，结果见图4-1。

KMO和Bartlett的检验

取样足够度的 Kaiser – Meyer – Olkin 度量。		.614
Bartlett 的球形度检验	近似卡方	257.307
	df	28
	Sig.	.000

图 4 – 1　2014 年经济环境指标相关性检验结果

由检验结果可知，KMO 值为 0.614，且 Bartlett 球型检验的显著性概率小于 0.05，因此适合做因子分析。

（2）相关系数矩阵的特征值、贡献率和累计贡献率见图 4 – 2。

解释的总方差

成份	初始特征值			提取平方和载入			旋转平方和载入		
	合计	方差的%	累积%	合计	方差的%	累积%	合计	方差的%	累积%
1	4.405	55.062	55.062	4.405	55.062	55.062	2.900	36.250	36.250
2	1.695	21.187	76.249	1.695	21.187	76.249	2.424	30.295	66.545
3	.976	12.200	88.450	.976	12.200	88.450	1.752	21.905	88.450
4	.512	6.403	94.853						
5	.285	3.567	98.420						
6	.066	.823	99.243						
7	.048	.604	99.847						
8	.012	.153	100.000						

提取方法：主成份分析

图 4 – 2　2014 年经济环境指标的特征值和贡献率

由图 4 – 2 的结果可知，前 3 个主成分的累计贡献率达到了 88.45%，因此选择前 3 个主成分。

（3）对原始因子载荷矩阵进行方差极大正交旋转（见图 4 – 3）。

旋转成份矩阵[a]

	成份		
	1	2	3
x1	.908	.304	-.040
x2	.790	.193	.199
x3	.417	.633	.348
x4	.901	.381	-.036
x5	.537	.170	.796
x6	-.155	-.084	.975
x7	.341	.906	-.050
x8	.192	.944	-.038

提取方法：主成份

旋转法：具有Kaiser标准化的正交旋转法

a.旋转在4次迭代后收敛

图 4 – 3　2014 年经济环境因子旋转后的因子载荷矩阵

由图 4－3 和表 4－2 可以看出，对于经济环境而言，第一个主因子的高载荷指标为人均 GDP、第三产业占比和人均社会消费品零售总额，主要反映了各地区的经济发展水平及结构；第二个主因子的高载荷指标为非国有就业人员占比、地区进出口总额和入境旅游外汇收入，主要反映了各地区的经济市场化水平；第三个主因子的高载荷指标为人均房地产投资和外商直接投资占 GDP 的比重，主要反映了该地区的投资水平。

表 4－2　经济环境各主因子命名表

	主因子 1	主因子 2	主因子 3
高载荷指标	x_1：人均 GDP x_2：第三产业占比 x_4：人均社会消费品零售总额	x_3：非国有就业人员占比 x_7：进出口总额 x_8：入境旅游外汇收入	x_5：人均房地产投资额 x_6：外商直接投资占 GDP 的比重
因子命名	经济发展水平及结构	经济市场化水平	投资水平

（4）计算各综合因子得分并进行排序。

首先计算出各主因子得分，再以各因子的信息贡献率计算出权重，得到各地区经济环境的综合得分，其计算公式为：

$$F_i = 0.6225 \cdot F_{i1} + 0.2395 \cdot F_{i2} + 0.1379 \cdot F_{i3} \quad i = 1, 2, \cdots, 30 \qquad (4.3)$$

其中，F_{i1}，F_{i2}，F_{i3}，F_i 分别为各个地区的主因子得分和综合得分。

重复以上步骤，得到2009—2014 年30 个地区经济环境、社会环境、人文环境和生活环境四个一级指标的因子得分及排序（由于篇幅有限，仅列出2009 年和 2014 年的结果，分别见表 4－3 和表 4－4）。这里为了便于观察，将各因子的得分进行了 0－1 化处理。

表 4－3　2009 年各地区创新生态环境四个一级指标因子得分及排序

地区	经济环境	排序	社会环境	排序	人文环境	排序	生活环境	排序
东部	0.5175	6.6	0.4729	10.9	0.5049	8.4	0.3709	8.3
北　京	1.0000	1	0.3208	13	0.8126	2	0.4048	4
天　津	0.5757	4	0.1757	24	0.4248	7	0.3709	5
河　北	0.1115	17	0.3998	9	0.2774	12	0.0114	27
上　海	0.8885	2	0.4088	8	1.0000	1	1.0000	1

续表

地区	经济环境	排序	社会环境	排序	人文环境	排序	生活环境	排序
江　苏	0. 5371	5	0. 8659	2	0. 7048	3	0. 3284	7
浙　江	0. 4843	6	0. 5242	5	0. 5240	5	0. 4746	3
福　建	0. 3079	8	0. 2465	16	0. 2695	14	0. 3296	6
山　东	0. 2836	9	0. 7702	3	0. 4767	6	0. 1619	11
广　东	0. 7503	3	1. 0000	1	0. 5594	4	0. 5155	2
海　南	0. 2361	11	0. 0168	28	0. 0000	30	0. 1116	17
中部	0. 0790	21. 5	0. 3357	12. 5	0. 2679	14. 3	0. 0851	19. 2
山　西	0. 1070	19	0. 2146	20	0. 1989	19	0. 0067	28
安　徽	0. 0658	21	0. 3210	12	0. 2357	16	0. 1070	18
江　西	0. 0278	28	0. 2383	18	0. 2101	18	0. 0942	19
河　南	0. 0283	27	0. 5310	4	0. 2771	13	0. 0509	23
湖　北	0. 1401	14	0. 3558	10	0. 3772	9	0. 1166	15
湖　南	0. 1050	20	0. 3533	11	0. 3081	11	0. 1350	12
西部	0. 0858	21. 5	0. 1750	22	0. 1172	22. 7	0. 0835	20. 2
内蒙古	0. 2542	10	0. 2549	15	0. 1692	21	0. 1718	10
广　西	0. 0464	25	0. 2007	21	0. 1182	23	0. 1301	13
重　庆	0. 1614	13	0. 1915	22	0. 1322	22	0. 2433	8
四　川	0. 0623	22	0. 4695	7	0. 2530	15	0. 0811	21
贵　州	0. 0227	29	0. 1121	27	0. 0287	28	0. 0000	30
云　南	0. 0522	24	0. 1791	23	0. 0685	25	0. 0312	24
陕　西	0. 1381	16	0. 2445	17	0. 3135	10	0. 1134	16
甘　肃	0. 0000	30	0. 1253	26	0. 0486	27	0. 0047	29
青　海	0. 0362	26	0. 0000	30	0. 0274	29	0. 0277	25
宁　夏	0. 1079	18	0. 0040	29	0. 0494	26	0. 0890	20
新　疆	0. 0620	23	0. 1435	25	0. 0801	24	0. 0265	26
东北	0. 2407	11. 3	0. 3482	13	0. 2713	15	0. 1393	15
辽　宁	0. 3989	7	0. 5096	6	0. 4066	8	0. 2329	9
吉　林	0. 1842	12	0. 2243	19	0. 1751	20	0. 1187	14
黑龙江	0. 1388	15	0. 3109	14	0. 2321	17	0. 0662	22

表4-4　2014年各地区创新生态环境四个一级指标因子得分及排序

地区	经济环境	排序	社会环境	排序	人文环境	排序	生活环境	排序
东部	0.5163	6.9	0.4413	8.5	0.5149	8.7	0.3916	8.3
北　京	1.0000	1	0.4862	5	0.8528	2	0.8473	2
天　津	0.6337	3	0.0703	24	0.4169	8	0.4495	3
河　北	0.0959	20	0.2043	12	0.2409	15	0.0506	26
上　海	0.8240	2	0.4550	6	1.0000	1	1.0000	1
江　苏	0.5654	5	0.7238	2	0.7495	3	0.3333	5
浙　江	0.5670	4	0.5973	3	0.5334	5	0.3241	6
福　建	0.3689	8	0.2271	10	0.3074	13	0.2632	8
山　东	0.3407	11	0.5396	4	0.4548	6	0.1256	16
广　东	0.4181	6	1.0000	1	0.5935	4	0.3738	4
海　南	0.3496	9	0.1098	18	0.0000	30	0.1483	12
中部	0.1099	19.8	0.1508	16.3	0.2855	14	0.1122	18.3
山　西	0.1090	19	0.0197	29	0.1814	21	0.1001	22
安　徽	0.0671	23	0.1797	13	0.2126	17	0.1275	15
江　西	0.0269	26	0.1390	16	0.2133	16	0.1116	20
河　南	0.0772	22	0.2481	9	0.3407	11	0.0247	29
湖　北	0.2450	13	0.2102	11	0.3935	9	0.1768	10
湖　南	0.1343	16	0.1078	20	0.3718	10	0.1322	14
西部	0.1015	21.6	0.0898	21.9	0.1291	22.5	0.0952	21.4
内蒙古	0.2805	12	0.0864	22	0.2078	18	0.1741	11
广　西	0.0197	28	0.0573	26	0.1061	23	0.0636	25
重　庆	0.3425	10	0.1391	15	0.1323	22	0.2338	9
四　川	0.0809	21	0.2866	7	0.2641	14	0.1169	19
贵　州	0.0305	25	0.0829	23	0.0758	26	0.0293	28
云　南	0.0531	24	0.0936	21	0.0757	27	0.0000	30
陕　西	0.1234	18	0.1195	17	0.3110	12	0.1197	18
甘　肃	0.0000	30	0.0246	28	0.0238	29	0.0401	27
青　海	0.0216	27	0.0317	27	0.0486	28	0.1035	21
宁　夏	0.1575	14	0.0000	30	0.0892	24	0.0913	23
新　疆	0.0068	29	0.0661	25	0.0856	25	0.0746	24

续表

地区	经济环境	排序	社会环境	排序	人文环境	排序	生活环境	排序
东北	0.2323	13	0.1785	13.7	0.2730	15.3	0.1780	12.3
辽　宁	0.4149	7	0.2756	8	0.4446	7	0.2704	7
吉　林	0.1573	15	0.1086	19	0.1846	20	0.1206	17
黑龙江	0.1248	17	0.1511	14	0.1897	19	0.1429	13

由表4-4可以看出，2014年30个地区中，东部地区的经济、社会、人文、生活环境的得分分别为0.5163、0.4413、0.5149和0.3916，四项得分均明显高于其它三个区域，说明东部地区的创新生态环境明显优于其它地区。东北地区的四项因子得分除人文环境略低于中部地区外，其它三项因子得分均高于中部及西部地区。而中西部地区的四项因子得分偏低，说明中西部地区的创新生态环境还有待提高。

表4-5　2009—2014各地区经济环境、社会环境因子排序

地区		经济环境						社会环境					
		2009	2010	2011	2012	2013	2014	2009	2010	2011	2012	2013	2014
东部地区	北　京	1	1	1	1	1	1	13	10	10	10	27	5
	天　津	4	5	3	3	3	3	24	21	22	21	21	24
	河　北	17	17	19	20	19	20	9	9	9	8	7	12
	上　海	2	2	2	2	2	2	8	8	8	9	26	6
	江　苏	5	4	4	6	4	5	2	2	2	2	2	2
	浙　江	6	6	6	8	6	4	5	4	4	4	11	3
	福　建	8	9	10	18	12	8	16	15	15	15	19	10
	山　东	9	8	11	13	9	11	3	3	3	3	1	4
	广　东	3	3	8	4	5	6	1	1	1	1	3	1
	海　南	11	14	7	5	15	9	28	28	28	28	30	18
中部地区	山　西	19	20	20	15	14	19	20	20	20	20	17	29
	安　徽	21	21	28	30	30	23	12	13	13	13	8	13
	江　西	28	29	30	29	29	26	18	18	18	19	13	16
	河　南	27	25	29	28	28	22	4	6	5	5	4	9
	湖　北	14	13	18	23	17	13	10	11	11	11	10	11
	湖　南	20	18	22	22	18	16	11	12	12	12	6	20

续表

地区		经济环境						社会环境					
		2009	2010	2011	2012	2013	2014	2009	2010	2011	2012	2013	2014
西部地区	内蒙古	10	10	9	11	7	12	15	17	17	18	18	22
	广　西	25	23	26	26	25	28	21	22	23	23	14	26
	重　庆	13	12	13	24	23	10	22	23	19	14	15	15
	四　川	22	22	25	27	26	21	7	7	7	7	5	7
	贵　州	29	28	12	10	16	25	27	26	26	26	22	23
	云　南	24	24	24	25	27	24	23	24	24	24	16	21
	陕　西	16	16	17	16	22	18	17	16	16	16	12	17
	甘　肃	30	30	23	14	20	30	26	27	27	27	24	28
	青　海	26	27	27	21	24	27	30	30	30	30	29	27
	宁　夏	18	19	15	17	21	14	29	29	29	29	28	30
	新　疆	23	26	21	12	11	29	25	25	25	25	25	25
东北地区	辽　宁	7	7	5	7	8	7	6	5	6	6	9	8
	吉　林	12	11	14	19	13	15	19	19	21	22	23	19
	黑龙江	15	15	16	9	10	17	14	14	14	17	20	14

表4-6　2009—2014各地区人文环境、生活环境因子排序

地区		人文环境						生活环境					
		2009	2010	2011	2012	2013	2014	2009	2010	2011	2012	2013	2014
东部地区	北　京	2	2	2	2	3	2	4	4	2	2	2	2
	天　津	7	7	7	7	10	8	5	5	5	7	7	3
	河　北	12	14	14	16	14	15	27	30	30	30	30	26
	上　海	1	1	1	1	1	1	1	1	1	1	1	1
	江　苏	3	3	3	3	2	3	7	7	6	6	6	5
	浙　江	5	5	5	5	6	5	3	3	4	4	4	6
	福　建	14	13	13	11	16	13	6	6	7	5	5	8
	山　东	6	6	6	6	5	6	11	11	13	16	16	16
	广　东	4	4	4	4	4	4	2	2	3	3	3	4
	海　南	30	30	30	26	26	30	17	16	14	12	12	12

续表

地区		人文环境						生活环境					
		2009	2010	2011	2012	2013	2014	2009	2010	2011	2012	2013	2014
中部地区	山　西	19	19	19	20	21	21	28	27	25	28	28	22
	安　徽	16	15	15	14	15	17	18	15	12	13	13	15
	江　西	18	18	17	17	17	16	19	19	20	20	20	20
	河　南	13	12	10	12	7	11	23	23	23	22	22	29
	湖　北	9	9	9	9	8	9	15	12	11	11	11	10
	湖　南	11	11	12	13	13	10	12	14	15	14	14	14
西部地区	内蒙古	21	20	21	21	23	18	10	10	10	10	10	11
	广　西	23	23	23	23	18	23	13	13	17	17	17	25
	重　庆	22	22	22	22	24	22	8	8	8	8	8	9
	四　川	15	16	16	15	11	14	21	20	18	18	18	19
	贵　州	28	28	29	30	27	26	30	29	27	26	26	28
	云　南	25	25	24	24	22	27	24	26	26	25	25	30
	陕　西	10	10	11	10	12	12	16	17	16	15	15	18
	甘　肃	27	27	27	29	28	29	29	28	29	27	27	27
	青　海	29	29	28	27	30	28	25	25	28	29	29	21
	宁　夏	26	26	26	28	29	24	20	21	21	24	24	23
	新　疆	24	24	25	25	25	25	26	24	24	23	23	24
东北地区	辽　宁	8	8	8	8	9	7	9	9	9	9	9	7
	吉　林	20	21	20	18	20	20	14	18	19	19	19	17
	黑龙江	17	17	18	19	19	19	22	22	22	21	21	13

由表 4－5 和表 4－6 得到 2009—2014 年 30 个地区经济环境、社会环境、人文环境和生活环境四个因子得分的排序情况。综合表 4－5 和表 4－6，2009—2014 年 30 个地区的经济环境、社会环境、人文环境和生活环境排序基本稳定，说明创新生态环境的改善和提高是一个长期发展的过程。

从各区域来看，东部地区除个别省份外，四项指标排名均名列前茅，说明由于东部地区地理位置的优势，其经济发展水平、经济开放程度、政府的服务意识、人文资源及居民的生活质量均处于较高水平，其雄厚的经济基础、完善的政府支持、优越的生活条件是其创新生态环境的核心部分。

北京的经济环境连续六年位列第一，上海位列第二，而天津、广东、江苏、浙江紧随其后，这与北京、上海作为中国两大经济发展中心的实际情况完全吻合。北京作为我国政治、文化中心，极具优势的人文环境，优质的社会保障机制，良好的经济基础等促使其创新生态环境中的各要素形成了良性循环。上海除了在经济贸易上优势突出之外，在企业诚信方面也具有突出的表现，上海在创新生态环境各方面发展都比较均衡。而北京带动周边城市天津、上海与江苏、浙江分别形成经济体，使经济环境明显处于优势地位。山东和福建的经济环境排名位于10位上下，而河北省的排名略显靠后，可能是因为除去在地理位置上位于河北省的北京和天津外，河北省其它地区的经济发展水平和经济开放程度的提升还需要这两大城市的带动。

东部地区的社会环境，广东有五年位列第一，江苏连续六年位列第二，而山东2009—2012年一直位列第三，在2013年有所上升超过广东位于第一，而后的2014年又下降到第四位，上海和北京的排序多数处于8—10位左右，而在2013年同时出现了大幅度的下滑，主要是因为这两个地区的年末养老保险的参保人数由2012年的1416.9、1206.4万人迅速下降为2013年的80、180.1万人。河北省的社会环境较经济环境相比排名有很大提升，位列10名上下，说明河北省的企业诚信、社会保障水平及政府服务意识与其经济发展程度相比在全国位于前列。而天津和海南的社会环境排名比较靠后，数据显示，天津的地方政府税收收入占政府财政收入的比重较低，说明地方政府对经济的干预程度较高，而海南省虽然位于东部沿海地区，但由于其实体经济发展有限及人口的原因，导致其排名靠后。

对于人文环境与生活环境，上海市2009—2014年六年均稳居第一位，北京、广东、江苏、浙江紧跟其后，福建和海南的生活环境排名均有所提升，而海南的人文环境排名基本垫底，这也是由于其地理位置和城市特点造成的。值得注意的是，河北省的生活环境在2010—2013年连续四年位于最后，从数据上来分析，以2012年为例，河北省的职工平均工资、人均可支配收入、人均邮电业务量和城镇化水平分别位于全国30个地区的第23、28、22和21位，均处于落后水平。

东北地区的3个省份中，辽宁的四项环境得分均位于5—9名之间，而且六年比较稳定，并且排名明显优于其它两个省份。吉林和黑龙江的四项环境排名位于中部偏后，吉林省的经济环境和生活环境优于黑龙江，而黑龙江的社会环境优于吉林，二者的人文环境排名相差不大。总体来看，东北地区的创新生态环境与东部地区还有一定差距，但好于西部地区，与中部地区基本持平。

中部地区的6个省份中，湖北、湖南省的排名略占优势，湖北省的四项环境得分中，除社会环境排名低于河南外，其它三项排名均位列中部地区首位，湖南紧随其后位列第二。江西、河南的经济环境排名比较靠后，而山西、河南的生活环境排名比较靠后。

西部地区11个省份中，大多数省份的四项环境排名均比较靠后，而四川省的社会环境排名有五年位于全国第7位，在2013年竟达到了第5位。重庆的生活环境2009—2013年一直稳居第8位，内蒙古位列第10，而陕西省的人文环境排名也位于第10位左右。对于贵州、甘肃、青海、宁夏等几个省份，各项排名均靠后。

2. 创新生态环境的主成分分析

将2009—2014年全国除西藏以外30个地区各年的四个环境因子得分进行汇总，利用主成分分析评价方法，最终得到各年的创新生态环境得分。

下面仍然以2014年为例进行详细阐述。

（1）对四个环境因子得分再进行标准化后计算相关系数矩阵，并对各样本数据的相关性进行检验，结果见图4－4。

KMO 和 Bartlett 的检验

取样足够度的 Kaiser－Meyer－Olkin 度量。		.684
Bartlett 的球形度检验	近似卡方	113.673
	df	6
	Sig	.000

图4－4 2014年四个环境一级指标的相关性检验结果

由检验结果可知，KMO值为0.684，且Bartlett球型检验的显著性概率小于0.05，因此适合做主成分分析。

（2）相关系数矩阵的特征值、贡献率和累计贡献率见图 4－5。

解释的总方差

成份	初始特征值			提取平方和载入		
	合计	方差的%	累积%	合计	方差的%	累积%
1	3.243	81.087	81.087	3.243	81.087	81.087
2	.567	14.167	95.254	.567	14.167	95.254
3	.129	3.218	98.472			
4	.061	1.528	100.000			

提取方法：主成份分析。

图 4－5　2014 年四个环境一级指标的特征值和贡献率

由图 4－5 的结果可知，前 2 个主成分的累计贡献率达到了 95.25%，因此选择前 2 个主成分。

（3）求出原始因子载荷矩阵（见图 4－6）。

成份矩阵[a]

	成份	
	1	2
f1	.936	-.241
f2	.778	.619
f3	.958	.068
f4	.919	-.348

提取方法：主成份。

a.已提取了2个成份。

图 4－6　2014 年四个环境一级指标的原始因子载荷矩阵

（4）计算主成分得分并进行排序。

各主成分得分利用下式计算：

$$f_{ij} = \frac{l_{1j}}{\sqrt{\lambda_j}} \cdot F_{i1}^* + \frac{l_{2j}}{\sqrt{\lambda_j}} \cdot F_{i2}^* + \frac{l_{3j}}{\sqrt{\lambda_j}} \cdot F_{i3}^* + \frac{l_{4j}}{\sqrt{\lambda_j}} \cdot F_{i4}^*$$

$$j = 1,\ 2,\ i = 1,\ 2,\ \cdots,\ 30 \tag{4.4}$$

其中，λ_j，$j=1$，2 为前两个主成分对应的特征值，$L_j = (l_{1j},\ l_{2j},\ l_{3j},\ l_{4j})$，$j=1$，2 为与特征值对应的特征向量，$F_i^* = (F_{i1}^*,\ F_{i2}^*,\ F_{i3}^*,\ F_{i4}^*)$，$i=1,\ 2,\ \cdots,\ 30$ 为四个环境因子得分标准化后得到的向量。

最后以各主成分的信息贡献率计算权重，得到各地区创新生态环境的综合得分，其计算公式为：

$$f_i = 0.8512 \cdot f_{i1} + 0.1488 \cdot f_{i2} \quad i = 1, 2, \cdots, 30 \qquad (4.5)$$

其中，f_{i1}，f_{i2}，f_i 分别为各个地区的主成分得分和综合得分。

重复以上步骤，得到2009—2014 年30 个地区创新生态环境的主成分得分及排序（见表4 -7）。这里为了便于观察，将各地区的主成分得分进行了 0 - 1 化处理后，计算出综合得分。

由表4 -7 及图4 -7 可以看出，对于创新生态环境的得分，东部地区处于明显的优势，而东北地区和中部地区相差不大，西部地区最低。而且在 2009—2012 各年间，各个区域的创新生态环境得分基本稳定，2013 年中部地区得分有明显提升，而在2014 年除东部地区略有提高外，其它三个区域均有所回落。

表4 -7　2009—2014 年各地区创新生态环境主成分得分及排序

地区	2009	排序	2010	排序	2011	排序	2012	排序	2013	排序	2014	排序
东部地区	0.5218	8	0.5426	8	0.5093	8	0.5234	8	0.5122	9	0.5492	7
北　京	0.6373	4	0.6781	4	0.6249	4	0.6819	4	0.5553	5	0.8692	1
天　津	0.3951	8	0.4159	8	0.3828	8	0.3945	8	0.4153	12	0.4114	7
河　北	0.2927	14	0.2891	14	0.2811	14	0.2888	15	0.385	13	0.1984	17
上　海	0.8162	1	0.8405	2	0.794	1	0.7514	2	0.6824	3	0.8662	2
江　苏	0.7237	3	0.7515	3	0.7192	3	0.7477	3	0.7322	1	0.7202	4
浙　江	0.5608	5	0.5858	5	0.5423	5	0.5383	6	0.4978	7	0.6219	5
福　建	0.3257	11	0.3492	9	0.3326	11	0.3284	12	0.3681	15	0.3449	9
山　东	0.5487	6	0.5516	6	0.5253	6	0.5548	5	0.6507	4	0.4738	6
广　东	0.8083	2	0.8598	1	0.7616	2	0.7987	1	0.7009	2	0.7812	3
海　南	0.1094	26	0.1045	26	0.1289	26	0.1495	27	0.1339	28	0.2045	16
中部地区	0.2736	16	0.2721	15	0.2771	15	0.2832	15	0.3859	13	0.2003	17
山　西	0.1979	22	0.1947	22	0.1966	22	0.215	21	0.2659	22	0.1195	23
安　徽	0.2610	18	0.2702	15	0.2739	16	0.2755	16	0.3742	14	0.1907	20
江　西	0.2130	21	0.2073	21	0.216	20	0.2092	22	0.3022	17	0.1578	22
河　南	0.3364	9	0.3299	11	0.3388	9	0.3454	9	0.5081	6	0.2257	13
湖　北	0.3279	10	0.3318	10	0.3364	10	0.3395	11	0.4371	9	0.2995	10
湖　南	0.3054	13	0.2988	13	0.3008	13	0.3145	13	0.4279	10	0.2086	15

续表

地区	2009	排序	2010	排序	2011	排序	2012	排序	2013	排序	2014	排序
西部地区	0.1712	23	0.1732	23	0.1798	23	0.1927	22	0.2336	22	0.1377	22
内蒙古	0.2623	16	0.2663	17	0.2572	17	0.2593	18	0.2742	20	0.219	14
广　西	0.1834	23	0.1889	23	0.1864	23	0.184	23	0.2815	18	0.0888	27
重　庆	0.2251	20	0.227	19	0.2418	18	0.2561	19	0.2769	19	0.259	11
四　川	0.3176	12	0.3173	12	0.3196	12	0.3398	10	0.4227	11	0.2497	12
贵　州	0.0959	28	0.0971	28	0.121	27	0.1538	26	0.1913	26	0.0902	26
云　南	0.1437	24	0.1455	24	0.1516	24	0.1592	25	0.2301	24	0.0949	25
陕　西	0.2665	15	0.2667	16	0.2797	15	0.2953	14	0.3591	16	0.1966	18
甘　肃	0.1033	27	0.092	29	0.1001	29	0.1271	28	0.1655	27	0.0481	30
青　海	0.0598	30	0.0643	30	0.0698	30	0.0784	30	0.0682	30	0.0759	29
宁　夏	0.0914	29	0.1027	27	0.1044	28	0.0941	29	0.0973	29	0.1053	24
新　疆	0.1339	25	0.1378	25	0.1464	25	0.1731	24	0.2023	25	0.0877	28
东北地区	0.3177	14	0.3129	15	0.2981	16	0.3133	15	0.3248	17	0.2594	16
辽　宁	0.4623	7	0.4644	7	0.4405	7	0.4562	7	0.4497	8	0.4069	8
吉　林	0.2298	19	0.2253	20	0.2147	21	0.2195	20	0.2523	23	0.1779	21
黑龙江	0.2610	17	0.2491	18	0.239	19	0.2642	17	0.2723	21	0.1935	19

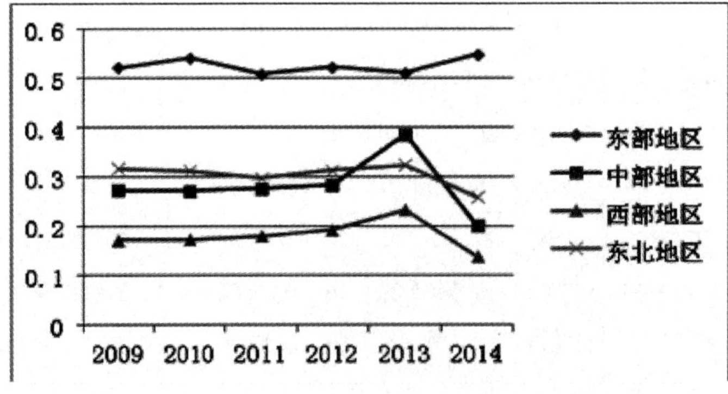

图 4-7　2009—2014 各区域创新生态环境得分折线图

4.2　区域金融创新主体环境评价

4.2.1　金融创新主体环境概念的界定

金融创新主体环境对金融创新的生存和发展产生直接或间接的影响。金融创新主体作为金融创新系统的重要构成要素，与创新生态环境之间相互作用、彼此依存。创新生态环境决定了金融创新主体生存与发展的空间，金融创新主体也会对创新环境的发展产生直接或间接的影响。而随着金融创新主体的不断发展，金融机构已不仅仅是向实体经济部门提供资金融通的服务，同时也向有关经济部门提供技术支持，这实际上是直接或间接参与了社会生产领域的价值创造。

4.2.2　金融创新主体环境评价指标的建立

本书为了对我国各地区金融创新主体环境的运行状况进行分析，立足于对地区间乃至各区域之间的金融创新主体的环境进行比较及动态分析，因而从反映金融机构状况的资源环境和反映金融市场状况的市场环境两个维度建立评价指标体系。具体指标见表 4－8。

表 4－8　金融创新主体环境评价指标体系

一级指标	二级指标	三级指标	变量
资源环境	金融发展水平	存贷款余额占 GDP 的比重（%）	y_1
		金融业产值占第三产业产值的比重（%）	y_2
	金融资产的配置效率	银行业金融机构贷存比（%）	y_3
市场环境	保险市场	保费收入（亿元）	y_4
		保险密度（元/人）	y_5
		保险深度（%）	y_6
	社会保险水平	金融市场活动（%）	y_7
		股票流动市值（亿元）	y_8

4.2.3 指标含义

（1）资源环境

资源环境的评价主要是从金融机构的角度，以金融机构的发展水平和金融资产的配置效率两个方面进行考察。采用金融机构存贷款余额占 GDP 的比重、金融业产值占第三产业产值的比重来衡量金融机构的发展水平。利用银行业金融机构的贷存比来衡量金融资产的配置效率。

（2）市场环境

金融市场环境的评价主要从保险市场和债券市场两个方面进行考察。采用保费收入、保险密度和保险深度三项指标来衡量保险市场的发展状况。其中保险密度反映了该地区居民参加保险的程度，也反映了该地区经济发展的状况和人们保险意识的强弱。保险深度是指各地区保费收入占该地区 GDP 的比重，反映了该地区保险业在整个国民经济中的地位。采用 A 股筹资和债券筹资占银行存贷款余额的比重来衡量债券市场的活跃程度，采用股票流动市值来衡量债券市场的发展状况。

4.2.4 数据来源

金融创新主体环境评价指标中的银行业金融机构各项存贷款余额、保费收入、保险密度、保险深度及股票流动市值均来自《中国金融年鉴 2010—2015》，A 股筹资和债券筹资来自《中国区域金融运行报告 2010—2015》，其它数据来自《中国统计年鉴 2010—2015》。

4.2.5 金融创新主体环境的主成分分析及评价

1. 主成分分析

对 2009—2014 年除去西藏的 30 个地区的 8 个二级指标分别进行主成分分析。下面以 2014 年为例进行具体分析。

（1）对样本数据标准化后计算相关系数矩阵，并对各样本数据的相关性进行检验，结果见图 4－8。

由检验结果可知，KMO 值为 0.712，且 Bartlett 球型检验的显著性概率小于 0.05，因此适合做因子分析。

KMO 和 Bartlett 的检验

取样足够度的 Kaiser－Meyer－Olkin 度量。		. 712
Bartlett 的球形度检验	近似卡方	205. 826
	df	28
	Sig	. 000

图 4－8　2014 年金融创新主体环境指标相关性检验结果

（2）相关系数矩阵的特征值、贡献率和累计贡献率见图 4－9。

解释的总方差

成份	初始特征值			提取平方和载入		
	合计	方差的%	累积%	合计	方差的%	累积%
1	4.713	58.915	58.915	4.713	58.915	58.915
2	1.500	18.746	77.661	1.500	18.746	77.661
3	.702	8.780	86.441	.702	8.780	86.441
4	.559	6.982	93.423			
5	.245	3.062	96.485			
6	.146	1.820	98.305			
7	.106	1.321	99.627			
8	.030	.373	100.000			

提取方法：主成份分析。

图 4－9　2014 年金融创新主体环境指标的特征值和贡献率

由图 4－9 的结果可知，前 3 个主成分的累计贡献率达到了 86.44%，因此选择前 3 个主成分。

（3）求出原始因子载荷矩阵（见图 4－10）。

成份矩阵[a]

	成份		
	1	2	3
y1	.880	.374	-.037
y2	.555	.651	.361
y3	-.495	.688	.251
y4	.458	-.656	.543
y5	.924	.024	.158
y6	.875	-.110	-.008
y7	.806	.118	-.423
y8	.952	-.074	-.095

提取方法：主成份

a已提取了3个成份。

图 4－10　2014 年金融创新主体环境指标的原始因子载荷矩阵

（4）计算主成分得分并进行排序。

以各主成分的信息贡献率计算出权重，得到各地区金融创新主体环境的综合得分，其计算公式为：

$$M_i = 0.6552 \cdot M_{i1} + 0.2048 \cdot M_{i2} + 0.14 \cdot M_{i3} \cdots \quad i = 1, 2, \cdots, 30 \quad (4.6)$$

其中，$M i1$，M_{i2}，M_{i3}，M_i 分别为各个地区的主成分得分和综合得分。

重复以上步骤，得到2009—2014 年30 个地区金融创新主体环境的主成分得分及排序（见表4 -9）。这里为了便于观察，将各地区的主成分得分进行了0 -1 化处理后，计算出综合得分。

表4 -9 2009—2014 年各地区金融创新主体环境主成分得分及排序

地区	2009	排序	2010	排序	2011	排序	2012	排序	2013	排序	2014	排序
东部地区	0. 3575	9	0. 3473	9	0. 3634	9	0. 3546	10	0. 3778	10	0. 3650	10
北　京	0. 7329	1	0. 7229	1	0. 705	1	0. 6906	1	0. 7154	1	0. 7654	1
天　津	0. 2771	7	0. 2663	7	0. 3052	8	0. 312	8	0. 3316	8	0. 3456	6
河　北	0. 1991	16	0. 1825	17	0. 1901	19	0. 1862	20	0. 2162	18	0. 2063	19
上　海	0. 6013	2	0. 5715	2	0. 6334	2	0. 6434	2	0. 6507	2	0. 5689	2
江　苏	0. 3199	5	0. 3134	6	0. 3182	6	0. 3099	9	0. 3248	9	0. 3205	9
浙　江	0. 4375	3	0. 4321	3	0. 4565	3	0. 4283	3	0. 4369	3	0. 3719	4
福　建	0. 2563	8	0. 2631	8	0. 2757	10	0. 2673	10	0. 3022	10	0. 3105	11
山　东	0. 2457	12	0. 2478	11	0. 2404	12	0. 2113	14	0. 2313	15	0. 2042	20
广　东	0. 3939	4	0. 3791	4	0. 3571	5	0. 3403	5	0. 3719	5	0. 3527	5
海　南	0. 1111	29	0. 0943	30	0. 1519	24	0. 1568	24	0. 1965	24	0. 204	21
中部地区	0. 1763	20	0. 1694	19	0. 1820	20	0. 1690	20	0. 1993	20	0. 1954	22
山　西	0. 2296	13	0. 2143	14	0. 238	13	0. 2408	11	0. 2835	11	0. 2833	12
安　徽	0. 2049	15	0. 1843	16	0. 2	17	0. 1907	18	0. 2133	20	0. 23	16
江　西	0. 0997	30	0. 1051	27	0. 1246	27	0. 114	28	0. 1522	27	0. 1815	25
河　南	0. 1899	18	0. 2114	15	0. 2242	14	0. 1913	17	0. 2135	19	0. 1802	26
湖　北	0. 1882	19	0. 1766	19	0. 1915	18	0. 1897	19	0. 223	16	0. 2025	22
湖　南	0. 1456	24	0. 1246	24	0. 1135	29	0. 0873	29	0. 1101	29	0. 0948	30

续表

地区	2009	排序	2010	排序	2011	排序	2012	排序	2013	排序	2014	排序
西部地区	0.2000	17	0.1928	18	0.2194	17	0.2220	16	0.2573	16	0.2635	15
内蒙古	0.1214	27	0.1151	25	0.1372	26	0.1197	27	0.1422	28	0.1541	28
广　西	0.1667	23	0.1503	23	0.1652	23	0.1646	23	0.1995	23	0.1987	23
重　庆	0.3090	6	0.3263	5	0.3761	4	0.3669	4	0.373	4	0.3305	8
四　川	0.2497	11	0.2519	10	0.2841	9	0.3132	7	0.3519	7	0.3107	10
贵　州	0.1679	22	0.1653	21	0.1816	21	0.1716	22	0.1996	22	0.1842	24
云　南	0.2507	10	0.2367	12	0.242	11	0.2301	13	0.2664	13	0.27	14
陕　西	0.1862	20	0.1696	20	0.181	22	0.1733	21	0.217	17	0.2294	17
甘　肃	0.1325	25	0.1044	29	0.1388	25	0.1505	25	0.1945	25	0.2279	18
青　海	0.1690	21	0.1635	22	0.1826	20	0.1973	16	0.2394	14	0.3454	7
宁　夏	0.2511	9	0.2553	9	0.3096	7	0.3168	6	0.369	6	0.3772	3
新　疆	0.1959	17	0.1819	18	0.2149	15	0.2384	12	0.2774	12	0.2702	13
东北地区	0.1566	23	0.1424	22	0.1402	25	0.1331	24	0.1629	26	0.1806	24
辽　宁	0.2286	14	0.215	13	0.2075	16	0.2016	15	0.2125	21	0.2361	15
吉　林	0.1278	26	0.1071	26	0.0976	30	0.074	30	0.11	30	0.1332	29
黑龙江	0.1134	28	0.105	28	0.1155	28	0.1238	26	0.1661	26	0.1724	27

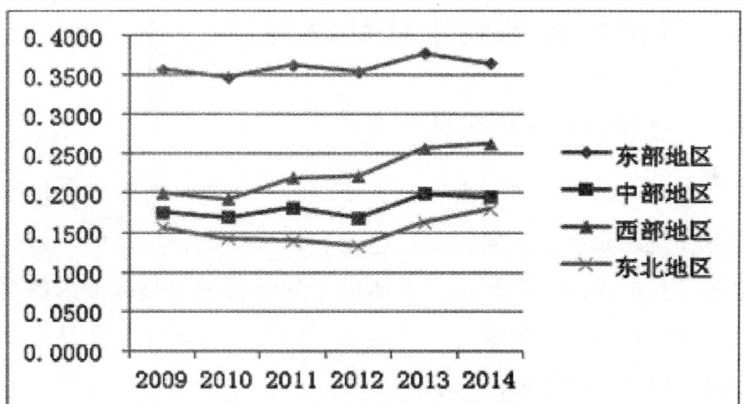

图 4－11　2009—2014 各区域金融创新主体环境得分折线图

由图 4－11 可以看出，对于金融创新主体环境的得分，东部地区处于明显的优势，而西部地区位列第二，中部地区位列第三，东北地区最低，且各年的折线均未出现交叉的情况。而且在 2009—2014 各年间，各个区域的金融创新主体环境得分没有大的波动，西部地区各年得分均有稳步提升。

根据表 4－9，从各区域的具体情况来看，东部地区 2009—2014 年的平均得分为0.3609，其中北京的金融创新主体环境连续六年位列第一，上海位列第二，而浙江、江苏、广东紧随其后，这与北京上海作为中国两大金融中心的实际情况完全吻合，其金融创新的主体环境明显处于优势地位。天津、福建和山东的金融创新主体环境排名位于10位上下，而河北位于中部偏下，海南排名靠后。

西部地区的平均得分为0.2258，重庆、四川、云南和宁夏的排名都比较靠前，尤其是重庆的金融创新环境与广东、江苏等东部发达地区接近，说明重庆市的金融创新环境发展态势良好。但内蒙古、广西、甘肃、青海等地区的评分还是较低，新疆和陕西位于中部偏下水平。

中部地区平均得分0.1819，其6个省份中，山西、安徽、河南、湖北得分处于中部或偏下水平，而江西和湖南的排名比较靠后。

东北地区平均得分0.1526，辽宁的各年得分位于中等水平，而吉林和黑龙江的排名靠后。

4.3 区域科技创新主体环境评价

4.3.1 科技创新主体环境概念的界定

科技创新活动通过企业、高校、科学与研究机构、政府等科技创新主体之间的相互交流和联系，共同完成社会福利最大化的目标。但任何一项科技创新活动都不是孤立的社会活动，在本质上它是特定时空范围内的自然、社会、科技诸多资源的优化配置与合理组合。而科技创新环境就是指那些旨在经济地创造、引入、改进和扩散新的知识和技术。

科技创新主体环境从资源环境、市场环境、政策环境、文化环境等方面，为创新主体之间的联系和沟通搭建网络平台，并将创新作为变革和发展关键动力的开放网络系统。资源是科技创新活动的土壤，市场是科技创新活动的实现场所，政策是科技创新活动的保障，文化是科技创新活动的氛围、空气。只有科技创新环境处于良好状态时，创新主体才能借助这些良好的创新环境外力作用发挥最大的效率。

4.3.2　科技创新主体环境评价指标的建立

综合以上对科技创新主体环境的分析，并参考了翁媛媛和高汝熹(2009)、向丽（2016）的研究，从资源环境、市场环境、政策环境、文化环境 4 个维度构建科技创新主体环境的评价指标体系。具体指标见表 4－10。

表 4－10　科技创新主体环境评价指标体系

一级指标	二级指标	三级指标	变量
资源环境	人力资源	R&D 人员占就业人员的比重（%）	z_1
		R&D 人员中硕士博士所占比重（%）	z_2
	物质资源	R&D 项目数（项）	z_3
		研究与开发机构个数（个）	z_4
	财力资源	R&D 经费内部支出占 GDP 比重（%）	z_5
		新产品开发经费支出（万元）	z_6
市场环境	科技市场化水平	技术市场成交额（万元）	z_7
		技术市场技术流向地域合同数（项）	z_8
		技术市场技术流向地域合同额（万元）	z_9
	科技成果产业化水平	高技术产业产值占 GDP 比重（%）	z_{10}
		高技术产业出口交货值占主营业务收入的比重（%）	z_{11}
政策环境	专利政策	发明专利授权占专利授权量比重（%）	z_{12}
	国家支持	国家产业化计划项目数（项）	z_{13}
		国家产业化计划项目当年落实资金（万元）	z_{14}
	政府支持	R&D 经费内部支出中政府资金所占比重（%）	z_{15}
		政府财政科技支出占财政支出比重（%）	z_{16}
文化环境	技术引进	规模以上工业企业购买国内技术支出（万元）	z_{17}
		国外技术引进合同金额（万美元）	z_{18}
	合作与成果转化	规模以上工业企业 R&D 外部支出中境内研究机构支出所占比重（%）	z_{19}
		规模以上工业企业 R&D 外部支出中境内高校支出所占比重（%）	z_{20}

4.3.3 指标含义

1. 资源环境

科技创新的资源主要通过有关科技创新的人才、物质和资金资源三个方面综合反映。科技创新的人才积累，高素质的人力资源是科技创新的知识源泉，是知识创新的根本动力。本书选取各地区 R&D 人员占就业人员的比重和 R&D 人员中硕士博士所占比重来衡量各地区的科技创新人才水平。选取 R&D 项目数和研究与开发机构个数来衡量物质资源水平，利用 R&D 经费内部支出占 GDP 的比重和规模以上工业企业新产品开发经费支出来衡量资金投入水平。

2．市场环境

市场是科技创新主体生存的基本环境，构建起科技成果需求方与供给方相联系的桥梁，在推动知识与技术的转移和科技成果的推广中发挥着重要的作用。科技创新的市场环境的优劣依赖于科技创新市场化水平和科技成果的产业化程度等方面。本书选取各地区的技术市场成交额、技术市场技术流向地域合同数及合同额来衡量科技创新的市场化水平，选取高技术产业产值占 GDP 的比重、高技术产业出口交货值占主营业务收入的比重来衡量科技创新成果产业化水平。

3. 政策环境

科技创新的政策包括机制环境和政策法制环境，它是国家及政府调节和干预科技创新活动的手段。在政策环境中对科技创新影响最大的是制定和落实的一系列鼓励创新的财税、人才流动、技术奖励、知识产权保护及高新技术产业政策规定等。本书选取各地区发明专利授权占专利授权量比重来反映各地区的专利政策，选取国家产业化计划项目数和国家产业化计划项目当年落实资金来反映国家对创新产业化的支持，选取 R&D 经费内部支出中政府资金所占比重和地方政府科技支出占财政支出的比重来衡量各地方政府对科技创新的财政支持。

4. 文化环境

科技创新的文化环境主要体现在是否具有有利的技术引进及合作环境。除正式合作外，非正式信息交流出现的频率更高，内容广泛的各类市场、技术、竞争信息集聚，使创业者和员工更容易了解市场和技术的变化，寻求和把握市场机会和空隙。本书选取规模以上工业企业购买国内技术支出和各地区国外技术引进合同金额来反映该地区科学技术引进水平，选取规模以上工业企业 R&D 经费外部支出中境内研究机构和高校支出各占的比重来衡量合作与成果转化水平。

4.3.4　数据来源

科技创新主体环境指标数据中，除技术市场成交额、高技术产业产值外，其它均来自《中国科技统计年鉴 2010—2015》数据，或由年鉴中的数据计算得到。各地区技术市场成交额数据来自《中国统计年鉴 2010—2015》，各地区高技术产业产值来自《中国高技术产业统计年鉴 2010—2015》。

衡量物质资源环境的各地区 R&D 项目数，在 2009—2010 年的《中国科技统计年鉴》中没有直接的统计，因此根据科技创新三大主体规模以上工业企业、研究与开发机构和高校相应数据汇总得到。

4.3.5　科技创新环境的因子模型评价

1. 四个环境一级指标的因子评价

对 2009—2014 年除去西藏的 30 个地区的四个一级指标分别进行因子评价。下面以 2014 年的资源环境数据为例进行具体评价。

（1）对样本数据标准化后计算相关系数矩阵，并对各样本数据的相关性进行检验，结果见图 4 – 12。

KMO 和 Bartlett 的检验

取样足够度的 Kaiser – Meyer – Olkin 度量。		607
Bartlett 的球形度检验	近似卡方	144. 874
	df	15
	Sig	000

图 4 – 12　2014 年资源环境指标相关性检验结果

由检验结果可知，KMO 值为 0. 607，且显著性概率小于 0. 05，因此适合做因子分析。

（2）相关系数矩阵的特征值、贡献率和累计贡献率见图 4 – 13。

由图 4 – 13 的结果可知，前 2 个主成分的累计贡献率达到了 80. 87%，因此选择前 2 个主成分。

解释的总方差

成份	初始特征值			提取平方和载入			旋转平方和载入		
	合计	方差的%	累积%	合计	方差的%	累积%	合计	方差的%	累积%
1	3.355	55.912	55.912	3.355	55.912	55.912	3.355	55.909	55.909
2	1.497	24.953	80.865	1.497	24.953	80.865	1.497	24.956	80.865
3	.721	12.020	92.885						
4	.260	4.341	97.226						
5	.136	2.261	99.487						
6	.031	513	100.000						

提取方法：主成份分析。

图 4－13　2014 年资源环境指标的特征值和贡献率

（3）求出原始因子载荷矩阵，并对原始因子载荷矩阵进行方差极大正交旋转（见图 4－14）。

旋转成份矩阵[a]

	成份	
	1	2
z1	.732	-.123
z2	.032	.949
z3	.955	-.119
z4	.743	.469
z5	.918	.225
z6	.716	-.546

提取方法：主成份。
旋转法：具有Kaiser标准化的正交旋转法。
a.旋转在3次迭代后收敛。

图 4－14　2014 年资源环境因子旋转后的因子载荷矩阵

由图 4－14 可以看出，对于资源环境而言，各地区 R&D 人员占就业人员的比重、、R&D 项目数、研究与开发机构个数、R&D 经费内部支出占 GDP 的比重和规模以上工业企业新产品开发经费支出均对第一个主因子有很高的载荷，而 R&D 人员中硕士博士所占比重为第二个主因子的高载荷指标。

（4）计算各综合因子得分并进行排序。

计算得到各主因子得分，再以各因子的信息贡献率计算出权重，得到各地区资源环境的综合得分，其计算公式为：

$$M_i^1 = 0.6915 \cdot M_{i1}^1 + 0.3085 \cdot M_{i2}^1 \quad i = 1, 2, \cdots, 30 \tag{4.7}$$

其中，M_{i1}^1，M_{i2}^1，M_i^1分别为各个地区资源环境的主因子得分和综合得分。

重复以上步骤，得到2009—2014 年30 个地区资源环境、市场环境、政策环境和文化环境四个一级指标的因子得分及排序（见表4 - 11、表4 - 12）。这里为了便于观察，将各因子的得分进行了0 - 1 化处理。

表4 - 11　2014 年各地区科技创新主体环境四个一级指标因子得分及排序

地区	资源环境	排序	市场环境	排序	政策环境	排序	文化环境	排序
东部	0.3531	10	0.2667	10	0.4035	14	0.4806	10
北　京	1.0000	1	1.0000	1	0.7145	2	0.2161	18
天　津	0.3452	6	0.2418	6	0.0897	26	0.2310	17
河　北	0.1136	23	0.0276	22	0.0361	27	0.1328	23
上　海	0.4480	2	0.3653	2	0.3436	11	1.0000	1
江　苏	0.4033	3	0.3603	3	1.0000	1	0.9644	2
浙　江	0.2760	8	0.1025	12	0.6713	3	0.4881	6
福　建	0.1440	21	0.0739	14	0.0000	30	0.6382	4
山　东	0.3785	5	0.1675	8	0.6205	5	0.5478	5
广　东	0.4001	4	0.3236	4	0.1967	20	0.4034	7
海　南	0.0221	28	0.0043	28	0.3627	10	0.1847	21
中部	0.1856	17	0.0878	15	0.2479	19	0.3074	14
山　西	0.1721	16	0.0270	23	0.1374	24	0.1693	22
安　徽	0.2207	14	0.0922	13	0.5666	6	0.3800	8
江　西	0.1099	24	0.0510	17	0.1077	25	0.6434	3
河　南	0.1387	22	0.0599	16	0.2366	18	0.1269	25
湖　北	0.2623	11	0.2347	7	0.2923	15	0.2485	14
湖　南	0.2100	15	0.0623	15	0.1465	23	0.2766	12
西部	0.1347	21	0.0594	20	0.2661	17	0.1773	20
内蒙古	0.0646	27	0.0054	27	0.0228	28	0.2741	13
广　西	0.1652	18	0.0301	21	0.2069	19	0.2386	16
重　庆	0.0939	26	0.1274	10	0.0123	29	0.2012	20
四　川	0.3080	7	0.1368	9	0.5298	7	0.3251	10
贵　州	0.0966	25	0.0160	25	0.1560	22	0.1284	24

续表

地区	资源环境	排序	市场环境	排序	政策环境	排序	文化环境	排序
云　南	0.1518	20	0.0230	24	0.3047	14	0.2081	19
陕　西	0.2677	9	0.2629	5	0.6592	4	0.3492	9
甘　肃	0.1607	19	0.0394	19	0.3238	13	0.0852	27
青　海	0.0000	30	0.0106	26	0.2795	16	0.0701	29
宁　夏	0.0046	29	0.0022	29	0.1904	21	0.0000	30
新　疆	0.1681	17	0.0000	30	0.2422	17	0.0702	28
东北	0.2593	12	0.0633	16	0.3706	10	0.2266	17
辽　宁	0.2638	10	0.1103	11	0.3406	12	0.3186	11
吉　林	0.2601	12	0.0405	18	0.3851	9	0.2423	15
黑龙江	0.2539	13	0.0392	20	0.3860	8	0.1188	26

由表4-11可以看出，2014年30个地区中，东部地区的资源环境得分为0.3531、市场环境得分为0.2667、政策环境得分为0.4035、文化环境得分为0.4806，四项得分均明显高于其它三个区域，说明东部地区的科技创新主体环境明显优于其它地区。对于其它三个区域，科技创新的东北地区优于中部地区，而中部地区好于西部地区。市场环境三个区域差距不大，而且明显低于东部地区。东北地区的政策环境好于西部地区，而西部地区又略好于中部地区。对于文化环境，中部地区则优于东北地区，而西部地区最为落后。

表4-12　2009—2014年各区域科技创新主体环境四个一级指标因子得分

一级指标	区域	2009	2010	2011	2012	2013	2014
资源环境	东部地区	0.3349	0.2939	0.3591	0.3819	0.3352	0.3531
	中部地区	0.1661	0.1192	0.2015	0.2108	0.1913	0.1856
	西部地区	0.1317	0.0750	0.1460	0.1455	0.1423	0.1347
	东北地区	0.2920	0.1594	0.2753	0.2737	0.2687	0.2593
市场环境	东部地区	0.2435	0.2207	0.2429	0.2662	0.2769	0.2667
	中部地区	0.0815	0.0408	0.0483	0.0727	0.0937	0.0878
	西部地区	0.0606	0.0279	0.0339	0.0492	0.0618	0.0594
	东北地区	0.1145	0.0690	0.0700	0.0742	0.0683	0.0633

续表

一级指标	区域	2009	2010	2011	2012	2013	2014
政策环境	东部地区	0.4236	0.4082	0.4213	0.3572	0.3791	0.4035
	中部地区	0.1630	0.1236	0.1969	0.1393	0.1976	0.2479
	西部地区	0.2094	0.1921	0.3289	0.2106	0.2178	0.2661
	东北地区	0.3972	0.2928	0.4255	0.2953	0.3230	0.3706
文化环境	东部地区	0.5247	0.2449	0.8687	0.3354	0.5670	0.4806
	中部地区	0.4373	0.4422	0.7172	0.3366	0.7021	0.3074
	西部地区	0.3659	0.4669	0.6119	0.5001	0.6326	0.1773
	东北地区	0.4484	0.3255	0.7517	0.3607	0.6849	0.2266

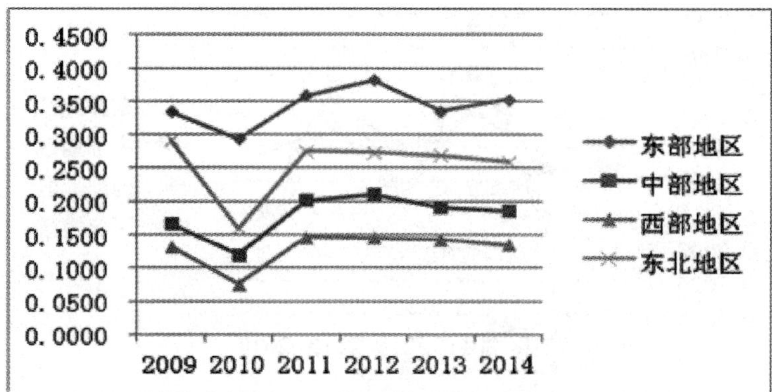

图 4－15　2009—2014 年各区域资源环境得分折线图

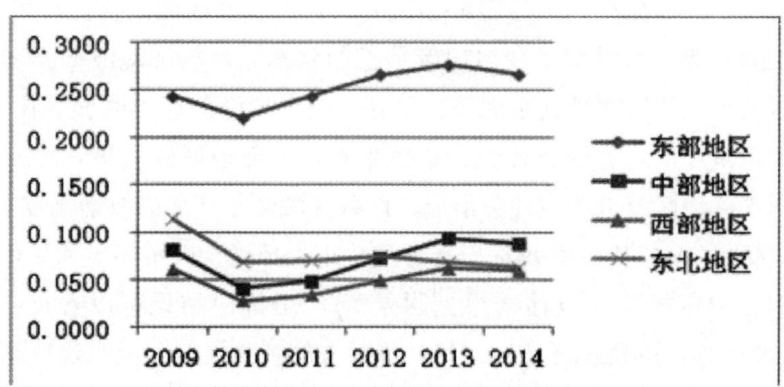

图 4－16　2009—2014 年各区域市场环境得分折线图

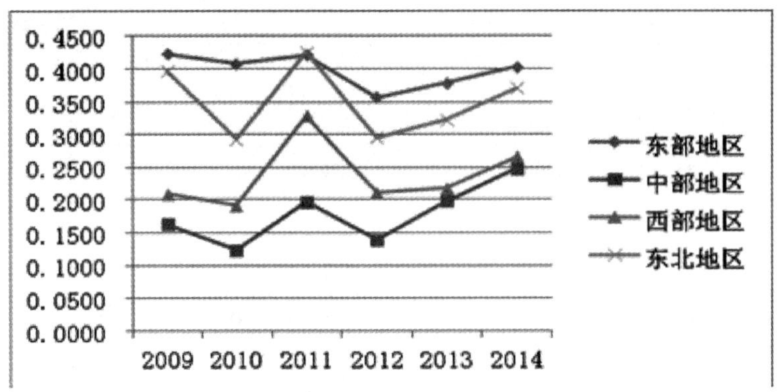

图 4 - 17　2009—2014 年各区域政策环境得分折线图

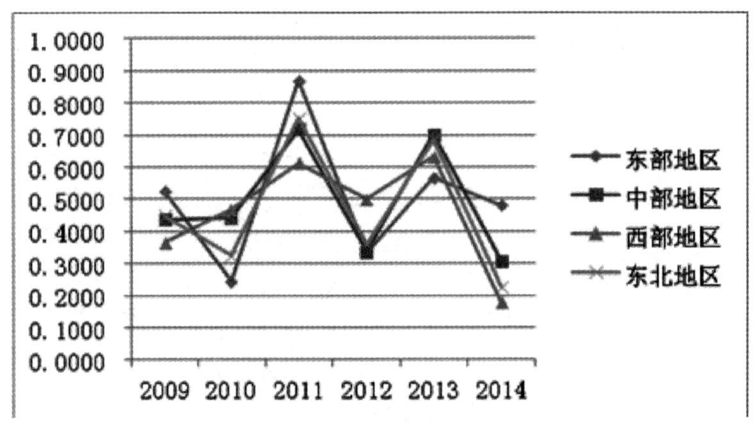

图 4 - 18　2009—2014 年各区域文化环境得分折线图

由表 4 - 12 和图 4 - 15 至图 4 - 18 可以看出，各区域的资源环境在 2010 年均有下降趋势，而后均呈现出比较平稳的状态。市场环境波动不明显，且东部地区的市场环境明显处于优势，而其它三个地区差距不明显。在 2011 年各区域的政策环境均有明显提升，整体来看，东部地区的政策环境好于东北地区，而中部地区政策环境评分最低，而各区域文化环境的波动比较明显。

对 2009—2014 年 30 个地区资源环境、市场环境、政策环境和文化环境四个因子得分进行排序（具体结果见附录 2）。由排序结果可以看出，2009—2014 年 30 个地区的资源环境和市场环境的排序基本稳定，说明科技创新的资源积累和市场环境的建设与完善是一个长期的过程，而政策环境和文化环境的排序在个别年份有较大波动，说明国家或地方政府给予科技创新的政策制度会在短期内有一定的鼓励和指导作用。

从各区域来看，东部地区除个别省份外，四项指标排名均名列前茅，说明由于东部地区地理位置的优势，其创新资源、科技成果转化、政策支持和创新合作均处于较高水平。其中北京的资源环境和市场环境连续六年位列第一，上海位列第二，而广东、天津、江苏、山东、浙江紧随其后，福建、河北的排名均处于中等偏下水平，海南的排名靠后。

东部地区的政策环境，位于前列的几个地区分别为江苏、浙江、北京、山东、海南，江苏和浙江在2011年有所下降，而北京在这一年位列第一。上海和广东位于中等水平，福建省排名靠后。根据这几个地区的数据显示，上海市每年的国家产业化计划项目数和当年落实资金在全国处于中等水平，而广东省这两项指标排名靠前，但是发明专利授权占专利授权量比重处于中等水平，R&D经费内部支出中政府资金所占比重较低，福建省也是由于这两项指标较低导致排名靠后。

对于文化环境，各地区的排名均没有其它三个环境指标稳定。对文化环境的原始数据进行分析，得到如图4－19到图4－22的结果。由图中可以看出，除国外技术引进合同额外，其余三项指标的波动都比较大，而国外技术引进合同额东部地区占有绝对优势。

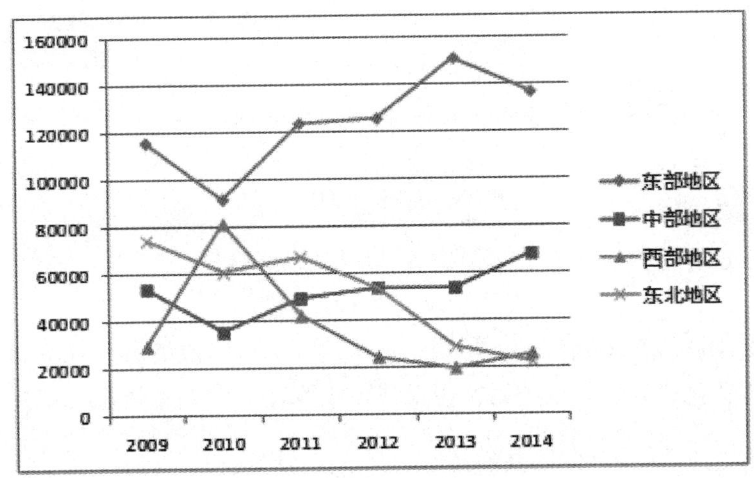

图4－19　2009—2014年各区域规模以上工业企业购买国内技术支出折线图

东北地区的3个省份中，资源环境和市场环境辽宁占有优势，并且市场环境的优势要比资源环境明显。吉林和黑龙江的政策环境优于辽宁。

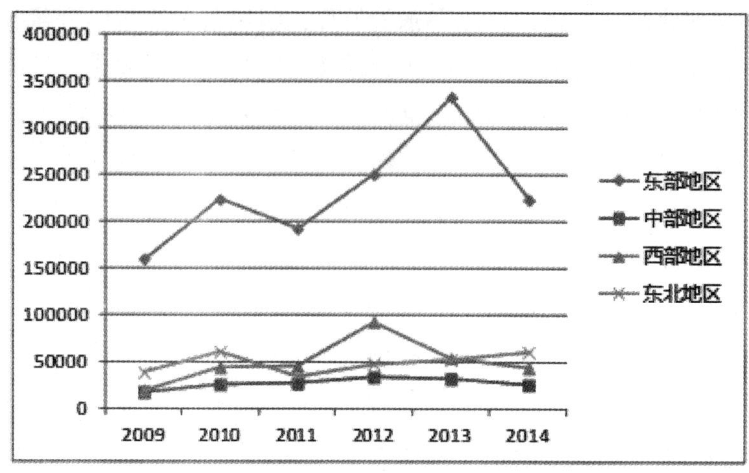

图 4－20　2009—2014 年各区域国外技术引进折线图

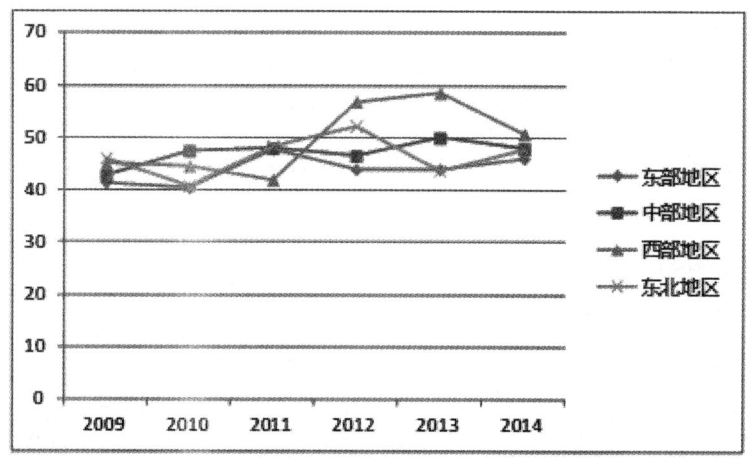

图 4－21　2009—2014 年各区域规模以上工业企业 R&D 经费外部支出中境内研究机构支出所占比重折线图

中部地区的 6 个省份中，湖北、湖南、安徽、山西的资源环境和市场环境排名略占优势，且在全国属于中部或偏上水平，江西的资源环境排名比较靠后。

西部地区 11 个省份中，大多数省份的四项环境排名均比较靠后，而四川省的四项环境排名除个别年份外均属于前列。陕西省的政策环境排名六年间均位于前 5 名。对于贵州、甘肃、青海、宁夏等几个省份，各项排名均靠后。

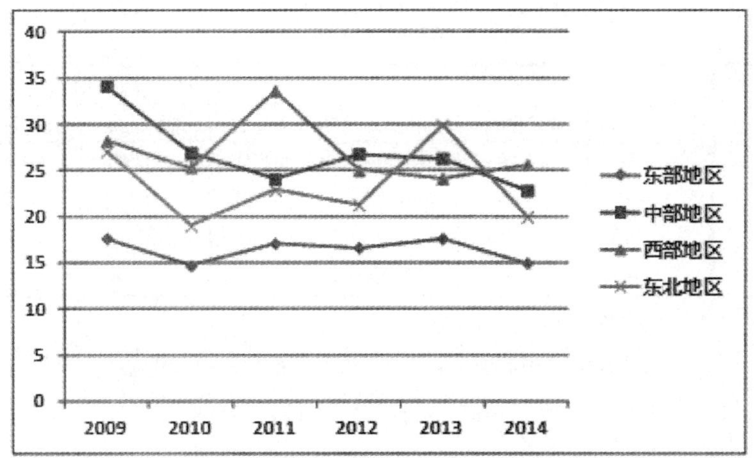

图 4－22　2009－2014 年各区域规模以上工业企业 R&D 经费外部支出中境内高校支出所占比重折线图

2. 科技创新主体环境的主成分分析

将 2009—2014 年全国除西藏以外 30 个地区各年的四个环境因子得分进行汇总，利用主成分分析评价方法，最终得到各年的科技创新主体环境得分。

下面仍然以 2014 年为例进行详细阐述。

（1）对四个环境因子得分再进行标准化后计算相关系数矩阵，并对各样本数据的相关性进行检验，结果见图 4－23。

KMO 和 Bartlett 的检验

取样足够度的 Kaiser－Meyer－Olkin 度量。		.543
Bartlett 的球形度检验	近似卡方	70.524
	df	6
	Sig	.000

图 4－23　2014 年四个环境一级指标的相关性检验结果

由检验结果可知，KMO 值为 0.643，且 Bartlett 球型检验的显著性概率小于 0.05，因此适合做主成分分析。

（2）相关系数矩阵的特征值、贡献率和累计贡献率见图 4－24。

由图 4－24 的结果可知，前 3 个主成分的累计贡献率达到了 98.43%，因此选择前 3 个主成分。

解释的总方差

成份	初始特征值			提取平方和载入		
	合计	方差的%	累积%	合计	方差的%	累积%
	2.572	64.291	64.291	2.572	64.291	64.291
2	.820	20.489	84.780	.820	20.489	84.780
3	.546	13.651	98.431	.546	13.651	98.431
4	.063	1.569	100..000			

提取方法：主成份分析。

图 4－24　2014 年四个环境一级指标的特征值和贡献率

（3）求出原始因子载荷矩阵（见图 4－25）。

成份矩阵[a]

	成份		
	1	2	3
M1	.929	-.294	-.132
M2	.904	-.331	-.210
M3	.753	.178	.634
M4	.571	.769	-.288

提取方法：主成份。

a.已提取了3个成份。

图 4－25　2014 年四个环境一级指标的原始因子载荷矩阵

（4）计算主成分得分并进行排序。

计算各主成分得分后，以各主成分的信息贡献率计算出权重，得到各地区科技创新主体环境的综合得分，其计算公式为：

$$M_i = 0.6531 \cdot M_{i1} + 0.2082 \cdot M_{i2} + 0.1387 \cdot M_{i3} \quad i = 1, 2, \cdots, 30 \quad (4.8)$$

其中，M_{i1}，M_{i2}，M_{i3}，M_i 分别为各个地区的主成分得分和综合得分。

重复以上步骤，得到2009—2014 年30 个地区科技创新主体环境的主成分得分及排序（见表4－13）。这里为了便于观察，将各地区的主成分得分进行了 0－1 化处理后，计算出综合得分。

表 4－13　2009—2014 年各地区科技创新主体环境主成分得分及排序

地区	2009	排序	2010	排序	2011	排序	2012	排序	2013	排序	2014	排序
东部	0.3975	11	0.3646	13	0.4810	10	0.3654	12	0.3953	12	0.3975	13
北　京	0.7757	1	0.8395	1	0.7692	1	0.9015	1	0.7948	1	0.7153	1

续表

地区	2009	排序	2010	排序	2011	排序	2012	排序	2013	排序	2014	排序
天　津	0. 2249	18	0. 2448	20	0. 4227	10	0. 2914	12	0. 3261	11	0. 2862	20
河　北	0. 1998	24	0. 2233	24	0. 3312	23	0. 2367	23	0. 2659	19	0. 2151	26
上　海	0. 4750	4	0. 4306	4	0. 5476	3	0. 3166	8	0. 4351	4	0. 3587	10
江　苏	0. 6176	2	0. 4634	3	0. 5561	2	0. 5919	2	0. 5905	2	0. 6183	2
浙　江	0. 4914	3	0. 3543	7	0. 4375	9	0. 2683	15	0. 3636	8	0. 4764	4
福　建	0. 1463	29	0. 1944	26	0. 3309	24	0. 1515	30	0. 2338	24	0. 1718	30
山　东	0. 4126	5	0. 3992	5	0. 4850	5	0. 3046	9	0. 4603	3	0. 4737	5
广　东	0. 3573	9	0. 2597	16	0. 3910	14	0. 2908	13	0. 2970	15	0. 3330	14
海　南	0. 2744	14	0. 2373	22	0. 5385	4	0. 3002	10	0. 1856	29	0. 3264	15
中部	0. 2328	17	0. 2642	16	0. 3398	20	0. 2419	19	0. 2936	16	0. 3043	19
山　西	0. 2106	21	0. 2642	15	0. 3048	26	0. 1697	29	0. 2687	18	0. 2620	24
安　徽	0. 2312	15	0. 2427	21	0. 3453	19	0. 1768	28	0. 3091	14	0. 4329	7
江　西	0. 2143	19	0. 2479	19	0. 3355	21	0. 2217	24	0. 1932	27	0. 2073	28
河　南	0. 2121	20	0. 2509	17	0. 3566	16	0. 2974	11	0. 2957	16	0. 3034	18
湖　北	0. 3006	12	0. 2937	10	0. 3485	17	0. 3178	7	0. 3821	7	0. 3531	12
湖　南	0. 2281	16	0. 2855	12	0. 3483	18	0. 2679	16	0. 3125	13	0. 2669	23
西部	0. 2308	21	0. 2623	18	0. 3175	19	0. 2748	17	0. 2584	20	0. 3108	18
内蒙古	0. 2038	23	0. 3688	6	0. 3923	13	0. 2077	26	0. 2105	25	0. 1894	29
广　西	0. 2050	22	0. 1854	28	0. 3327	22	0. 2742	14	0. 2548	21	0. 2840	21
重　庆	0. 1822	27	0. 1758	29	0. 3439	20	0. 4307	3	0. 1879	28	0. 2074	27
四　川	0. 3617	8	0. 3470	8	0. 3602	15	0. 3432	5	0. 3828	6	0. 4401	6
贵　州	0. 1898	25	0. 2291	23	0. 2489	28	0. 2454	21	0. 2081	26	0. 2600	25
云　南	0. 2268	17	0. 1902	27	0. 4188	11	0. 1990	27	0. 2479	22	0. 3229	16
陕　西	0. 3880	7	0. 4713	2	0. 4636	7	0. 3482	4	0. 3863	5	0. 4969	3
甘　肃	0. 2798	13	0. 2816	14	0. 3931	12	0. 2454	20	0. 2909	17	0. 3429	13
青　海	0. 1795	28	0. 2897	11	0. 0263	30	0. 2632	18	0. 1813	30	0. 2988	19
宁　夏	0. 1328	30	0. 2012	25	0. 2231	29	0. 2184	25	0. 2345	23	0. 2680	22
新　疆	0. 1890	26	0. 1448	30	0. 2901	27	0. 2473	19	0. 2569	20	0. 3083	17

续表

地区	2009	排序	2010	排序	2011	排序	2012	排序	2013	排序	2014	排序
东北	0.3513	9	0.2804	13	0.4115	13	0.2782	15	0.3265	10	0.3685	9
辽　宁	0.3113	11	0.3069	9	0.4773	6	0.2424	22	0.3169	12	0.3550	11
吉　林	0.4021	6	0.2501	18	0.4424	8	0.3281	6	0.3340	9	0.3710	9
黑龙江	0.3405	10	0.2842	13	0.3149	25	0.2642	17	0.3285	10	0.3796	8

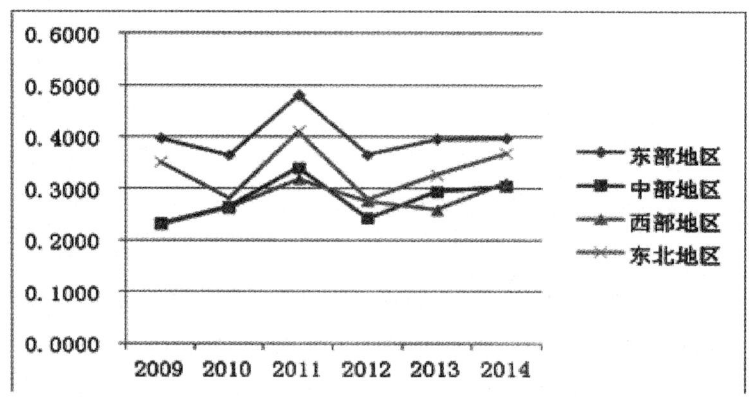

图4-26　2009—2014各区域科技创新主体环境得分折线图

由表4-13及图4-26可以看出，对于科技创新主体环境的得分，东部地区占有优势，东北地区其次，而中西部地区相差不大。东部地区的北京2009—2014年均在全国排名第一，江苏、上海、山东和浙江排名属于前列，但上海、浙江和山东的排名在2012年有所下降。吉林省的科技创新主体环境在东北地区占有优势，但在2010和2011年辽宁省的评分高于吉林，黑龙江2011和2012年的排名在全国有所下降。中西部地区的得分和平均排名相差不大，西部地区的陕西、四川排名位于全国的前列。

4.4　本章小结

本章在现有研究和相关理论的基础上，分别构建了创新生态环境、金融创新主体环境和科技创新主体环境的评价指标体系，在此基础上对各地区的创新环境进行了评价，得到以下结论：

1. 从经济环境、社会环境、人文环境和生活环境四个方面构建了包含 4 个一级指标、9 个二级指标和 28 个三级指标的创新生态环境评价指标体系，得到 2009—2014 年 30 个地区的经济环境、社会环境、人文环境和生活环境排序基本稳定，说明创新生态环境的改善和提高是一个长期发展的过程。东部地区的创新生态环境处于明显的优势，而东北地区和中部地区相差不大，西部地区最低。而且在 2009—2012 各年间，各个区域的创新生态环境得分基本稳定，2013 年中部地区得分有明显提升，而在 2014 年除东部地区略有提高外，其它三个区域均有所回落。

2. 从资源环境和市场环境两个方面建立了包含 2 个一级指标、4 个二级指标和 8 个三级指标的金融创新主体环境评价指标体系，对于金融创新主体环境的得分，东部地区处于明显的优势，而西部地区位列第二，中部地区位列第三，东北地区最低，且各年的折线均未出现交叉的情况。而且在 2009—2014 各年间，各个区域的金融创新主体环境得分没有大的波动，西部地区各年得分均有稳步提升。

3. 从资源环境、市场环境、政策环境和文化环境四个方面建立了包含 4 个一级指标、10 个二级指标和 20 个三级指标的科技创新主体环境评价指标体系。从评价结果可以看出，2009—2014 年 30 个地区的资源环境和市场环境的排序基本稳定，说明科技创新的资源积累和市场环境的建设与完善是一个长期的过程，而政策环境和文化环境的排序在个别年份有较大波动，说明国家或地方政府给予科技创新的政策制度会在短期内有一定的鼓励和指导作用。对于科技创新主体环境的得分，东部地区占有优势，东北地区其次，而中西部地区相差不大。

第5章

区域创新环境与经济增长的耦合协调度分析

金融创新、科技创新与经济增长的协调发展状态，反映了创新与经济增长的相互匹配的程度，因此对区域金融创新、科技创新与经济增长协调度的评价，有利于分析区域金融创新、科技创新以及经济增长的发展趋势及影响。本章分析了区域创新生态环境、金融创新主体环境和科技创新主体环境几个子系统与经济增长的协调发展问题。采用耦合协调度模型，对我国创新环境与经济增长的协调发展程度分区域、分类型以及分时期的动态演化趋势进行了实证分析。

5.1 协调发展的内涵

5.1.1 协调发展定义

协调是以组织各系统、各现象或事物间相互适应、相互配合、相互协作、相互促进为要求，正确处理各系统间、各种现象或事物间、各项工作间存在的各种关系。这种关系具体表现为：数量规模相互适应，发展速度相互配合，数量比例关系合理，工作进度相互促进，各种活动相互协作，从而形成相互统一的力量，在各自完成本身的目标的同时，确实保证实现系统的总体目标。

而协调发展所强调的是聚合了整体性、综合性及内在性的整体发展，协调发展指的不是单个系统或要素的“增长”，而是多系统或多要素在协调这一良性的约束及规则之下的整体发展。协调发展是一种动态调整的过程，并非静止不变的。对系统产生影响的各要素是随着时间不断变化的，这就要求系统也要随之进行不断的调整变化，从而在新的基础上实现新的协调。

5.1.2 金融、科技与经济协调发展的内涵

王维国（2000）在他的《协调发展的理论与方法研究》一书中指出：经济社会大系统是在人类社会的发展过程中所形成的人口、经济、社会、科技、资源、环境各子系统内部及其相互之间的各种比例关系。这些比例关系不但包含子系统内部各要素之间的比例关系，而且还包括系统间及这些子系统中各种要素相互间的比例关系。六大子系统之间相互联系、相互制约。科技与经济是存在于这个大的系统中的两个子系统，而金融又与科技和经济有着紧密的联系。

所谓金融、科技与经济的协调就是指金融系统、科技系统与经济系统在各自内部和对外开放条件下相互依存、相互适应、相互促进、共同发展的状态和过程，并且形成决定这种状态和过程的内在的、稳定的运行机制。这种协调发展具有互动性、开放性、多样性和递进性等特点，包括目标一致、功

能耦合、结构优化和效益统筹四个方面的内涵。

金融、科技与经济协调发展的具体表现就是经济增长与金融创新、科技创新相互支持、相互促进，相互匹配，金融创新与科技进步促进经济增长，而且在经济增长的同时，又会促进金融发展与科技进步，进而实现金融、科技、经济一体化。所谓金融、科技与经济增长的协调度即是对上述状态的描述，意味着经济增长与金融创新、科技创新相互匹配的程度，是反映三者协调发展状态而设定的一个指标。其意义在于通过测定某一地区的金融、科技与经济的协调度，刻画该地区的协调发展状态，便于分析该地区金融创新、科技创新以及经济增长的发展趋势。

区域科技创新与金融创新系统由企业、高校、科研院所、商业银行、保险机构、风险投资机构、政府相关管理部门等多主体组成，围绕创新资本这一稀缺资源相互作用而形成复杂创新网络。金融创新、科技创新之所以会不断地推动经济增长，主要是因为科学技术能广泛地渗透到区域经济发展的诸要素中去，通过改善要素的存在形态，克服要素在区域贮存方面的不足而提高要素的作用功能和组合功能，进而对区域经济产生积极的推动作用。而金融创新主要通过增加资产的流动性、降低交易成本和减少价格风险而促进经济增长。

反过来，经济发展使得各个国家和地区纷纷增加对科技要素的投入，从而为科技发展提供了强有力的支撑，同时伴随着经济的发展而产生的强大的社会需求对科学技术提出了更高的要求，进而刺激了科学技术的进一步发展。而金融创新又总是跟一定的经济增长水平相关，并且居民消费水平和资本的积累水平是直接影响金融创新的两大关键要素。

5.2　经济增长的测度

作为经济增长的指标，目前很多学者采用 GDP 增长率或人均 GDP 增长率来衡量。而英国《经济学人》杂志在 2010 年 12 月提出，选取李克强在任辽宁省委书记观察当地实体经济时追踪的三个指标——工业用电量、银行中长期贷款和铁路货运量。《经济学人》将“克强指数”的10年数据与GDP数据做出了曲线图，发现“克强指数”和GDP的变化趋势基本一致，但“克强指数”的波动幅度更大，而且波动更为敏感。说明如果使用“克强指数”来衡量经济增长，能够更加敏锐地反映出经济的波动情况。

目前，每个国家的经济发展都与能源有着密不可分的关系，一个国家或地区的工业生产是否活跃可以用该国家或地区的工业用电量来衡量；银行中长期贷款发放量可以反映市场对经济的信心及未来的风险；由于我国的货运主要依靠铁路来运输，所以各地区经济的运行现状和运行效率可以用该地区的铁路货运量来衡量。

《经济学人》杂志提出“克强指数”时，并没有明确给出计算时所用的具体指标及参数。后来，花旗银行筛选出工业用电量、中长期贷款余额、铁路货运量，并以三者增速与GDP增速拟合模型的一个简单回归分析结果作为权重，得出了一个认可度颇高的计算公式：克强指数 = 工业用电量增长率 × 40% + 中长期贷款余额增长率 ×35% + 铁路货运量增长率 ×25%。

经过梳理数据后发现，尽管铁路货运量在整体货运量中的占比较小，但相对于占比超过七成、主要由小公司或者个人运营的公路货运量，数据质量却要高很多。再者，铁路货运中存在“二八定律”，煤炭、石油、金属和非金属矿石、钢铁及有色金属、矿建材料等五大品类合计运量约占总运量的八成以上，这些大宗物资与宏观经济形势联系紧密。

工业用电量则在全社会用电量中占比最大，尽管比重已从2006年的最高点76%持续下降，但截至2016年末，仍达68%。

中长期贷款余额虽然与工业生产关系相对较弱，但是与房地产等服务业的关系十分紧密。2011年7月中长期贷款余额投向数据开始发布，可以发现商业银行向服务业发放的贷款远远高于工业，服务业与工业获得的中长期贷款之比，已从2.4倍持续上升至3.4倍。

图5-1显示了2009—2014年“克强指数”及其三大指标和实际GDP增长率的折线图，由图中可以看出，“克强指数”与实际GDP增长率的走势总体上保持一致，但能够更加敏锐地反映经济的波动。

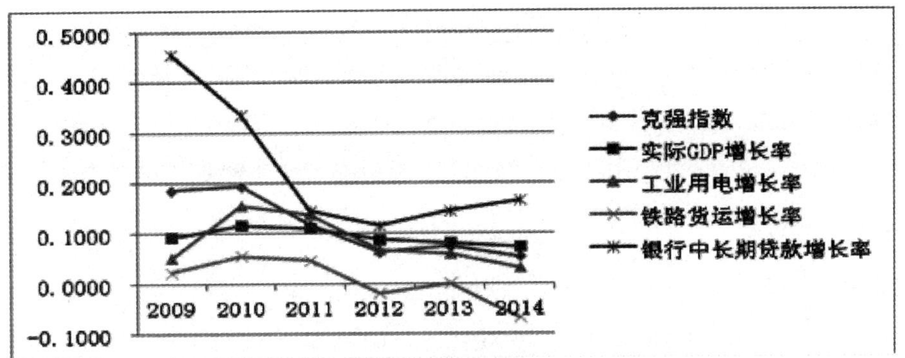

图 5－1 2009—2014 年经济增长指标折线图

表 5－1 2009—2014 年各地区经济增长指数及排序

地区	2009	排序	2010	排序	2011	排序	2012	排序	2013	排序	2014	排序
东部地区	0.1805	17	0.1601	22	0.0815	20	0.0424	19	0.0691	16	0.0432	18
北 京	0.1510	24	0.0948	29	－0.0717	30	0.0051	29	－0.0040	30	0.0428	19
天 津	0.2256	7	0.0864	30	0.0614	27	0.0673	13	0.0741	14	0.0682	12
河 北	0.2094	12	0.1805	18	0.1430	10	0.0433	17	0.0483	23	0.0310	26
上 海	0.0936	30	0.1669	26	0.0087	29	－0.0168	30	0.0016	29	－0.0268	28
江 苏	0.2544	3	0.1677	25	0.1061	17	0.0489	15	0.0632	18	0.0426	20
浙 江	0.1660	19	0.1764	20	0.0839	24	0.0086	28	0.0860	10	0.0497	16
福 建	0.1110	28	0.1759	21	0.1116	15	0.0784	11	0.0754	13	0.0851	7
山 东	0.2224	8	0.1732	23	0.0768	25	0.0155	27	0.0860	9	0.0447	18
广 东	0.1530	23	0.2012	13	0.0717	26	0.0454	16	0.0725	15	0.0574	13
海 南	0.2185	11	0.1778	19	0.2238	1	0.1282	3	0.1882	2	0.0372	23
中部地区	0.1579	20	0.1892	15	0.1259	14	0.0429	19	0.0565	19	0.0621	15
山 西	0.1007	29	0.2325	6	0.1400	13	0.0753	12	0.0602	19	0.0366	24
安 徽	0.1847	15	0.1888	16	0.1196	14	0.0785	10	0.0874	8	0.0740	11
江 西	0.1770	17	0.2207	8	0.1493	8	0.0247	24	0.0701	16	0.0932	5
河 南	0.1376	26	0.1150	28	0.1000	20	0.0305	21	0.0567	22	0.0835	9
湖 北	0.1625	21	0.2045	12	0.1049	18	0.0259	23	0.0570	21	0.0455	17
湖 南	0.1850	14	0.1740	22	0.1414	12	0.0226	25	0.0075	28	0.0398	22

续表

地区	2009	排序	2010	排序	2011	排序	2012	排序	2013	排序	2014	排序
西部地区	0.2125	11	0.2300	9	0.1506	11	0.0867	11	0.0999	11	0.0816	10
内蒙古	0.2209	9	0.2409	4	0.1994	4	0.0906	6	0.0780	12	0.0890	6
广　西	0.2587	2	0.1929	15	0.0210	28	0.0388	20	0.0590	20	0.0522	15
重　庆	0.2485	4	0.1690	24	0.1048	19	0.0403	18	0.0907	7	0.0407	21
四　川	0.2199	10	0.2125	11	0.2033	3	0.0296	22	0.0273	25	0.0562	14
贵　州	0.1597	22	0.1966	14	0.0885	22	0.0807	9	0.1015	6	0.0745	10
云　南	0.1653	20	0.2198	9	0.1442	9	0.0390	19	0.0339	24	0.0838	8
陕　西	0.1969	13	0.2295	7	0.1421	11	0.0844	8	0.1168	4	0.1034	3
甘　肃	0.1326	27	0.2403	5	0.1727	7	0.0996	5	0.1114	5	0.1012	4
青　海	0.2256	6	0.3048	1	0.2114	2	0.1066	4	0.1273	3	0.1056	2
宁　夏	0.2732	1	0.2419	3	0.1894	5	0.0886	7	0.0828	11	0.0350	25
新　疆	0.2361	5	0.2819	2	0.1795	6	0.2554	1	0.2701	1	0.1561	1
东北地区	0.1656	20	0.1872	18	0.0976	20	0.0801	14	0.0346	23	-0.0312	29
辽　宁	0.1783	16	0.2144	10	0.0985	21	0.0218	26	0.0665	17	0.0227	27
吉　林	0.1458	25	0.1628	27	0.1091	16	0.1646	2	0.0181	27	-0.0589	30
黑龙江	0.1727	18	0.1845	17	0.0852	23	0.0538	14	0.0192	26	-0.0574	29

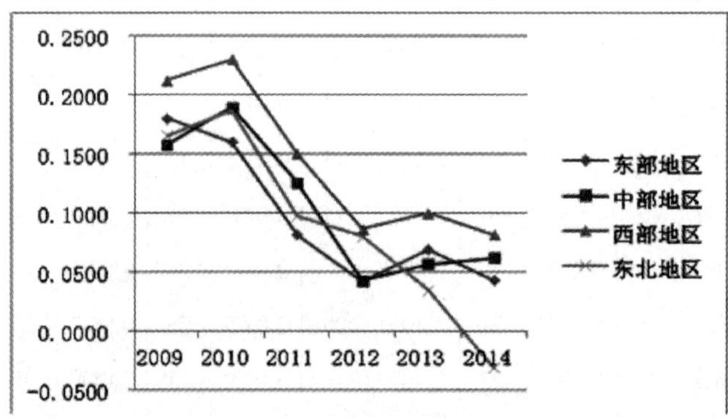

图 5-2　2009—2014 年各区域经济增长指数折线图

表 5 – 1 和图 5 – 2 显示了各地区 2009—2014 年的经济增长指数。由图 5 – 2 可以看出，2009—2014 年的经济增长指数总体来说呈下降趋势，而且经济增长率为西部地区最高东部地区较低，而东北地区在 2012—2014 年的经济增长率下降趋势非常明显，甚至在 2014 年降为负值。

5.3　区域创新环境与经济增长的耦合协调度分析

5.3.1　耦合协调度模型的构建

5.3.1.1　耦合度模型的构建

耦合度评价模型是借助“耦合”这个物理学概念来对两个及两个以上系统的相互作用和影响进行度量。本书将创新生态环境、金融创新主体环境、科技创新主体环境和经济增长分别看作四个系统，研究其耦合关系。具体计算公式为

$$C_{ij} = \sqrt{\frac{U_i \times U_{ij}}{(U_i + U_{ij})^2}} \quad j=1,\ 2,\ 3 \quad i=1,\ 2,\ \cdots,\ 30 \tag{5.1}$$

其中，C_{ij}，$j=1$，2，3，为经济增长分别与创新生态环境、金融创新主体环境和科技创新主体环境的耦合度，取值在 0 – 1 之间，C_{ij}越大，表明经济增长与各创新环境的良性共振耦合性越好。U_i 代表各地区的经济增长水平，U_{ij}，$j=1$，2，3，分别代表各地区创新生态环境、金融创新主体环境和科技创新主体环境水平。参照刘雷和喻忠磊等（2016）的研究，将耦合度划分为以下四个阶段，见表 5 – 2。

表 5 – 2　耦合度的划分

数值	类型
0.0 – 0.3	低水平阶段
0.3 – 0.5	拮抗阶段
0.5 – 0.8	磨合阶段
0.8 – 1.0	高水平阶段

5.3.1.2　协调度评价模型的构建

系统与系统之间或者系统内部的各个要素之间的协调程度用协调度模型来度量，能够判定系统或各要素之间是否为良性耦合。本书用协调度评价模型来对“经济增长系统”和“创新环境系统”的协调发展情况进行度量。模型的具体表达式如下：

$$D_{ij}=\sqrt{C_{ij}\times T_{ij}}\text{ , }T_{ij}=\alpha U_{i1}+\beta U_{ij}\text{ , }j=1\text{ , }2\text{ , }3\quad i=1\text{ , }2\text{ , }\cdots\text{ , }30 \qquad (5.2)$$

其中，D_{ij}，$j=1$，2，3，为经济增长分别和三个创新环境的协调度，T_{ij}为二者之间的综合协调指数，α、β为待定系数，且$\alpha+\beta=1$。在经济增长和各创新环境的耦合协调程度的研究中，认为两个系统在模型中的地位同等重要，从而取$\alpha=\beta=0.5$。根据协调度的大小，并借鉴宋建波和武春友（2010）、黄木易和程志光（2012）、钱晓英和王莹（2016）等的相关研究，将协调度划分为10个等级，并根据各地区经济增长指数（*EG*）和创新生态环境（*EC*）、金融创新主体环境（*FI*）、科技创新主体环境（*IN*）综合评价指数的相关性，将两者的对比关系细分为3个基本类型，详见表5－3。

表5－3　各地区经济增长与创新环境协调度的分类及其标准

<table>
<tr><th>协调发展的类型</th><th>划分标准</th><th>经济增长与创新环境的对比关系及基本类型</th></tr>
<tr><td>优质协调</td><td>0.9 < D≤1.0</td><td rowspan="10">EG > EC（FI、IN）为经济增长超前于创新生态环境的建设；
EG = EC 为经济增长同步于创新生态环境的建设；
EG < EC 为经济增长滞后于创新生态环境的建设</td></tr>
<tr><td>良好协调</td><td>0.8 < D≤0.9</td></tr>
<tr><td>中度协调</td><td>0.7 < D≤0.8</td></tr>
<tr><td>轻度协调</td><td>0.6 < D≤0.7</td></tr>
<tr><td>勉强协调</td><td>0.5 < D≤0.6</td></tr>
<tr><td>濒临失调</td><td>0.4 < D≤0.5</td></tr>
<tr><td>轻度失调</td><td>0.3 < D≤0.4</td></tr>
<tr><td>中度失调</td><td>0.2 < D≤0.3</td></tr>
<tr><td>严重失调</td><td>0.1 < D≤0.2</td></tr>
<tr><td>极度失调</td><td>0 < D≤0.1</td></tr>
</table>

5.3.1.3　经济增长与创新环境的综合测度

根据第4章中计算出的各地区2009—2014年经济增长、创新生态环境、金融创新主体环境和科技创新主体环境综合指数。在各个时间节点上，将30个地区的经济增长分别和各个创新环境进行了综合分析。

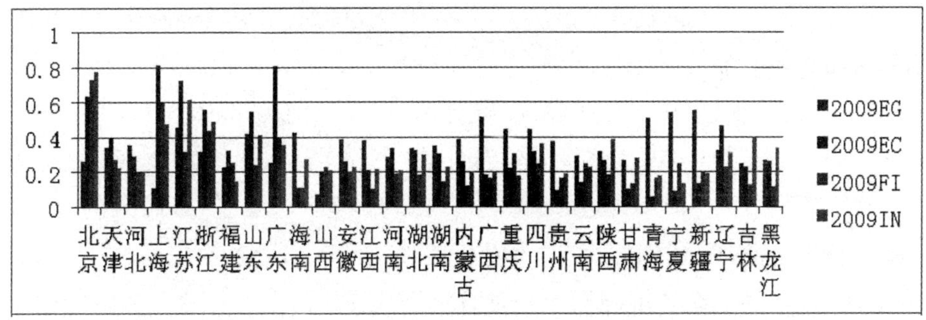

图5-3 2009年经济增长与创新环境综合指数

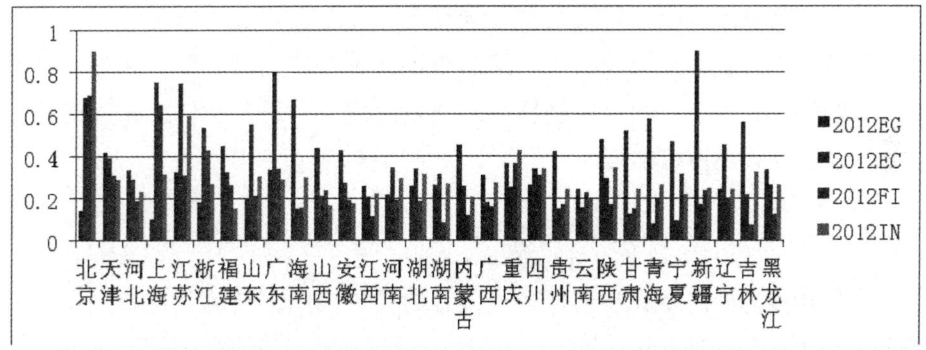

图5-4 2012年经济增长与创新环境综合指数

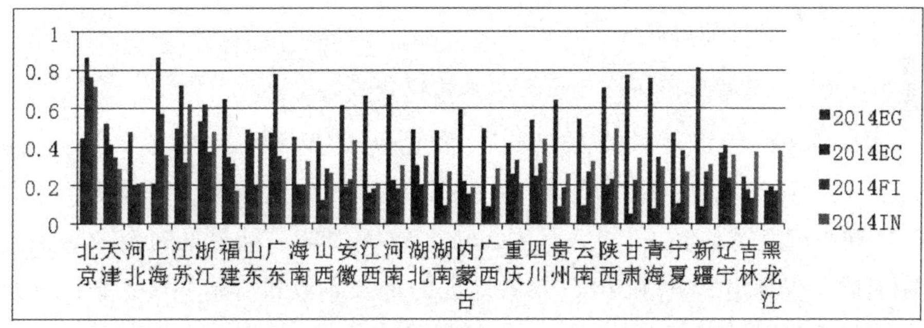

图5-5 2014年经济增长与创新环境综合指数

由于篇幅有限，只显示了2009、2012和2014年各地区经济增长和各环境指数的条形图，综合图5-3至图5-5，在各个时间节点上，我国除西藏以外的30个地区，经济增长和创新环境建设均未实现理想上的等同，即没有出现经济增长同步于创新环境的建设，而是呈现出经济增长超前或滞后于创新环境建设的情况。

就总体的发展趋势而言，2009—2014 年，全国 30 个地区创新生态环境滞后型省份所占比例分别为 63.33%、73.33%、83.33%、63.33%、56.67%、76.67%，金融创新主体环境滞后型所占比例分别为 80%、90%、90%、80%、73.33%、93.33%，科技创新主体环境滞后型所占比例分别为 66.67%、93.33%、83.33%、66.67%、60%、83.33%。东部地区的北京、上海、江苏、浙江、山东、广东的创新环境建设基本上是超前于经济增长，说明这些地区的创新环境建设发展良好，而天津、河北、福建、海南的创新环境建设滞后于经济增长；中部、西部和东北地区，创新环境建设滞后型的发展状态成为主流，而且通过数据可以看出，金融创新主体环境滞后型的比例高于科技创新主体环境滞后型，又高于创新生态环境滞后型，说明各地区在创新环境的建设上更加重视创新生态环境的建设，而金融创新和科技创新主体环境的建设还有待加强。

5.3.2 耦合协调度分析

利用构建的经济增长与创新环境耦合协调度模型，以及第 4 章中利用因子分析和主成分分析方法计算的各环境综合指数分别计算得到我国 30 个地区 2009－2014 年经济增长分别与创新生态环境、金融创新主体环境和科技创新主体环境的耦合度和协调度。

5.3.2.1 创新生态环境与经济增长的耦合协调度分析

根据各地区经济增长指数（EG）和创新生态环境指数（EC），利用（5.1）式计算出耦合系数（C_{i1}），再根据（5.2）分别计算出综合协调指数（T_{i1}）和协调发展系数（D_{i1}），其中 $i=1, 2, \cdots, 30$，结果见表 5－4，由于篇幅有限，仅列出 2009 和 2010 年各地区的耦合系数和协调发展系数，其余各年的结果见附录 3。

表 5－4　2009—2014 年各地区经济增长与创新生态环境的耦合度与协调度

地区		2009				2010			
		耦合度	协调度	耦合阶段	协调程度	耦合度	协调度	耦合阶段	协调程度
东部地区	北　京	0.411	0.430	拮抗	濒临失调	0.387	0.417	拮抗	濒临失调
	天　津	0.370	0.370	拮抗	轻度失调	0.355	0.357	拮抗	轻度失调
	河　北	0.324	0.324	拮抗	轻度失调	0.344	0.347	拮抗	轻度失调
	上　海	0.295	0.369	低水平	轻度失调	0.615	0.630	磨合	轻度协调
	江　苏	0.576	0.584	磨合	勉强协调	0.562	0.574	磨合	勉强协调
	浙　江	0.423	0.432	拮抗	濒临失调	0.476	0.481	拮抗	濒临失调
	福　建	0.274	0.277	低水平	中度失调	0.393	0.395	拮抗	轻度失调
	山　东	0.482	0.484	拮抗	濒临失调	0.483	0.486	拮抗	濒临失调
	广　东	0.452	0.489	拮抗	濒临失调	0.661	0.673	磨合	轻度协调
	海　南	0.217	0.241	低水平	中度失调	0.246	0.290	低水平	中度失调
中部地区	山　西	0.117	0.125	低水平	严重失调	0.349	0.378	拮抗	轻度失调
	安　徽	0.318	0.321	拮抗	轻度失调	0.372	0.381	拮抗	轻度失调
	江　西	0.285	0.291	低水平	中度失调	0.366	0.395	拮抗	轻度失调
	河　南	0.311	0.312	拮抗	轻度失调	0.297	0.297	低水平	中度失调
	湖　北	0.331	0.331	拮抗	轻度失调	0.426	0.433	拮抗	濒临失调
	湖　南	0.326	0.327	拮抗	轻度失调	0.371	0.375	拮抗	轻度失调
西部地区	内蒙古	0.319	0.322	拮抗	轻度失调	0.403	0.420	拮抗	濒临失调
	广　西	0.308	0.329	拮抗	轻度失调	0.319	0.341	拮抗	轻度失调
	重　庆	0.318	0.327	拮抗	轻度失调	0.323	0.333	拮抗	轻度失调
	四　川	0.376	0.379	拮抗	轻度失调	0.442	0.454	拮抗	濒临失调
	贵　州	0.190	0.211	低水平	中度失调	0.221	0.257	低水平	中度失调
	云　南	0.206	0.213	低水平	中度失调	0.298	0.335	低水平	轻度失调
	陕　西	0.290	0.291	低水平	中度失调	0.413	0.433	拮抗	濒临失调
	甘　肃	0.166	0.175	低水平	严重失调	0.257	0.322	低水平	轻度失调
	青　海	0.175	0.224	低水平	中度失调	0.234	0.328	低水平	轻度失调
	宁　夏	0.223	0.265	低水平	中度失调	0.261	0.317	低水平	轻度失调
	新　疆	0.272	0.306	低水平	轻度失调	0.341	0.408	拮抗	濒临失调
东北地区	辽　宁	0.388	0.391	拮抗	轻度失调	0.530	0.532	磨合	勉强协调
	吉　林	0.238	0.239	低水平	中度失调	0.315	0.323	拮抗	轻度失调
	黑龙江	0.264	0.264	低水平	中度失调	0.356	0.367	拮抗	轻度失调

注：2011—2014 年结果见附录 3

1. 耦合度分析

由表 5－4 和图 5－6 可以看出，2009—2014 年各地区经济增长和创新生态环境的耦合度处于低水平、拮抗和磨合三个阶段，而没有地区处于高水平阶段。其中东部地区各年的耦合系数最高，中部地区和东北地区其次，而西部地区最低。

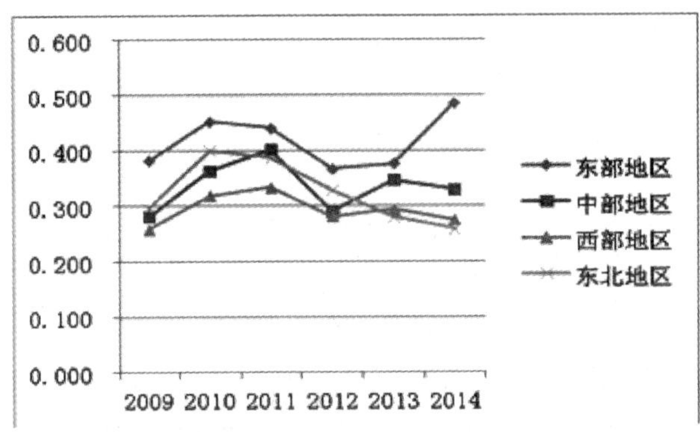

图 5－6　2009—2014 各区域经济增长和创新生态环境的耦合度折线图

东部地区的江苏省和广东省各年耦合度均达到较高水平，江苏省除 2012 和 2013 为拮抗阶段外，其余各年均处于磨合阶段，而广东省除 2009 和 2013 年处于拮抗阶段外，其余各年均处于磨合阶段；上海和北京，虽然各年环境评分较高，但由于其经济增长指数未见优势，因此其经济增长与创新环境的耦合度并不高，甚至有出现低水平的阶段，其余地区各年多处于拮抗阶段。

中部各地区各年多处于拮抗阶段，山西省在 2009、2013 和 2014 年均处于低水平阶段，而 2012 年江西、河南、湖北、湖南 4 省均处于低水平阶段。

东北地区的辽宁省 2009、2011—2014 年均处于拮抗阶段，而 2010 年达到了磨合阶段；黑龙江省处于低水平阶段较多，吉林省略好于黑龙江省。

西部地区的四川和重庆各年均处于拮抗阶段，四川省在 2011 年上升到了磨合阶段；陕西和内蒙古紧随其后，除各有一年处于低水平阶段外，其余各年均处于拮抗阶段；其余各省各年的耦合度多处于低水平阶段。

2. 协调度分析

从表 5－4 中可以看出，2009—2014 年各地区经济增长和创新生态环境协调度的数值跨度为 0.125—0.673，其类型以中度失调、轻度失调和濒临失调为主，各年间 3 种类型占比分别为：90%、86.67%、86.67%、90%、

93. 33%、83. 3%。从数据来看，每年各地区经济增长和创新生态环境协调度总体水平偏低，达到协调阶段的地区数量较少，2009 年的山西、甘肃，2012 年云南和 2014 年的黑龙江分别出现了严重失调状态。

从图 5 - 7 可以看出，东部地区的协调度最高，中部地区好于西部地区，而东北地区的协调状态最不稳定。

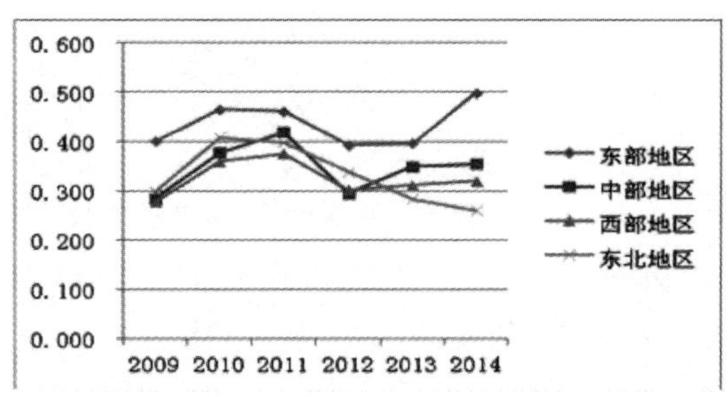

图 5 - 7　2009—2014 各区域经济增长和创新生态环境的协调度折线图

东部地区的江苏省 2011 和 2014 年处于轻度协调状态，而其余各年也都处于勉强协调状态，是我国经济增长和创新生态环境协调发展最好的省份；上海 2010 和 2011 年、广东 2011 和 2012 年、北京和浙江 2014 年也分别达到了协调状态。其余各年间，各地区基本属于轻度失调和濒临失调状态，仅有 2009 年的福建和 2011 年的北京处于中度失调状态。

中部各地区各时间点处于轻度失调和濒临失调的状态较多；西部地区中度失调的状态明显多余中部地区；东北地区的辽宁省协调程度最好，均处于轻度失调甚至还在 2012 年达到了勉强协调状态，而黑龙江省和吉林省均出现过中度失调状态，甚至在 2014 年的黑龙江省还出现了严重失调状态。

5. 3. 2. 2　金融创新主体环境与经济增长的耦合协调度分析

1. 耦合度分析

由表 5 - 5 和图 5 - 8 可以看出，2009—2014 年各地区经济增长和金融创新主体环境的耦合度处于低水平、拮抗和磨合三个阶段，而且低水平和拮抗阶段所占比重最大，仍然没有地区处于高水平阶段。其中西部地区和东部地区各年的耦合系数最高，中部地区其次，而东北地区最低。2009—2011 年各区域耦合度有显著提升，但在 2012 年大幅下降后，到 2014 年又出现了显著的提升。

表 5-5 2009—2014 年各地区经济增长与金融创新主体环境的耦合度与协调度

地区		2009				2010			
		耦合度	协调度	耦合阶段	协调程度	耦合度	协调度	耦合阶段	协调程度
东部地区	北京	0.440	0.469	拮抗	濒临失调	0.400	0.435	拮抗	濒临失调
	天津	0.310	0.310	拮抗	轻度失调	0.284	0.284	低水平	中度失调
	河北	0.267	0.273	低水平	中度失调	0.273	0.285	低水平	中度失调
	上海	0.253	0.299	低水平	中度失调	0.507	0.509	磨合	勉强协调
	江苏	0.383	0.386	拮抗	轻度失调	0.363	0.365	拮抗	轻度失调
	浙江	0.374	0.376	拮抗	轻度失调	0.409	0.409	拮抗	濒临失调
	福建	0.244	0.244	低水平	中度失调	0.342	0.347	拮抗	轻度失调
	山东	0.322	0.328	拮抗	轻度失调	0.324	0.330	拮抗	轻度失调
	广东	0.315	0.319	拮抗	轻度失调	0.439	0.442	拮抗	濒临失调
	海南	0.218	0.243	低水平	中度失调	0.234	0.281	低水平	中度失调
中部地区	山西	0.127	0.138	低水平	严重失调	0.366	0.392	拮抗	轻度失调
	安徽	0.282	0.289	低水平	中度失调	0.307	0.327	拮抗	轻度失调
	江西	0.195	0.217	低水平	中度失调	0.261	0.313	低水平	轻度失调
	河南	0.234	0.237	低水平	中度失调	0.237	0.238	低水平	中度失调
	湖北	0.251	0.256	低水平	中度失调	0.311	0.335	拮抗	轻度失调
	湖南	0.225	0.236	低水平	中度失调	0.240	0.265	低水平	中度失调
西部地区	内蒙古	0.217	0.235	低水平	中度失调	0.265	0.310	低水平	轻度失调
	广西	0.294	0.317	低水平	轻度失调	0.285	0.313	低水平	轻度失调
	重庆	0.373	0.376	拮抗	轻度失调	0.388	0.390	拮抗	轻度失调
	四川	0.334	0.341	拮抗	轻度失调	0.394	0.413	拮抗	濒临失调
	贵州	0.251	0.261	低水平	中度失调	0.288	0.310	低水平	轻度失调
	云南	0.273	0.273	低水平	中度失调	0.380	0.401	拮抗	濒临失调
	陕西	0.243	0.247	低水平	中度失调	0.330	0.365	拮抗	轻度失调
	甘肃	0.187	0.193	低水平	严重失调	0.273	0.335	低水平	轻度失调
	青海	0.294	0.317	低水平	轻度失调	0.374	0.436	拮抗	濒临失调
	宁夏	0.369	0.382	拮抗	轻度失调	0.412	0.435	拮抗	濒临失调
	新疆	0.329	0.351	拮抗	轻度失调	0.391	0.448	拮抗	濒临失调
东北地区	辽宁	0.273	0.275	低水平	中度失调	0.360	0.384	拮抗	轻度失调
	吉林	0.178	0.183	低水平	严重失调	0.217	0.243	低水平	中度失调
	黑龙江	0.174	0.182	低水平	严重失调	0.231	0.266	低水平	中度失调

注：2011—2014 年结果见附录 3

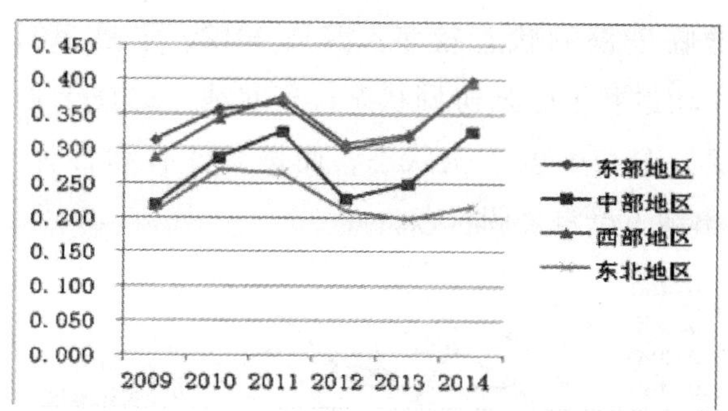

图5-8　2009—2014各区域经济增长和金融创新主体环境的耦合度折线图

与创新生态环境相比，金融创新主体环境与经济增长的耦合度处于磨合阶段的较少。东部地区仅上海2010和北京2014年达到了磨合阶段，而其它地区各时间节点多数处于拮抗阶段，可见东部地区的经济增长和金融创新环境的耦合度没有和创新生态环境的耦合程度好；中部地区各年处于低水平阶段的地区较多，2009、2012和2013年基本均处于低水平阶段。

西部各地区各年大多处于拮抗阶段，青海省在2014年上升到了磨合阶段；2009和2012年西部大部分地区的耦合度处于低水平阶段，而广西省2009—2014年一直处于低水平阶段。东北地区除辽宁省2010和2013年处于拮抗阶段外，其余各时间点三个地区均处于低水平的耦合阶段。

2. 协调度分析

从表5-5中可以看出，2009—2014年各地区经济增长和金融创新主体环境协调度的数值跨度为0.138—0.594，其类型以中度失调、轻度失调和濒临失调为主，各年间3种类型占比分别为：86.67%、96.67%、93.33%、90%、86.67%、80%。从数据来看，每年各地区经济增长和金融创新主体环境协调度总体水平偏低，达到协调阶段的地区数量很少。

从图5-9可以看出，东部地区的协调度最高，中部地区好于西部地区，而东北地区的协调状态最不稳定。

东部地区的上海2010年和北京2014年处于勉强协调状态，而其余各地区在各时间点上均分别处于中度失调、轻度失调和濒临失调状态，而未出现过严重失调状态。

中部地区在2009和2013年处于中度失调状态的地区较多，山西2009、江西2012、湖南2012和2013年均处于严重失调状态；西部地区各时间点处于轻度失调和濒临失调的状态较多，四川 2012、宁夏 2012、新疆 2012—2014、青海 2014 均达到了勉强协调状态；东北地区的辽宁省协调程度最好，但也均处于轻度失调和中度失调状态，而黑龙江省和吉林省分别在 2009、2013 和 2014 年出现了严重失调状态。

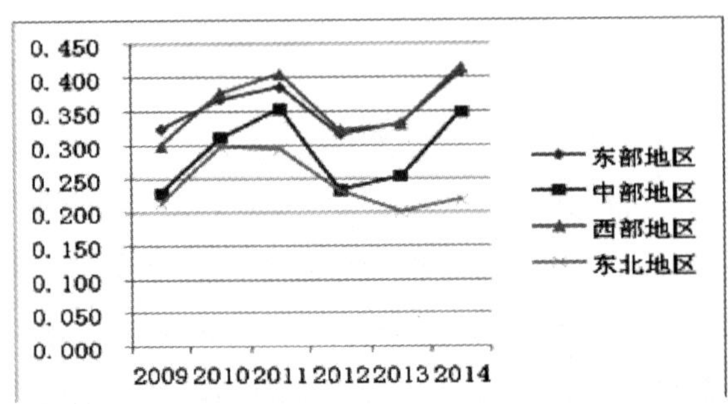

图 5－9　2009—2014 各区域经济增长和金融创新主体环境的协调度折线图

5.3.2.3　科技创新主体环境与经济增长的耦合协调度分析

表 5－6　2009—2014 年各地区经济增长与科技创新主体环境的耦合度与协调度

地区		2009				2010			
		耦合度	协调度	耦合阶段	协调程度	耦合度	协调度	耦合阶段	协调程度
东部地区	北　京	0.453	0.485	拮抗	濒临失调	0.431	0.478	拮抗	濒临失调
	天　津	0.279	0.282	低水平	中度失调	0.272	0.273	低水平	中度失调
	河　北	0.267	0.273	低水平	中度失调	0.302	0.309	拮抗	轻度失调
	上　海	0.225	0.256	低水平	中度失调	0.440	0.440	拮抗	濒临失调
	江　苏	0.532	0.535	磨合	勉强协调	0.442	0.442	拮抗	濒临失调
	浙　江	0.396	0.401	拮抗	濒临失调	0.370	0.370	拮抗	轻度失调
	福　建	0.184	0.186	低水平	严重失调	0.294	0.306	低水平	轻度失调
	山　东	0.418	0.418	拮抗	濒临失调	0.411	0.411	拮抗	濒临失调
	广　东	0.300	0.302	低水平	轻度失调	0.363	0.374	拮抗	轻度失调
	海　南	0.343	0.347	拮抗	轻度失调	0.371	0.389	拮抗	轻度失调
中部地区	山　西	0.121	0.130	低水平	严重失调	0.406	0.425	拮抗	濒临失调
	安　徽	0.299	0.304	低水平	轻度失调	0.352	0.365	拮抗	轻度失调
	江　西	0.286	0.292	低水平	中度失调	0.400	0.423	拮抗	濒临失调
	河　南	0.247	0.249	低水平	中度失调	0.259	0.259	低水平	中度失调
	湖　北	0.317	0.318	拮抗	轻度失调	0.401	0.411	拮抗	濒临失调
	湖　南	0.282	0.285	低水平	中度失调	0.363	0.368	拮抗	轻度失调

续表

地区		2009				2010			
		耦合度	协调度	耦合阶段	协调程度	耦合度	协调度	耦合阶段	协调程度
西部地区	内蒙古	0.281	0.288	低水平	中度失调	0.474	0.481	拮抗	濒临失调
	广 西	0.326	0.343	拮抗	轻度失调	0.316	0.338	拮抗	轻度失调
	重 庆	0.286	0.300	低水平	中度失调	0.284	0.301	低水平	轻度失调
	四 川	0.402	0.403	拮抗	濒临失调	0.462	0.472	拮抗	濒临失调
	贵 州	0.267	0.275	低水平	中度失调	0.339	0.352	拮抗	轻度失调
	云 南	0.259	0.261	低水平	中度失调	0.341	0.369	拮抗	轻度失调
	陕 西	0.350	0.351	拮抗	轻度失调	0.549	0.552	磨合	勉强协调
	甘 肃	0.272	0.273	低水平	中度失调	0.449	0.473	拮抗	濒临失调
	青 海	0.303	0.324	拮抗	轻度失调	0.498	0.534	拮抗	勉强协调
	宁 夏	0.268	0.301	低水平	轻度失调	0.366	0.398	拮抗	轻度失调
	新 疆	0.323	0.347	拮抗	轻度失调	0.349	0.415	拮抗	濒临失调
东北地区	辽 宁	0.318	0.318	拮抗	轻度失调	0.431	0.443	拮抗	濒临失调
	吉 林	0.315	0.320	拮抗	轻度失调	0.331	0.338	拮抗	轻度失调
	黑龙江	0.301	0.302	拮抗	轻度失调	0.380	0.388	拮抗	轻度失调

注：2011—2014 年结果见附录 3

1. 耦合度分析

由表 5 - 6 和图 5 - 10 可以看出，2009—2014 年各地区经济增长和科技创新主体环境的耦合度处于低水平、拮抗和磨合三个阶段，而且低水平和拮抗阶段所占比重最大，仍然没有地区处于高水平阶段。各区域耦合度差距并不十分明显，中部地区略低。2009—2011 年各区域耦合度有显著提升，达到最高点，但在 2012 年大幅下降后，到 2014 年又出现了显著的提升。2011 年，全国有江苏、海南、内蒙古、四川、云南、陕西、甘肃 7 个地区处于磨合阶段，且其中有 5 个省份位于西部地区；2014 年有北京、江苏、浙江、安徽、陕西、甘肃 6 各地区达到了磨合阶段，说明各地区经济增长和科技创新主体环境的耦合程度整体上有所提升。

与金融创新主体环境相比，科技创新主体环境与经济增长的耦合度处于磨合阶段的略多。东部地区的江苏省耦合度较高，江苏省在 2009、2011 和 2014 年均处于磨合阶段；上海和北京，虽然各年科技创新主体环境评分较高，但由于其经济增长指数未见优势，因此其经济增长与科技创新主体环境的耦合度并不高，其余地区各年多处于拮抗阶段。

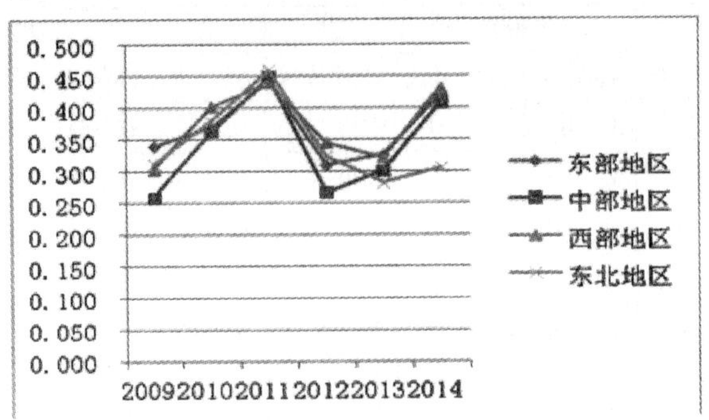

图5-10　2009—2014各区域经济增长和科技创新主体环境的耦合度折线图

中部各地区各年多处于拮抗阶段，但在2009和2012年基本均处于低水平阶段；西部地区的新疆各年均处于拮抗阶段，陕西、甘肃、云南、四川、内蒙古均达到过磨合阶段；其余各地区各年大多处于拮抗阶段。

东北地区经济增长和科技创新主体环境的耦合程度明显好于经济增长和金融创新主体环境的耦合程度，辽宁省除2012和2013年处于低水平阶段外，其余各年均处于拮抗阶段；吉林省的耦合程度略好于黑龙江省。

2. 协调度分析

从表5-6中可以看出，2009—2014年各地区经济增长和科技创新主体环境协调度的数值跨度为0.130—0.671，其类型仍然以中度失调、轻度失调和濒临失调为主，各年间3种类型占比分别为：90%、93.33%、76.67%、93.33%、96.67%、76.67%。从数据来看，每年各地区经济增长和科技创新主体环境协调度总体水平高于和金融创新主体环境的协调水平，而且2011和2014年分别都有7个地区达到了协调阶段。

从图5-11可以看出，各区域的协调程度差距并不十分明显，中部地区略低。2009—2011年各区域协调度有显著提升，达到最高点，但在2012年大幅下降后，到2014年又出现了显著的提升。

东部地区的江苏2009、2011、2014年，浙江和北京2014年处于勉强协调状态，而其余各地区在各时间点上均分别处于中度失调、轻度失调和濒临失调状态，而福建2009年和上海2012年出现了严重失调状态。

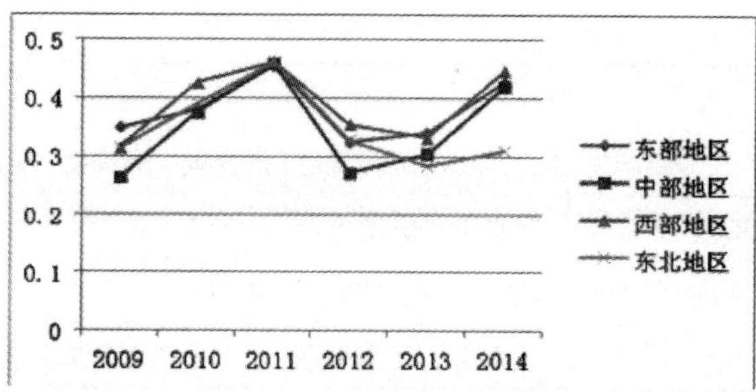

图 5-11　2009—2014 各区域经济增长和科技创新主体环境的协调度折线图

中部地区在 2012 年均处于中度失调状态，山西 2009 年出现了严重失调状态；西部地区各时间点处于轻度失调和濒临失调的状态较多，陕西 2010、2011、2014，甘肃 2011、2014，新疆 2012—2014、青海 2010 均达到了勉强协调状态；东北地区的辽宁省协调程度最好，但也均处于轻度失调和中度失调状态，而黑龙江省和吉林省分别在 2009、2013 和 2014 年出现了严重失调状态。

5.3.2.4　金融创新主体环境与科技创新主体环境的耦合协调度分析

为了衡量各地区金融和科技创新环境的耦合程度和协调发展程度，根据各地区金融创新主体环境指数（*FI*）和科技创新主体环境指数（*IN*），分别计算出综合协调指数和协调发展系数，其中 $i=1, 2, \cdots, 30$。

表 5-7　2009—2014 年各地区金融创新主体环境与科技创新主体环境的耦合度与协调度

地区		2009				2010			
		耦合度	协调度	耦合阶段	协调程度	耦合度	协调度	耦合阶段	协调程度
东部地区	北　京	0.754	0.754	磨合	中度协调	0.779	0.780	磨合	中度协调
	天　津	0.250	0.250	低水平	中度失调	0.255	0.255	低水平	中度失调
	河　北	0.199	0.199	低水平	严重失调	0.202	0.202	低水平	中度失调
	上　海	0.534	0.536	磨合	勉强协调	0.496	0.499	拮抗	濒临失调
	江　苏	0.444	0.456	拮抗	濒临失调	0.381	0.385	拮抗	轻度失调
	浙　江	0.464	0.464	拮抗	濒临失调	0.391	0.392	拮抗	轻度失调
	福　建	0.194	0.197	低水平	严重失调	0.226	0.227	低水平	中度失调
	山　东	0.318	0.324	拮抗	轻度失调	0.315	0.319	拮抗	轻度失调
	广　东	0.375	0.375	拮抗	轻度失调	0.314	0.317	拮抗	轻度失调
	海　南	0.175	0.183	低水平	严重失调	0.150	0.157	低水平	严重失调

续表

地区		2009				2010			
		耦合度	协调度	耦合阶段	协调程度	耦合度	协调度	耦合阶段	协调程度
中部地区	山西	0.220	0.220	低水平	中度失调	0.238	0.239	低水平	中度失调
	安徽	0.218	0.218	低水平	中度失调	0.212	0.213	低水平	中度失调
	江西	0.146	0.151	低水平	严重失调	0.161	0.169	低水平	严重失调
	河南	0.201	0.201	低水平	中度失调	0.230	0.231	低水平	中度失调
	湖北	0.238	0.241	低水平	中度失调	0.228	0.231	低水平	中度失调
	湖南	0.182	0.185	低水平	严重失调	0.189	0.197	低水平	严重失调
西部地区	内蒙古	0.157	0.160	低水平	严重失调	0.206	0.223	低水平	中度失调
	广西	0.185	0.185	低水平	严重失调	0.167	0.167	低水平	严重失调
	重庆	0.237	0.241	低水平	中度失调	0.240	0.245	低水平	中度失调
	四川	0.301	0.303	拮抗	轻度失调	0.296	0.298	低水平	中度失调
	贵州	0.179	0.179	低水平	严重失调	0.195	0.196	低水平	严重失调
	云南	0.238	0.239	低水平	中度失调	0.212	0.213	低水平	中度失调
	陕西	0.269	0.278	低水平	中度失调	0.283	0.301	拮抗	轻度失调
	甘肃	0.193	0.199	低水平	严重失调	0.171	0.182	低水平	严重失调
	青海	0.174	0.174	低水平	严重失调	0.218	0.222	低水平	中度失调
	宁夏	0.183	0.187	低水平	严重失调	0.227	0.227	低水平	中度失调
	新疆	0.192	0.192	低水平	严重失调	0.162	0.163	低水平	严重失调
东北地区	辽宁	0.267	0.268	低水平	中度失调	0.257	0.259	低水平	中度失调
	吉林	0.227	0.245	低水平	中度失调	0.164	0.171	低水平	严重失调
	黑龙江	0.197	0.211	低水平	中度失调	0.173	0.183	低水平	严重失调

注：2011—2014 年结果见附录 3

1. 耦合度分析

由表 5-7 和图 5-12 可以看出，2009—2014 年各地区金融创新主体环境和科技创新主体环境的耦合度处于低水平、拮抗和磨合三个阶段，而且低水平阶段所占比重明显大于经济增长和创新环境的耦合度比重，平均占到了 70% 左右，仍然没有地区处于高水平阶段，说明我国各地区金融与科技的融合还处于较低的水平。东部地区的耦合度占有非常明显的优势，而其它三个区域的耦合度差距并不十分明显。东部、西部和东北地区的耦合度变化趋势基本相同，仅在 2011 年有小步提升，而西部地区的耦合度水平却呈现出逐年稳步提升的态势。

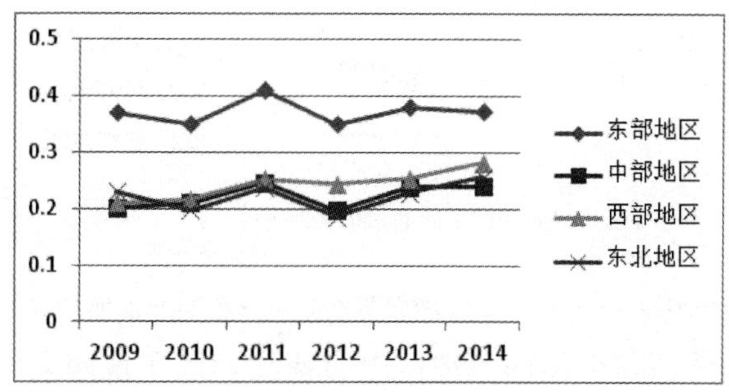

图 5 - 12　2009—2014 各区域金融创新主体环境和科技创新主体环境的耦合度折线图

东部地区的北京市耦合度全国最高，且各年均处于磨合阶段；上海的耦合度基本处于磨合和拮抗两个阶段，而江苏、浙江、山东和广东四省的耦合度各年均处于拮抗阶段，而天津在 2009 - 2010 年处于低水平阶段，从 2011 年开始上升到了拮抗阶段，其余地区各年多处于低水平阶段。

中部各地区除了安徽省在 2014 年达到了拮抗阶段外，其余各地区各年均处于低水平阶段；西部地区的四川除 2010 年处于低水平阶段外，其余各年均处于拮抗阶段，而其它地区除个别地区个别年份处于拮抗阶段外，其余均处于低水平阶段；

东北地区仅有辽宁在 2011 年达到了拮抗阶段，其余各年三个地区均处于低水平阶段。

2. 协调度分析

从表 5 - 7 中可以看出，2009—2014 年各地区金融创新主体和科技创新主体环境协调度的数值在 0.085—0.793 之间，跨度比较大。其类型以轻度失调、中度失调和严重失调为主，各年间 3 种类型占比分别为：93.33%、83.33%、90%、93.33%、86.67%、86.67%，协调度水平也是低于经济增长和各创新环境的协调水平。

从图 5 - 13 可以看出，各区域的协调程度除东部地区具有明显优势外，其余三个地区差距并不十分明显。与耦合度类似，东部、西部和东北地区的协调度变化趋势基本相同，仅在 2011 年有小步提升，而西部地区的协调度水平和耦合度水平一样，也呈现出逐年稳步提升的态势。

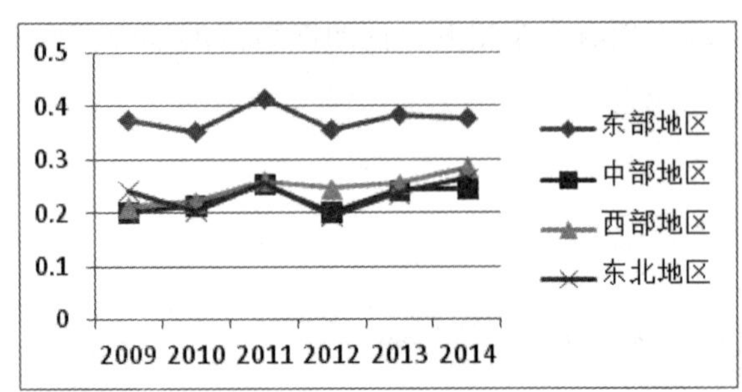

图 5－13　2009—2014 各区域金融创新主体环境和科技创新主体环境的协调度折线图

东部地区的北京在全国的各地区中协调度处于非常明显的优势，2009—2014 年均处于中度协调状态，说明北京金融创新和科技创新环境的建设协调度非常高。上海各年基本处于勉强协调和濒临失调状态，而其余各省轻度失调和中度失调所占比例比较大。海南和福建 2009 年和 2010 年出现了严重失调状态，但从 2011 年开始提升到了轻度失调状态。

中部地区和东北地区处于中度失调和严重失调的比重较大，西部地区的四川协调度相对较好，四川除 2010 年处于中度失调外，其余各年均处于轻度失调状态。重庆在 2011 年，陕西在 2010、2011 和 2014 年分别达到了轻度失调状态。

由以上分析可以看出，经济发展水平较高、对外开发程度较好的地区，其金融创新主体环境和科技创新主体环境的耦合度和协调发展水平较高，而北京作为中国政治、经济、文化的中心，其金融创新和科技创新环境的融合较好。

5.4　本章小结

本章在第 4 章创新环境评价的基础上，利用耦合协调度模型对各创新环境与经济增长的耦合程度和协调程度进行了分析，得到以下结论：

1. 2009—2014 年各地区经济增长和创新生态环境的耦合度处于低水平、拮抗和磨合三个阶段，而没有地区处于高水平阶段。其中东部地区各年的耦合系数最高，中部地区和东北地区其次，而西部地区最低；各地区经济增长和创新生态环境协调度的数值跨度为 0.125—0.673，其类型以中度失调、轻度失调和濒临失调为主，协调度总体水平偏低，达到协调阶段的地区数量较少。

2. 各地区经济增长和金融创新主体环境的耦合度处于低水平、拮抗和磨合三个阶段，而且低水平和拮抗阶段所占比重最大，仍然没有地区处于高水平阶段。其中西部地区和东部地区各年的耦合系数最高，中部地区其次，而东北地区最低；各地区经济增长和金融创新主体环境协调度的数值跨度为 0.138—0.594，其类型以中度失调、轻度失调和濒临失调为主，协调度总体水平偏低，达到协调阶段的地区数量很少。东部地区的协调度最高，中部地区好于西部地区，而东北地区的协调状态最不稳定。

3. 各地区经济增长和科技创新主体环境的耦合度处于低水平、拮抗和磨合三个阶段，而且低水平和拮抗阶段所占比重最大，各区域耦合度差距并不十分明显；协调度以中度失调、轻度失调和濒临失调为主，每年各地区经济增长和科技创新主体环境协调度总体水平高于和金融创新主体环境的协调水平。

4. 金融创新主体环境和科技创新主体环境的耦合度多处于低水平、拮抗和磨合三个阶段，而且低水平阶段所占比重较大，说明我国各地区金融与科技的融合还处于较低的水平；协调度以轻度失调、中度失调和严重失调为主，且东部地区优势明显。

5. 经济增长和创新生态环境的耦合度与协调度好于科技创新主体环境，又好于金融创新主体环境，而金融创新主体环境和科技创新主体环境的耦合度与协调度水平明显低于经济增长和创新环境的耦合协调水平。说明各地区应该重视和加强金融与科技创新的融合，以更好的促进经济增长。

第6章

区域金融创新、科技创新对经济增长的空间动态影响分析

通过前面的分析和对相关实证文献的梳理发现，金融创新和科技创新的效率和环境对于我国区域经济增长确实具有促进作用。本章采用熵值赋权法对第3章中测度的创新效率和第4章中测度的创新环境指数进行加权，综合得到金融创新实力和科技创新实力综合指数，研究金融创新和科技创新在时间和空间上对经济增长的影响。在对各影响因素的空间相关性进行检验的基础上，建立空间动态面板数据模型对金融创新实力和科技创新实力对经济增长的空间动态影响进行实证检验。

6.1 理论模型分析

6.1.1 模型结构

本书借鉴 Romer（1990）和 Alfaro & Chanda et al（2010）的思想建立包括完全竞争的最终产品部门、垄断的中间生产部门、科技创新部门在内的三部门经济体系，构建基于中间产品种类扩张型的内生经济增长模型来考察区域金融创新实力和科技创新实力对经济增长的影响。

6.1.1.1 最终产品部门的生产函数

在整个经济中存在着无数个同质的个体。经济中每一个个体既是生产者又是消费者。为了研究方便起见，本书的研究中不考虑人口增长，并假设经济中的人力资本（H）的供给缺乏弹性，人力资本分为两部分：一部分直接从事最终产品的生产，另一部分直接进入科技创新部门进行新知识与新技术的生产。

为了在模型中体现金融创新水平和技术进步对于经济增长的影响，本书将科技创新部门所生产的知识、技术以及金融创新实力作为生产要素引入生产函数中，采用 Cobb - Douglas 生产函数，将最终产品部门的生产函数设定为：

$$Y = AFH_Y^{\alpha}K^{1-\alpha} \tag{6.1}$$

其中，Y 为最终产品的产出；A 为技术进步；F 为金融创新实力；H_Y 代表最终产品部门的人力资本投入；K 为资本投入。

6.1.1.2 中间产品部门的生产函数

假定资本投入 K 由 N 种不同的中间产品组成，对于中间产品部门而言，生产商既可以通过自主研发的方式生产知识技术产品，也可以通过从其它企业、高校或研发部门购买知识技术产品作为固定投入，于此同时使用最终产品 Y 来生产耐用资本品 X_i，然后将耐用资本品出租或转让给最终产品部门从而获得租金或产品销售收入。为了简化模型，假设中间产品生产商具有线性生产函数：$X_i = \varphi^{-1} Y_i$。

假设中间产品部门的生产商通过自主研发或购买国内技术的方式生产出 n 种中间产品，产量为 X_i；通过购买国外先进技术的方式生产出 n^* 种中间产品，产量为 X_{i*}^*，这里 $N = n + n^*$。由于东道国的宏观环境、消费偏好和企业文化等都与国外企业之间存在一定差异，因此国外企业所提供的中间产品不能完全被吸收，会有一定的损耗，因此假设有效中间投入品参数为 τ，因此最初产品部门的资本品可以表示为：

$$K = \left[\int_0^n X_i^{1-\alpha} di + \int_0^{n^*} (e^{1-\tau} X_{i*}^*)^{1-\alpha} di^*\right]^{1/1-\alpha} \tag{6.2}$$

从而最终产品部门的生产函数可以改写为：

$$Y = AFH_Y^{\alpha}\left[\int_0^n X_i^{1-\alpha} di + \int_0^{n^*} (e^{1-\tau} X_{i*}^*)^{1-\alpha} di^*\right] \tag{6.3}$$

6.1.1.3　科技创新部门的生产函数

知识和技术的生产和创新是科技创新生产部门在垄断利润驱动下的自觉的经济行为，根据 Romer 模型，科技创新部门的产出即知识产出和技术进步取决于该部门劳动力的投入和现有的知识与技术存量。为了使问题简化，将科技创新的几个部门企业、高校、科研院所看作一个整体，并将知识产出和技术进步产出也看成一个整体，则科技创新部门的生产函数可以表示为：

$$\dot{N} = \delta F[H_n + H_{n^*}][\lambda n + \beta(1-\lambda)n + \gamma(1-\lambda)n^*] \tag{6.4}$$

其中，$\dot{N}$ 表示科技创新部门的知识技术增量，$\delta > 0$ 为漂移参数，表示科技创新生产部门的生产效率。科技创新部门的产出由两方面决定：一方面取决于投入到该部门的人力资本投入 H_n 和已有的知识技术存量 n；另一方面取决于国外科技创新部门的人力资本投入 H_{n^*} 和已有的知识技术存量 n^*。假设 λ 为自主研发系数（$0 < \lambda < 1$），表示自主研发在国内已有的知识存量中所占的比例，$1-\lambda$ 则表示引进国内外先进技术所占比例，从而国内自主研发知识技术存量可以表示为 λn，国内技术引进知识存量表示为 $(1-\lambda)n$，由于技术引进过程中势必会有一部分的损耗，因此设 β 为国内技术引进的损耗系数，从而 $\lambda n + \beta(1-\lambda)n$ 表示国内已拥有的知识技术存量，设 γ 为国外技术引进的损耗系数，因此国外技术引进知识存量表示为 $\gamma(1-\lambda)n^*$。同时，自

主研发和技术引进知识存量还都受到各地区的金融创新实力 F 的影响。在此假定知识、技术和劳动力的外部性都为常数，同时，假定国内外科技创新部门的技术水平存在固定的比例关系，即：$H_{n^*}/H_n = n^*/n = 1+\theta$（$1+\theta>0$），其中 θ 为国内外科技创新部门的技术差距，因此科技创新部门的生产函数可以改写为：

$$\dot{N} = \delta FH_n n(2+\theta)[\lambda+\beta(1-\lambda)+\gamma(1-\lambda)(1+\theta)] \quad (6.5)$$

6.1.2 均衡分析

6.1.2.1 最终产品部门

假设劳动力市场和最终产品市场是完全竞争的，最终产品的市场价格 $P_Y=1$，生产商可以在产品市场上购买中间产品（X_i、$X_{i^*}^*$）和在劳动力市场上雇佣人力资本（H_Y），则最终产品生产商的利润最大化问题为：

$$\max\pi_Y(H_Y,X_i,X_{i^*}^*) = Y - w_{H_Y}H_Y - \int_0^n P_{X_i}X_i\mathrm{d}i + \int_0^{n^*} P_{X_{i^*}^*}X_{i^*}^*\mathrm{d}i^* \quad (6.6)$$

其中，$w_{H_Y}H_Y$ 表示投入到最终产品部门的人力资本的单位报酬水平，P_{X_i}、$P_{X_{i^*}^*}$ 分别表示第 i 种和第 i^* 种中间产品的价格。

由（6.6）式，根据最优化的一阶条件，由 $\frac{\partial\ \pi_Y(H_Y,\ X_i,\ X_{i^*}^*)}{\partial\ H_Y}=0$ 得到：

$$w_{H_Y} = \alpha Y/H_Y = \alpha AFH_Y^{\alpha-1}\left[\int_0^n X_i^{1-\alpha}\mathrm{d}i + \int_0^{n^*}(e^{1-\tau}X_{i^*}^*)^{1-\alpha}\mathrm{d}i^*\right] \quad (6.7)$$

将（6.7）式代入（6.6）式，根据 $\frac{\partial\ \pi_Y(H_Y,\ X_i,\ X_{i^*}^*)}{\partial\ X_i}=0$ 得到：

$$P_{X_i} = (1-\alpha)AFH_Y^{\alpha}X_i^{-\alpha} \quad (6.8)$$

根据 $\frac{\partial\ \pi_Y(H_Y,\ X_i,\ X_{i^*}^*)}{\partial\ X_{i^*}^*}=0$ 得到：

$$P_{X_{i^*}^*} = (1-\alpha)AFH_Y^{\alpha}(e^{1-\tau})^{1-\alpha}X_{i^*}^{*\,-\alpha} \quad (6.9)$$

6.1.2.2 中间产品部门

假定中间产品市场是垄断竞争的，中间产品部门在区间上分布着无数个中间产品生产商，每个生产商只生产一种中间产品，而且这些中间产品之间是不完全替代的。根据中间产品部门的生产函数可知，生产单位的中间产品需要消耗单位的最终产品。因此中间产品部门生产商的利润最大化为：

$$\max\pi_X\ (X_i,\ X_{i*}^*)\ = P_{X_i}X_i + P_{X_{i*}^*}X_{i*}^* - P_Y Y = P_{X_i}X_i + P_{X_{i*}^*}X_{i*}^* - \varphi\ (X_i + X_{i*}^*) \tag{6.10}$$

由利润最大化的一阶条件$\frac{\partial\ \pi_X\ (X_i,\ X_{i*}^*)}{\partial\ X_i} = 0$和$\frac{\partial\ \pi_X\ (X_i,\ X_{i*}^*)}{\partial\ X_{i*}^*} = 0$，得到：

$$P_{X_i} = P_{X_{i*}^*} = \varphi/\ (1-\alpha) \tag{6.11}$$

再结合（6.8）和（6.9）式得到

$$X_i^{-\alpha} = (e^{1-\tau})^{1-\alpha}X_{i*}^{*\ -\alpha} \tag{6.12}$$

结合（6.5）、(6.7）到（6.9）和（6.11）式，得到最终产品部门在均衡状态下的产出水平为：

$$Y = A^{1/\alpha}F^{1/\alpha}H_Y\ (1-\alpha)^{2(1-\alpha)/\alpha}\varphi^{(\alpha-1)/\alpha}[n + e^{(1-\tau)(1-\alpha)/\alpha}n^*] \tag{6.13}$$

中间部门产品的需求量为：

$$X_i = \varphi^{-\alpha}(1-\alpha)^{2/\alpha}A^{1/\alpha}F^{1/\alpha}H_Y \tag{6.14}$$

$$X_{i*}^* = \varphi^{-\alpha}(1-\alpha)^{2/\alpha}A^{1/\alpha}F^{1/\alpha}H_Y e^{(1-\tau)(1-\alpha)/\alpha} \tag{6.15}$$

6.1.2.3 科技创新部门

假设科技创新部门知识技术产品的价格为P_n，人力资本的单位报酬为w_{H_n}，在科技创新部门的利润最大化问题为：

$$\begin{aligned}\max\pi_N\ (H_n,\ n)\ &= P_n\dot{N} - w_{H_n}H_n \\ &= P_n\delta FH_n n\ (2+\theta)\ [\lambda + \beta\ (1-\lambda)\ + \gamma\ (1-\lambda)\ (1+\theta)] \\ &\quad - w_{H_n}H_n\end{aligned} \tag{6.16}$$

由一阶条件$\frac{\partial\ \pi_N\ (H_n,\ n)}{\partial\ H_n} = 0$，得到：

$$w_{H_n} = P_n\delta Fn\ (2+\theta)\ [\lambda + \beta\ (1-\lambda)\ + \gamma\ (1-\lambda)\ (1+\theta)] \tag{6.17}$$

根据中间产品部门的非套利条件，一个中间产品生产商引进一项新的中间产品或设计方案的收益（v_t）等于它生产这种中间产品获得的垄断利润的贴现值，即

$$v_t\ =\ \int_t^{+\infty} e^{-r(s-t)}\pi_X(s)\,\mathrm{d}s\ =\ P_n \tag{6.18}$$

由计算（6.18）式的积分，并结合（6.11）和（6.12）式得到：

$$
\begin{aligned}
P_n &= v_t = \int_t^{+\infty} e^{-r(s-t)} \pi_X(s) \mathrm{d}s \\
&= -1/re^{-r(s-t)} \pi_X(s) \Big|_t^{+\infty} \\
&= 1/r\pi_X(t) = 1/r[P_{X_i}X_i + P_{X_{i*}^*}X_{i*}^* - \varphi(X_i + X_{i*}^*)] \\
&= 1/r[P_{X_i}X_i + P_{X_{i*}^*}X_{i*}^* - (1-\alpha)(X_i + X_{i*}^*)] \\
&= \alpha/rP_{X_i}(X_i + X_{i*}^*) \\
&= \alpha(1-\alpha)/rAFH_Y^{\alpha}X_i^{1-\alpha}
\end{aligned}
\tag{6.19}
$$

6.1.2.4　三部门均衡分析

假设人力资本总量 $H = H_Y + H_n$，且在均衡条件下最终产品部门和中间产品部门人力资本的单位报酬相等，即：$w_{H_n} = w_{H_n}$。

由此，并结合（6.7）、（6.12）到（6.14）、（6.17）和（6.19）式得到：

$$
\begin{aligned}
H_Y &= \frac{r[n + e^{(1-\tau)(1-\alpha)/\alpha}n^*]}{(1-\alpha)\delta Fn(2+\theta)[\lambda + \beta(1-\lambda) + \gamma(1-\lambda)(1+\theta)]} \\
&= \frac{r[1 + (1+\theta)e^{(1-\tau)(1-\alpha)/\alpha}]}{(1-\alpha)\delta FC}
\end{aligned}
\tag{6.20}
$$

假定代表性家庭在无限期内有一个标准的固定弹性效用函数

$$
U(C) = \int_0^{+\infty} e^{-\rho t} \frac{C^{1-\sigma} - 1}{1-\sigma} \mathrm{d}t \tag{6.21}
$$

其中，C 表示个人消费，$0 < \sigma < 1$ 表示相对风险厌恶系数，其倒数 σ^{-1} 表示跨期替代弹性，ρ 表示消费者的主观贴现率。居民消费的约束条件为：$\dot{K} = Y - C$。

从而得到均衡路径上的消费增长率为：

$$
g_c = \frac{\dot{C}}{C} = \frac{r-\rho}{\sigma} \tag{6.22}
$$

在均衡路径上有：

$$
\begin{aligned}
g &= g_Y = g_c = g_n = \frac{\dot{n}}{n} = \delta FH_n(2+\theta)[\lambda + \beta(1-\lambda) + \gamma(1-\lambda)(1+\theta)] \\
&= \delta F(H - H_Y)(2+\theta)[\lambda + \beta(1-\lambda) + \gamma(1-\lambda)(1+\theta)]
\end{aligned}
\tag{6.23}
$$

根据（6.18）到（6.20）式，消去 r，整理得到：

$$g = g_Y = g_c = g_n = \frac{\delta FH(1-\alpha)(2+\theta)[\lambda+\beta(1-\lambda)+\gamma(1-\lambda)(1+\theta)] - \rho[1+(1+\theta)e^{(1-\tau)(1-\alpha)/\alpha}]}{(1-\alpha)+\sigma[1+(1+\theta)e^{(1-\tau)(1-\alpha)/\alpha}]} \tag{6.24}$$

从（6.24）式可以看出，均衡增长率和人力资本存量 H、区域金融创新实力 F、国内科技创新部门自主研发参数 λ、国内外技术差距 θ、国内外技术引进损耗系数 β、γ，有效中间投入品参数 τ 以及偏好参数 σ、ρ，技术参数 δ、α 有关。

下面主要考察金融创新实力和科技创新中的自主创新对经济增长的影响。

由（6.24）式对 F 求偏导数得到：

$$\frac{\partial g}{\partial F} = \frac{\delta H(1-\alpha)(2+\theta)[\lambda+\beta(1-\lambda)+\gamma(1-\lambda)(1+\theta)]}{(1-\alpha)+\sigma[1+(1+\theta)e^{(1-\tau)(1-\alpha)/\alpha}]} > 0 \tag{6.25}$$

说明当区域金融创新水平较高时，金融部门能为中间产品部门提供较高质量的配套金融服务，而且金融市场的效率较高，金融环境良好，因此区域金融创新水平的提升将对经济增长产生正向的促进作用，区域金融创新实力的差异可能是导致区域经济增长差异的影响因素之一，提升区域的金融创新实力可以显著提升该区域的经济增长。

（6.24）式对 λ 求偏导数得到：

$$\frac{\partial g}{\partial \lambda} = \frac{\delta FH(1-\alpha)(2+\theta)[1-\beta-\gamma(1+\theta)]}{(1-\alpha)+\sigma[1+(1+\theta)e^{(1-\tau)(1-\alpha)/\alpha}]} \tag{6.26}$$

（6.26）式的符号与 $[1-\beta-\gamma(1+\theta)]$ 的符号相关，即科技创新中的自主创新对经济增长的作用与国内外的技术差距相关。

当 $[1-\beta-\gamma(1+\theta)]<0$ 时，即 $\theta > \frac{1-\beta}{\gamma} - 1$ 时，$\frac{\partial g}{\partial \lambda} < 0$。也就是当国内外的技术差距较大时，科技创新中自主创新所占的比重越大越不利于经济增长。这主要是因为一个国家自主创新速度的快慢与人力资本的数量和知识技术资本的积累有关，如果后进国家或地区能够从先进国家或地区获得的技术外溢 $\beta(1-\lambda)n+\gamma(1-\lambda)n^*$ 减少，这将减少后进国家或地区的知识资本存量，并缩小其能够进行自主研发与自主创新的领域，直接导致新产品开发速度下降，收益减少。

当$[1-\beta-\gamma(1+\theta)]>0$时，即$\theta<\frac{1-\beta}{\gamma}-1$时，$\frac{\partial g}{\partial \lambda}>0$。也就是当国内外的技术差距较小时，自主创新将有利于经济增长。因为此时，加强自主研发，可以提高科技创新部门的收益和人力资本报酬，有利于吸引更多的人力资本进入科技创新部门并创造出更多的知识技术产出，加速经济增长。

（6.26）式再对F求偏导数得到：

$$\frac{\partial^2 g}{\partial \lambda \partial F}=\frac{\delta H(1-\alpha)(2+\theta)[1-\beta-\gamma(1+\theta)]}{(1-\alpha)+\sigma[1+(1+\theta)e^{(1-\tau)(1-\alpha)/\alpha}]} \tag{6.27}$$

（6.27）式的符号仍然与$[1-\beta-\gamma(1+\theta)]$的符号相关。

当$[1-\beta-\gamma(1+\theta)]<0$时，即$\theta>\frac{1-\beta}{\gamma}-1$时，$\frac{\partial^2 g}{\partial \lambda \partial F}<0$。即国内外技术差距较大时，自主创新所占比重越高，金融创新对经济增长的边际效应越小。因为当国内外技术存在较大差距时，自主创新难度加大、速度下降，国内研发部门的知识积累受到抑制，而引进国外技术的价格必然上涨，从而提高了企业引入新的中间产品的资本门槛，科技创新部门科研成果市场化、商业化水平下降，对经济增长产生负效应，而这种负效应甚至会大于区域金融创新实力的提升对最终产出的直接促进效应，而不利于经济增长。

当$[1-\beta-\gamma(1+\theta)]>0$时，即$\theta<\frac{1-\beta}{\gamma}-1$时，$\frac{\partial^2 g}{\partial \lambda \partial F}>0$。即国内外技术差距较小时，加强自主创新，会使金融创新对经济增长的边际效应增加。也就是说，当国内的技术水平提升到一定程度，与国外技术差距较小甚至超越国外先进技术时，加强自主创新会放大金融创新对经济增长的正面效应。其原因在于，一方面，技术差距较小时，科技创新部门的自主研发会提高科研成果的回报率，保障科研人员收益，从而可以吸引更多的人力资本加入科技创新部门，增加知识技术资本存量；另一方面，由于金融创新实力的提高，金融创新效率有所提升，创新环境有所改善，从而提高了金融部门的服务质量，这样能够加速科技创新部门科研成果商业化、市场化的进程，促进再生产，从而加速经济增长。

通过以上的分析，得到如下命题：

命题1：区域金融创新实力是影响经济增长的重要因素之一。在控制其它因素的情况下，区域金融创新实力的提升将对经济增长具有显著为正的促进作用。

命题2：科技创新中的自主创新对经济增长的影响与国内外的技术差距有关。当国内外技术差距较大时，自主创新比重越高，反而会削弱甚至会消弭金融创新对经济增长的正面促进效应；而当国内外技术差距较小时，加强自主创新，会放大金融创新对经济增长的正面效应。

6.1.3 模型的设定、指标选取及数据来源

6.1.3.1 模型的设定

在式（6.1）的基础上，建立如下模型：

$$\ln Y_{it} = \alpha_1 \ln Y_{i,t-1} + \alpha_2 W \ln Y_{it} + \beta_1 FD_{it} + \beta_2 TI_{it} + \beta_3 FD_{it} \cdot TI_{it} + \beta_4 \ln K_{it} + \beta_5 \ln H_{it} + \beta_6 EC_{it} + \varepsilon_{it} \tag{6.28}$$

其中 Y_{it}为被解释变量，表示第 i 个省份第 t 年的经济增长，FD_{it}表示第 i 个省份第 t 年的金融创新实力，TI_{it}表示第 i 个省份第 t 年的科技创新实力，$FD_{it} \cdot TI_{it}$为金融创新和科技创新的交叉乘积项，主要考察金融创新与科技创新的融合互动对经济增长的影响。K_{it}、H_{it}、EC_{it}为控制变量，分别代表第 i 个省份第 t 年的物质资本投入、人力资本投入和区域的创新环境水平。

6.1.3.2 指标的选取及数据来源

Y_{it}表示第 i 个省份第 t 年的经济增长水平。Y_{it} = 工业用电量 ×40% + 中长期贷款余额 ×35% + 铁路货运量 ×25%，其中各年各地区的中长期贷款余额为以 1990 年为基期，采用各省市的 GDP 平减指数换算成的实际值。

FD_{it}表示第 i 个省份第 t 年的金融创新实力，主要从金融创新效率、金融创新环境和金融地理集聚程度三个方面来衡量。其中金融创新效率为第 3 章中测算的各省份各年的金融创新效率值；金融创新环境采用第 4 章中测算的金融创新主体环境指数来衡量；金融地理集聚程度（LQ），区域内部金融业地理集聚指标参照产业地理分布所构造的专业化指数，定义区位熵为地区内金融产业的集聚水平，主要缘于该指标能够比较一个地区某产业的发展水平在全国平均产业发展水平中所占的比率。计算公式如下：

$$LQ = (Q_{ij}/Q_i)/(Q_{kj}/Q_k) \tag{6.29}$$

其中，Q_{ij}表示区域 i 内产业 j 的就业人数，Q_i 指区域 i 内的总就业人数，

Q_{kj}指国家或省份 k 内产业 j 的总就业人数，Q_k 指国家或省份 k 内的总就业人数。区位熵的系数越大，该区域的金融集聚程度越高。

对三个指标采用熵值法进行赋权，既客观准确，又能体现出每个指标的重要程度。由于本书用到的数据为2009－2014 年我国除西藏以外30 个地区的面板数据，因此为了能够实现不同年份之间的比较，借鉴杨丽和孙之淳（2015）的做法，对熵值法做了改进，加入时间变量，使得评价结果更加合理。改进熵值法评价模型如下：

（1）指标选取：设有 r 个年份，n 个地区，m 个指标，x_{tij}则为第 t 年省份 i 的第 j 个指标值；

（2）指标标准化处理：由于不同的指标具有不同的量纲和单位，因此需要进行标准化处理。其中，正向指标标准化 $x'_{tij} = x_{tij}/x_{tj\max}$；负向指标标准化 $x'_{tij} = x_{tj\min}/x_{tij}$，由于本书待赋权的指标均为正向指标，所以只进行正向标准化；

（3）计算第 j 项指标下第 i 项方案占该指标的比重：$P_{tij} = x'_{tij}/\sum_t \sum_i x'_{tij}$；

（4）计算第 j 项指标的熵值：$E_j = -k\sum_t \sum_i P_{tij}\ln(P_{tij})$，其中，$k > 0$，$k = \ln(rn)$；

（5）计算第 j 项指标的信息效用值：$G_j = 1 - E_j$；

（6）计算各指标的权重：$W_j = G_j/\sum_j G_j$。

由此计算出金融创新实力各指标的权重见表 6－1。可以看出，金融创新主体环境所占的权重最大，为 0.749，金融创新效率和金融地理集聚程度所占比重相当，分别为 0.119 和 0.132，由此可见，在金融创新实力的评价指标中，金融创新主体环境最为重要。

TI_{it}表示第 i 个省份第 t 年的科技创新实力。主要从科技创新效率和科技创新环境两个方面来衡量。其中科技创新效率为第 3 章中测算的各省份各年的科技创新效率值；科技创新环境采用第 4 章中测算的科技创新主体环境指数来衡量。同样采用熵值法对指标进行赋权，结果见表 6－1。科技创新效率和科技创新主体环境的权重分别为 0.372、0.628，和创新效率相比，环境建设对创新实力的提升更为重要。

表6－1　金融创新和科技创新实力评价指标及权重

分类	指标	权重
金融创新实力	金融创新效率	0.119
	金融创新主体环境	0.749
	金融地理集聚程度	0.132
科技创新实力	科技创新效率	0.372
	科技创新主体环境	0.628

K_{it}表示第 i 个省份第 t 年的物质资本存量，同第3章对金融资本存量的估算方法相同，仍然运用永续盘存法进行估算，公式见（3.19）。其中，当年的物质资本流量采用以1990年为基期的各地区固定资产投资价格指数平减得到的实际固定资产投资进行替代，折旧率仍采用官方公布的名义折旧率3.6%，各地区当年的物质资本存量仍然是将当年实际固定资产投资进行了6%的扣除。

H_{it}表示第 i 个省份第 t 年的人力资本存量。根据张林、冉光和等（2014）的估算方法，采用6岁及以上人口的平均受教育年限与各地区就业人口的乘积来衡量。用primary、junior、senior和college分别表示小学、初中、高中和大专及以上教育程度人口，以6年、9年、12年和16年分别表示相应的平均受教育年限，根据式（6.30）计算出各地区各年的人力资本存量。

$$H_{it}=6\cdot primary_{it}+9\cdot junior_{it}+12\cdot senior_{it}+16\cdot college_{it} \quad (6.30)$$

以上指标数据均来自《中国统计年鉴1991—2015》，其中重庆市1990—1997年的固定资产投资数据来自《重庆市统计年鉴1991—1998》。

6.2　面板数据模型分析

6.2.1　面板数据模型的选择

6.2.1.1　F检验

面板数据模型分为以下三种形式：

不变系数模型：
$$\ln Y_{it} = c + \alpha_1 \ln Y_{i,t-1} + \beta_1 FD_{it} + \beta_2 TI_{it} + \beta_3 FD_{it} \cdot TI_{it} + \beta_4 \ln K_{it} + \beta_5 \ln H_{it} + \beta_6 EC_{it} + \mu_{it} \quad (6.31)$$

变截距模型：
$$\ln Y_{it} = c + c_i^* + \alpha_1 \ln Y_{i,t-1} + \beta_1 FD_{it} + \beta_2 TI_{it} + \beta_3 FD_{it} \cdot TI_{it} + \beta_4 \ln K_{it} + \beta_5 \ln H_{it} + \beta_6 EC_{it} + \mu_{it} \quad (6.32)$$

变系数模型：
$$\ln Y_{it} = c + c_i^* + \alpha_{1i} \ln Y_{i,t-1} + \beta_{1i} FD_{it} + \beta_{2i} TI_{it} + \beta_{3i} FD_{it} \cdot TI_{it} + \beta_{4i} \ln K_{it} + \beta_{5i} \ln H_{it} + \beta_{6i} EC_{it} + \mu_{it} \quad (6.33)$$

其中，$i=1, 2, \cdots, 30$ 表示30个截面，$t=1, 2, \cdots, 6$ 表示时间，c 为每个地区截距的均值，c_i^* 为第 i 个地区的截距对均值的偏离，μ_{it} 为随机扰动项。

在利用面板数据模型进行回归之前，首先需要进行 F 检验来选择模型。利用 Eviews6.0 软件，分别对（6.31）、（6.32）和（6.33）式对应的三类面板数据模型进行回归，得到残差平方和 S_1，S_2 和 S_3，进而根据下式构造 F 统计量进行检验：

$$F_1 = \frac{(S_2 - S_1)/[(N-1)k]}{S_1/[NT - N(k+1)]} \sim F[(N-1)k, N(T-k-1)] \quad (6.34)$$

$$F_2 = \frac{(S_3 - S_1)/[(N-1)(k+1)]}{S_1/[NT - N(k+1)]} \sim F[(N-1)(k+1), N(T-k-1)] \quad (6.35)$$

其中，N 为截面数，k 为解释变量个数，T 为时间。根据上式求得统计量 F_1，F_2，根据 F_1，F_2 统计量选择面板数据模型的类型。

由（6.31）、（6.32）和（6.33）式对应的三类面板数据模型的残差平方和 $S_1 = 0.0469$、$S_2 = 1.3534$、$S_3 = 5.8187$。再根据（6.34）式和（6.35）式，截面数 $N=30$，解释变量个数 $k=4$（这里只考虑主要的解释变量），时间 $T=6$，计算得到 F_1 统计量的值为0.083，F_2 统计量值为0.5788，而 F_1 的临界值为1.6855，F_2 的临界值为1.6733，F_2 统计量值 $< F_2$ 的临界值，因此选择不变系数模型进行检验。

6.2.1.2 Hausman 检验

进行 Hausman 检验，以确定是选用固定影响模型还是随机影响模型进行估计。该检验的原假设是：随机影响模型中个体影响与解释变量不相关，检验过程中所构造的 W 统计量形式如下：

$$W = [b - \hat{\beta}]' \hat{\Sigma}^{-1} [b - \hat{\beta}] \quad (6.36)$$

其中 b 为固定影响模型中回归系数的估计结果，$\hat{\beta}$ 为随机影响模型中回归系数的估计结果。$\hat{\Sigma}$ 为两类模型中回归系数估计结果之差的方差，即

$$\hat{\Sigma} = \text{var}[b - \hat{\beta}] \quad (6.37)$$

在原假设下，式（6.36）给出的 W 统计量服从自由度为 k 的 χ^2 分布，k 为模型中解释变量的个数。

利用 Eviews6.0 软件得到 Hausman 检验的结果（见附录4），结果显示 P 值 >0.05，无法拒绝原假设，应选择随机影响模型。

6.2.2　面板数据的单位根检验

将各种面板单位根检验的结果汇总于表6－2（原图见附录5）。由单位根检验结果可以看出，在不同根情况下的单位根检验方法中，每个变量的水平值基本都是平稳过程，表明所有变量都是 I（0）序列。

由于各变量均为平稳序列，因此无需再进行协整关系检验。

表6－2　面板单位根检验结果

变量	LLC 检验	Breitung 检验	Im－Pesaran－Skin 检验	Fisher－ADF 检验	Fisher－PP 检验
$\ln Y_{it}$	－6.9915***	7.3141	1.279	137.737***	166.687***
$\ln Y_{i,t-1}$	－220.927***	1.4122	－31.8773***	261.534***	350.806***
FD_{it}	－21.8075***	3.3289	－1.7302**	93.0557***	173.494***
TI_{it}	－14.377***	－0.9633	－4.0406***	108.131***	145.627***
FD_{it}，TI_{it}	－397.057***	－2.1545**	－18.741***	103.891***	159.171***
$\ln K_{it}$	－16.7066***	6.1471	－3.0433**	121.573***	220.868***
$\ln H_{it}$	－20.5044***	－0.5973	0.1713	48.5566	79.9934**
EC_{it}	－18.5367***	5.6151	－4.0179***	108.077***	129.501***

注：*、**、***表示分别在10%、5%和1%显著水平下拒绝原假设而接受备择假设

6.3 空间计量分析

6.3.1 相关理论

按照“地理学第一定律”，任何事物之间均相关，而离得较近的事物比离得较远的事物相关性要高（Tobler，1979），几乎所有空间数据都具有空间依赖或空间自相关特性（Goodchild et al，1992）。空间自相关反映的是一个区域某一属性值与邻近区域同一属性值的相关程度，可以使用全局指标和局部指标加以度量。全局空间相关性用来分析空间数据在整个系统内表现出的分布特征，表示现象或事物总体上在空间上的平均相互管理程度，一般采用全局空间相关性指标 Global Moran's I 指数、Global Geary's C 指数加以度量。当全局指标不能提供全局空间相关的证据时，需要使用局部指标来发现可能存在的局部显著性空间关联。局部空间相关性用来分析局部子系统所表现出的分布特征，具体表现形式包括是否存在观测值的高值或低值的局部空间集聚，哪些区域对全局空间自相关的贡献更大等问题。一般来说，正的空间自相关反映了区域某一属性值观测值的趋同集聚，即高值与高值、低值与低值之间趋于空间集聚，负的空间自相关反映了区域某一属性值观测值的趋异集聚，即相似观测值之间呈分散的空间分布，一般用局部空间自相关统计量 LISA（局部 Moran、Geary 指数等）、Moran 散点图来度量。本文中首先建立空间权重矩阵，在此基础上对指标变量的全局空间相关性和局部空间相关性进行度量，以检验与地理位置相关的数据间的空间依赖和空间自相关性。

6.3.1.1 空间权重矩阵

进行空间计量分析的前提是度量区域之间的空间距离。记来自 n 个区域的空间数据为 $\{x_i\}_{i=1}^{n}$，下标 i 表示区域 i。记区域 i 与区域 j 之间的距离为 w_{ij}，则可定义“空间权重矩阵”如下：

$$
\boldsymbol{W}=\begin{pmatrix} w_{11} & w_{12} & \cdots & w_{1n} \\ w_{21} & w_{22} & \cdots & w_{2n} \\ \cdots & \cdots & \cdots & \cdots \\ w_{n1} & w_{n2} & \cdots & w_{nn} \end{pmatrix} \tag{6.38}
$$

其中，主对角线上元素 $w_{11}=w_{22}=\cdots=w_{nn}=0$。

空间权重矩阵确定的方法有多种，根据空间统计和空间计量经济学原理，一般可将现实的空间地理关联或者经济联系考虑到模型中，以达到正确设定权重矩阵的目的，最常用的空间权重矩阵分为以下几种。

1. 基于邻近的空间权重矩阵

如果区域 i 与区域 j 有共同的边界，则 $w_{ij}=1$；反之，则 $w_{ij}=0$。相邻关系可分为以下几种：

（1）车相邻（rook contiguity）：两个相邻区域有共同的边；

（2）象相邻（bishop contiguity）：两个相邻的区域有共同的顶点，但没有共同的边；

（3）后相邻（queen contiguity）：两个相邻的区域有共同的边或顶点。

2. 基于距离的空间权重矩阵

基于距离的空间权重矩阵的设定，是假设空间相互作用的强度是决定于地区间的质心距离或者行政中心所在地之间的距离，这种距离可以是空间距离，也可以是虚拟的经济距离。

根据基于距离的空间权重矩阵的定义和地理学第一定律可知，区域间的距离越近，空间相互作用的程度越强，则设定的权重也越大。在这种情况下，不同的权值指标随区域 i 与区域 j 之间的距离 d_{ij} 的定义而变化，可以按区域间质心（或者区域行政中心所在地）之间的距离（$w_{ij}=1/d_{ij}$），或公路之间的距离（$w_{ij}=1/d_{ij}^2$）来衡量。也可以采用 k 值最邻近空间权重矩阵，在给定空间单元周围选择最邻近的 4 个单元，来计算 k 值最近邻居权值的大小。

除了使用真实的地理坐标计算地理距离外，还可以利用经济和社会因素计算经济距离来设定更加复杂的空间权重矩阵。

6.3.1.2　全局空间自相关 Moran's I 指数

首先对各地区财政变量进行全局空间相关分析，这样既可以衡量各个地区之间整体上的空间差异程度，同时也可以分析空间关联性。在空间计量分析方法中，通常用 Global Moran's I 统计量对空间自相关程度进行度量。Global Moran's I 指数就是标准化的空间自协方差，其定义如下：

$$\text{Moran's I} = \frac{n\sum_{i=1}^{n}\sum_{j=1}^{n}w_{ij}(x_i-\bar{x})(x_j-\bar{x})}{\sum_{i=1}^{n}\sum_{j=1}^{n}w_{ij}\sum_{i=1}^{n}(x_i-\bar{x})^2} = \frac{n\sum_{i=1}^{n}\sum_{j=1}^{n}w_{ij}(x_i-\bar{x})(x_j-\bar{x})}{S^2\sum_{i=1}^{n}\sum_{j=1}^{n}w_{ij}} \tag{6.39}$$

其中，n 是研究区内地区总数；w_{ij}为空间权重矩阵元素；$\bar{x}=\frac{1}{n}\sum_{i=1}^{n}x_i$ 是变量的均值，x_i 表示第 i 空间单元的观测值；$S^2=\frac{1}{n}\sum_{i=1}^{n}(x_i-\bar{x})^2$ 是变量的方差。Moran's I 指数的取值范围在 -1 到 1 之间，大于 0 表示正相关，值越接近于 1 时表明具有相似的属性集聚在一起（即高值与高值相邻、低值与低值相邻）；小于 0 表示负相关，值越接近 -1 时表明具有相异的属性集聚在一起（即高值与低值相邻、低值与高值相邻），取值为 -1 表示完全负相关；而如果 Moran's I 指数接近于 0 时表明属性是随机分布的，或者不存在空间自相关性。

6.3.1.3 局部空间自相关 Moran's I 指数

Moran's I 指数揭示出各地区财政活动的全局空间相关性，Anselin（1995）提出了 Local Moran's I 指数，或称 LISA 指数，用来检验局部地区是否存在相似或相异的观测值聚集在一起。Local Moran's I 统计量是可以度量 i 区域与其周围地域在空间上的差异程度和显著性，是全局 Moran's I 统计量的分解。对于第 i 个区域，其表现形式为：

$$I_i = \frac{n^2}{\sum_{i=1}^{n}\sum_{j=1}^{n}w_{ij}} \cdot \frac{(x_i-\bar{x})\sum_{j=1}^{n}w_{ij}(x_j-\bar{x})}{\sum_{i=1}^{n}(x_i-\bar{x})^2} \tag{6.40}$$

Global Moran's I 指数与 Local Moran's I 指数之间的关系为：$\sum_{i=1}^{n}I_i = n\times I$。

除了局部 Moran's I 指数外，Moran's I 散点图可以描绘出局部空间相关性。Moran's I 散点图是用散点图形式来描述变量与其空间滞后向量间的相关关系，以（Z，WZ）为坐标点，其中 W 为空间权重矩阵，WZ 为 Z 的空间滞后向量。散点图的四个象限分别对应空间单元与邻近单元之间的 4 种局部空间的相互关系：①第一象限（标记为 H－H），表示高观测值单元被其它高观测值的单元包围，说明该地区和它周围的地区有较小的空间差异程度，存在较强的空间正相关，属于热带区；②第二象限（标记为 L－H），表示低观测值单元被高观测值单元包围，类似地，第四象限（标记为 H－L），表示高观测值单元被低观测值单元包围，说明该地区的空间差异程度较大，存在较强的负相关，即异质性突出；③第三象限（标记为 L－L），表示低观测值单元被低值单元包围，说明该地区与其相邻区域的空间异质程度较小，属于盲点区。

6.3.2 空间自相关性检验

为了进一步考察各地区各变量之间是否存在空间相关性，在面板回归模型的基础上，从地理特征和社会经济特征两个方面分别构建空间权重矩阵，建立空间面板模型，考察各地区的经济增长、金融创新实力、科技创新实力及其乘积项在空间上的相关性与集聚现象。

6.3.2.1 基于 Moran's I 的全局空间自相关性检验

首先，利用 Geo Da 软件做出 2009—2014 年 $\ln Y$、FD、TI、$FD*TI$ 四个变量的四分位图。

东部沿海地区的经济增长优势明显，中部地区多处于中间水平，而新疆、青海、甘肃、宁夏等西部地区和东北部的黑龙江、吉林地区经济增长多处于下四分位水平，经济增长呈现出一定的积聚现象。对于金融创新实力，北京、上海两个地区具有明显优势，而辽宁、山西、浙江、江苏、重庆、广东地区处于上四分位，而西部地区多处于下四分位。科技创新实力较高的地区为吉林、北京、陕西、四川、湖北、江苏、上海、浙江和广东，东北地区和东部、中部地区以北各省多处于 50%—75% 水平，而云南、贵州、湖南、江西、福建、重庆、广西、河北、青海处于 25%—50% 区间，且积聚现象明显。2009 和 2014 两年各变量的分布情况略有变化，但从总体的分布和聚集情况上看，没有太大的差别。

从四分位图来看，各变量的分布具有一定的聚集效应，在此基础上，分别计算了2009—2014年经济增长、金融创新实力和科技创新实力及其乘积项的Moran's I指数及伴随概率，结果见表6－3。

由表6－3可知，2009—2014年间经济增长的Moran's I指数集中在0.21—0.28之间波动，且全部通过了5%的显著性水平检验，在样本期间内，经济增长的Moran's I指数呈下降趋势。金融创新实力和科技创新实力的Moran's I指数分别集中在0.11—0.2和0.12—0.21之间，且也全部通过了5%的显著性水平检验，而金融创新实力和科技创新实力乘积项的Moran's I指数在2014年没有通过显著性检验。结果表明，我国的经济增长、金融创新实力和科技创新实力及其乘积项在空间上的分布并不是随机的，而是与具有相似空间特征的地区密切相关，且几个变量都存在正向的空间自相关性，在地理空间上呈现出明显的集聚现象。

表6－3　2009—2014各变量的Moran's I指数

年份	ln*Y*（P值）	*FD*（P值）	*TI*（P值）	*FD*＊*TI*（P值）
2009	0.2801（0.006）	0.1439（0.046）	0.1535（0.045）	0.2045（0.020）
2010	0.2634（0.012）	0.1944（0.012）	0.1632（0.032）	0.1113（0.079）
2011	0.2504（0.003）	0.1721（0.022）	0.1908（0.023）	0.1239（0.059）
2012	0.2387（0.008）	0.1554（0.042）	0.1464（0.044）	0.1297（0.048）
2013	0.2267（0.010）	0.1329（0.049）	0.2106（0.013）	0.1471（0.033）
2014	0.2167（0.018）	0.1602（0.044）	0.1975（0.021）	0.0731（0.143）

6.3.2.2　基于Moran's I的局部空间自相关性检验

为了进一步分析不同地区经济增长、金融创新实力和科技创新实力的空间相关模式是否存在异质性，进一步根据各个变量的局部Moran's I指数的散点图来分析空间集聚类型。

图6－1显示了2014年经济增长的Moran's I指数的散点图，根据散点图将空间聚集类型整理在表6－4中。

从图6－1和表6－4可以看出，我国的经济增长主要表现为东部沿海地区的“高－高”集聚和西部欠发达地区的“低－低”集聚还有部分地区的“低－高”和“高－低”集聚类型。表6－4显示，分布在第一象限的地区包括江苏、浙江、上海、广东、北京、天津、河北、河南、山东、湖北、湖南、重庆、福建、辽宁、安徽共15个地区；分布于第二象限的包括海南、吉林、江西、山西、云南5个地区；分布于第三象限的包括黑龙江、甘肃、新疆、青海、宁夏、贵州6个地区；分布于第四象限的包括陕西、四川、内蒙古、广西4个地区。经济增长的聚集类型基本符合我国经济发展水平从东到西呈阶梯状分布的空间格局，充分说明经济增长在地理空间分布上具有明显的依赖性和异质性。

表6－4 我国经济增长集聚类型

集聚类型	象限	地区
“高－高”型	第一象限	江苏、浙江、上海、广东、北京、天津、河北、河南、山东、湖北、湖南、重庆、福建、辽宁、安徽
“低－高”型	第二象限	海南、吉林、江西、山西、云南
“低－低”型	第三象限	黑龙江、甘肃、新疆、青海、宁夏、贵州
“高－低”型	第四象限	陕西、四川、内蒙古、广西

虽然区域的经济增长显示出了显著的全局自相关性，但大多数地区仍然不存在显著的局部自相关。因此，全局自相关主要源于部分地区的局部自相关，而且局部自相关主要表现为东部沿海地区的“高－高”集聚和西部欠发达地区的“低－低”集聚。我国区域经济增长以空间交错分布为主，局部空间自相关在少数经济发达地区和经济落后地区存在。

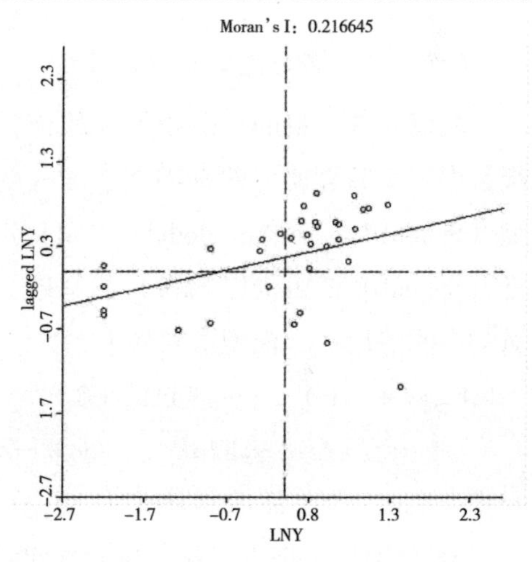

图6－1 2014年经济增长的Moran's I散点图

图6－2显示了2014年金融创新实力和科技创新实力的Moran's I散点图。结合图6－2可以看出，金融创新实力和科技创新实力也多呈现出东部沿海地区的“高－高”集聚和西部欠发达地区的“低－低”集聚。与经济增长类似，金融创新实力和科技创新实力虽然显示出了显著的全局自相关性，但大多数地区仍然不存在显著的局部自相关。金融创新实力的局部自相关主要分布在东部地区的“高－高”集聚和西

部地区的“低－低”集聚；而科技创新实力的局部自相关主要分布在东部地区的“高－高”集聚。

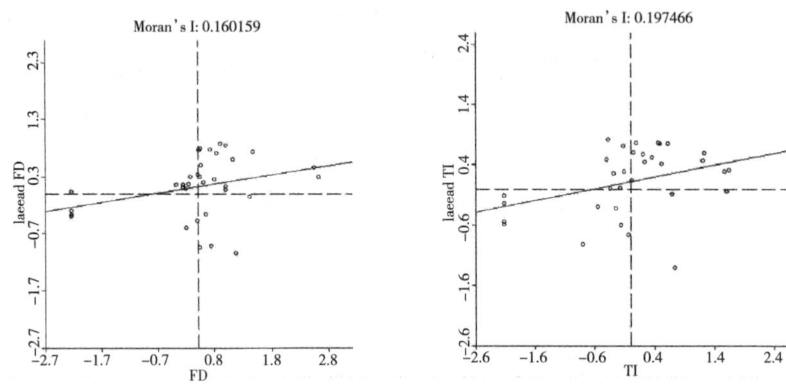

图6－2　2014年金融创新实力和科技创新实力的Moran's I散点图

6.3.3　动态空间面板模型的构建与检验

6.3.3.1　模型设定与估计方法

根据对各变量的空间相关性的检验，综合各检验结果，在（6.31）式面板数据不变系数模型的基础上，加入变量的空间效应，最终采用空间杜宾模型（Spatial Lag Durbin Model，SDM）进行实证分析，该模型是在空间滞后模型（Spatial Lag Model，SLM）的基础上，同时引入被解释变量和部分解释变量的空间滞后项，模型形式如下：

$$\ln Y_{it} = c + \alpha_1 \ln Y_{i,t-1} + \rho W \ln Y_{it} + \beta_1 FD_{it} + \beta_2 TI_{it} + \beta_3 FD_{it} \cdot TI_{it} + \beta_4 \ln K_{it} + \beta_5 \ln H_{it} + \beta_6 EC_{it} + \gamma_1 W \ln Y_{i,t-1} + \gamma_2 WFD_{it} + \gamma_3 WTI_{it} + \gamma_4 WFDTI_{it} + \mu_{it} \qquad (6.41)$$

其中，$W\ln Y_{it}$代表地区经济增长的空间滞后变量；$W\ln Y_{i,t-1}$、WFD_{it}、WTI_{it}、$WFDTI_{it}$分别代表相应解释变量的空间滞后项；W代表空间权重矩阵。

对于空间计量模型的估计，Cheng，Pesaran 和 Tahmiscioglu（2002）等很多学者认为极大似然估计相对GMM估计方法更加渐进有效。本书借鉴Elhorst（2005）的方法，采用极大似然函数对空间动态面板模型进行估计。

6.3.3.2　空间权重矩阵的设定

空间权重矩阵体现了地区间的空间影响方式。本书选用基于象相邻的邻近矩阵和地理距离矩阵，而这两类权重矩阵只考虑了地理上的相邻关系而忽略了经济差异的影响。因此，本书借鉴林光平、龙志和等（2005）经济空间权重矩阵的设置，在相邻权重的基础上又引入经济空间权重矩阵，以便更好地模拟地区间现实存在的经济关联性，即 $W^* = W \cdot E$，其中 E 是反映地区间经济差异性的矩阵，形式如下：

$$E_{ij} = \begin{cases} \dfrac{1}{|\bar{z}_i - \bar{z}_j|}, & if i \neq j \\ 0, & if i = j \end{cases}$$

其中，z_{it}代表第 i 个地区 t 年的实际人均收入水平；$\bar{z}_i = \dfrac{1}{6}\sum_{i=2009}^{2014} z_{it}$，表示第 i 个地区 2009－2014 年实际人均收入水平的均值。

由于本书是利用面板数据的空间计量模型进行实证分析，而以往的检验方法都是根据截面模型提出的，不能直接运用于面板数据模型。因此借鉴李婧、谭清美等（2010）的作法，用分块对角矩阵 $I_T \otimes W$ 代表空间权重矩阵，其中 I_T 为 $T \times T$ 阶的单位时间矩阵，$\otimes$为克罗内克积，可以用于两个任意大小的矩阵间的运算。

6.3.3.3　模型的检验

在实证分析的过程中，主要按照以下步骤进行：

（1）适当修正动态空间面板模型，令解释变量仅包含经济增长的一期滞后项 $\ln Y_{i,t-1}$、空间滞后项 $W \cdot \ln Y_{it}$、空间一期滞后项 $W \cdot \ln Y_{i,t-1}$、金融创新 FD 及金融创新的空间滞后项 $W \cdot FD$，将此模型记为模型Ⅰ；

（2）将模型Ⅰ中的金融创新及金融创新的空间滞后项相应的换为科技创新 TI 及科技创新的空间滞后项 $W \cdot TI$，将修正后的模型记为模型Ⅱ；

（3）在模型Ⅰ的基础上，加入科技创新及科技创新的空间滞后项，对模型进行拓展，记拓展后的模型为模型Ⅲ；

（4）最后在模型Ⅲ中引入金融创新与科技创新的交互项 $FDTI$ 和 $W \cdot FDTI$，继续进行拓展，最终得到模型Ⅳ。

通过以上的模型建立过程，能够更好地理清金融创新、科技创新以及二者的交互项对经济增长的影响效果。

表6－5 至表6－7 分别给出了在相邻空间权重、地理空间权重和经济空间权重矩阵下，考察了经济增长的一期滞后项、金融创新实力、科技创新实

力及其空间滞后项和物质资本、人力资本、创新生态环境对经济增长的影响。

表 6-5　基于相邻空间权重的模型估计结果

	模型Ⅰ	模型Ⅱ	模型Ⅲ	模型Ⅳ
C	-5.7237*** (0.000)	-5.7178*** (0.000)	-5.8113*** (0.000)	-6.1275*** (0.000)
$\ln Y_{i,t-1}$	0.3167*** (0.000)	0.3095*** (0.000)	0.3168*** (0.000)	0.2789*** (0.000)
FD	0.2892 (0.157)		0.3051 (0.138)	0.7077* (0.055)
TI		0.0060 (0.925)	0.0021 (0.974)	0.3575 (0.129)
$FDTI$				-0.8073 (0.128)
$\ln K$	0.5185*** (0.000)	0.5359*** (0.000)	0.5169*** (0.000)	0.4703** (0.000)
$\ln H$	0.0307* (0.096)	0.0412* (0.054)	0.0385* (0.075)	0.0349* (0.098)
EC	0.3994*** (0.003)	0.3509** (0.011)	0.3792*** (0.006)	0.4269*** (0.002)
$W \cdot \ln Y_{it}$	0.3009*** (0.001)	0.3241*** (0.000)	0.3069*** (0.001)	0.4335*** (0.000)
$W \cdot \ln Y_{i,t-1}$	-0.3697*** (0.000)	-0.3614*** (0.000)	-0.3719*** (0.000)	-0.3251*** (0.000)
$W \cdot FD$	0.2871 (0.318)		0.2239 (0.458)	2.0788*** (0.001)
$W \cdot TI$		0.1429 (0.282)	0.1104 (0.423)	1.6818*** (0.000)
$W \cdot FDTI$				-3.8193*** (0.001)
Log$L$	133.9023	131.8527	134.2369	141.0209
样本量	180	180	180	180

注：（1）括号内数字为相应回归系数的 P 值；（2）*、**、***表示分别在 10%、5% 和

1% 显著水平下拒绝原假设而接受备择假设

表 6－6　基于地理空间权重的模型估计结果

	模型Ⅰ	模型Ⅱ	模型Ⅲ	模型Ⅳ
C	－5.3367*** (0.000)	－1.5679*** (0.000)	－5.2531*** (0.000)	－6.2268*** (0.000)
$\ln Y_{i,t-1}$	0.2619*** (0.000)	0.6913*** (0.000)	0.2645*** (0.000)	0.2438*** (0.000)
FD	－0.0029 (0.990)		－0.0029 (0.99)	0.1937 (0.613)
TI		－0.1433* (0.1)	－0.0137 (0.826)	0.1936 (0.410)
$FDTI$				－0.4488 (0.395)
$\ln K$	0.5703*** (0.000)	0.3044*** (0.000)	0.5716*** (0.000)	0.6008*** (0.000)
$\ln H$	0.0017 (0.931)	－0.9869*** (0.000)	－0.0039 (0.862)	－0.0018 (0.935)
EC	0.3024*** (0.029)	0.5515*** (0.000)	0.3079** (0.027)	0.3011** (0.025)
$W \cdot \ln Y_{it}$	0.4784*** (0.000)	0.6642*** (0.000)	0.4781*** (0.000)	0.4654*** (0.000)
$W \cdot \ln Y_{i,t-1}$	－0.3170*** (0.000)	－0.6411*** (0.000)	－0.3159*** (0.000)	－0.2919*** (0.000)
$W \cdot FD$	0.6799 (0.848)		0.0896 (0.803)	1.5076** (0.042)
$W \cdot TI$		－0.5692*** (0.003)	－0.0636 (0.668)	1.055** (0.047)
$W \cdot FDTI$				－2.4192** (0.031)
Log$L$	129.0962	126.7887	129.2059	131.7067
样本量	180	180	180	180

注：（1）括号内数字为相应回归系数的 P 值；（2）*、**、***表示分别在 10%、5% 和 1% 显著水平下拒绝原假设而接受备择假设

表 6－7 基于经济空间权重的模型估计结果

	模型Ⅰ	模型Ⅱ	模型Ⅲ	模型Ⅳ
C	-6.5074*** (0.000)	-6.8295*** (0.000)	-6.9631*** (0.000)	-7.15*** (0.000)
$\ln Y_{i,t-1}$	0.2163*** (0.000)	0.2157*** (0.000)	0.2150*** (0.000)	0.2186*** (0.000)
FD	0.4325 (0.02)		0.5189*** (0.006)	0.7349* (0.046)
TI		0.0126 (0.835)	0.0134 (0.826)	0.1291 (0.571)
$FDTI$				-0.2416 (0.640)
$\ln K$	0.6103*** (0.000)	0.6281*** (0.000)	0.6198*** (0.000)	0.6304*** (0.000)
$\ln H$	0.0283 (0.931)	0.0515*** (0.022)	0.0582*** (0.009)	0.0559** (0.011)
EC	0.3657*** (0.006)	0.3989*** (0.002)	0.3621*** (0.005)	0.3569*** (0.005)
$W \cdot \ln Y_{it}$	17.5158*** (0.000)	20.1189*** (0.000)	19.9418*** (0.000)	20.0896*** (0.000)
$W \cdot \ln Y_{i,t-1}$	-20.2985*** (0.000)	-21.8125*** (0.000)	-21.9116*** (0.000)	-21.5195*** (0.000)
$W \cdot FD$	-1.4734 (0.303)		-2.6001* (0.065)	-0.5489 (0.806)
$W \cdot TI$		1.6125* (0.065)	2.2391 (0.015)	4.4372** (0.026)
$W \cdot FDTI$				-6.6536 (0.235)
Log$L$	139.0342	135.1332	139.0823	139.9456
样本量	180	180	180	180

注：（1）括号内数字为相应回归系数的 P 值；（2）*、**、***表示分别在 10%、5% 和 1% 显著水平下拒绝原假设而接受备择假设

6.3.4　结果分析

6.3.4.1　各模型的对比分析

（1）对于模型Ⅰ和模型Ⅱ的结果，在单独考虑金融创新及其空间滞后项对经济增长的影响时，3 种空间权重矩阵下，金融创新对经济增长的作用均不显著，而且作用方向也不稳定，这和 Keys & Mukherjee et al（2008）、Gennaioli & Shleifer et al（2012）、孙浦阳和张蕊（2012）、谢婷婷和任丽艳（2017）等的研究中得到的结论基本一致，即在不考虑科技创新的条件下，由于金融创新的高风险性，可能会加剧经济的不稳定性，因此其对经济增长的影响也是不稳定的，甚至可能会造成负向影响；在单独考虑科技创新及其空间滞后项对经济增长的影响时，在相邻空间权重和经济空间权重矩阵下，科技创新对经济增长的作用均为正，但也都不显著，而在地理空间权重矩阵下也出现了并不显著的负向影响，说明在不考虑金融创新的条件下，科技创新对经济增长的作用也不稳定，其原因可能是科技创新的区域差异性造成的。

（2）将模型Ⅲ与模型Ⅰ和模型Ⅱ进行对比，在同时考虑了金融创新和科技创新两个因素的情况下，虽然影响的方向没有改变，但作用的效果有所提升，说明虽然单纯的金融创新或科技创新对经济增长的影响并不显著，但是当同时考虑二者对经济增长的影响时，一方的积极作用可能会削弱另一方的不利影响。

（3）将模型Ⅳ与模型Ⅲ进行对比，加入了金融创新和科技创新的交互项及其空间滞后项以后，金融创新和科技创新对经济增长的回归系数均为正，且均有所提高，说明当金融创新协同科技创新时，金融创新和科技创新对经济增长的促进效应更加明显。

综合以上分析，当金融创新依托科技创新途径，科技创新依赖金融创新支持，二者发挥协同作用服务于经济增长时，金融创新和科技创新对经济增长的促进作用均会得到更好的发挥。

6.3.4.2　模型Ⅳ的结果分析

对比模型Ⅳ分别在 3 种空间权重矩阵下的结果，经济增长空间滞后项的回归系数分别为 0.4335、0.4654 和 20.0896，且都在 1% 的显著性水平下通过了检验，说明地理特征和经济特征均对经济增长及其空间相关性产生显著的正向影响。与地理空间权重模型相比，经济空间权重的空间相关系数更高，这也在一定程度上解释了经济增长的空间相关性主要是由地区的经济特征所引起。从社会经济特征来看，居民人均收入和经济增长之间是一种循环互动的关系，人均收入水平越高，消费能力越强，社会需求越多，经济增长越快；实体经济增长越快，提供的社会就业越多，居民收入来源越广，人均收入水平提高越快。

对于经济增长的滞后一期变量，3 个模型的回归系数分别为 0. 2789、0. 2438、0. 2186，并均在 1% 的显著性水平下通过了检验，说明地区的经济增长显著受到该地区上一期经济增长的正向影响，也就是说上一期的经济增长越快，社会需求越多，资本积累规模越大，从而会促进本期的经济增长，这是一个“良性循环”的过程。

金融创新实力在相邻空间权重模型和经济空间权重模型的回归系数分别 0. 7077 和 0. 7349，在 10% 的显著性水平下通过了检验，而在地理空间权重模型中没有通过显著性检验，但各模型的回归系数均为正。这说明金融创新对经济增长有显著的促进作用，也与 6. 1. 2 节中证明得到的命题 1 的结果一致。近年来，随着我国证券市场、保险市场的发展，金融市场体系日益健全，金融市场规模不断扩大，市场结构日趋合理，金融创新产品和金融创新服务的品种和质量不断提高，金融创新效率不断提升，金融创新环境日益完善，金融市场资金的配置得到改善，金融服务经济的能力不断提高，因此金融创新对经济增长的促进作用日益明显。金融创新实力的空间滞后项在相邻空间权重模型和地理空间权重模型中的回归系数分别为 2. 0788 和 1. 5076，且分别通过了 1% 和 5% 的显著性检验，而在经济空间权重模型中没有通过检验，但 3 个模型的回归系数均为正。这说明地理相邻地区的金融创新实力对本地区的经济增长具有促进作用，而经济发展水平相近地区的金融创新实力对本地区经济增长的促进作用并不显著。

科技创新实力在 3 个模型中的回归系数均为正，但不显著。这说明随着科学技术的不断进步和对科技创新重要性的认识不断提升，各地区的研发经费和研发人员的投入虽然不断提高，科技创新成果也逐渐增加，但是产学研合作、科技创新成果转化及产业化水平还有待提高，才能更好的促进经济增长。科技创新的空间滞后项在 3 个模型中的回归系数分别为 1. 6818、1. 055 和 4. 4372，并均通过了 5% 的显著性检验，说明地理相邻和经济相邻地区的科技创新对本地区的经济增长有显著的促进作用。其原因可能是因为科技创新的溢出效应，说明我国现阶段的创新模式并不是以自主创新为主，而是以技术引进或学习模仿先进技术为主，根据 6. 1. 2 节中证明得到的命题 2，当技术差距较大时，自主创新比重越高，其对经济增长的正面促进效应会下降；而当技术差距较小时，加强自主创新，会放大其对经济增长的正面效应。

金融创新实力和科技创新实力的乘积项在 3 个模型中均没有通过检验，这说明在科技金融的发展初期还存在诸多问题，金融创新和科技创新融合的深度不够、融合质量较差，科技金融对经济增长的作用还不十分明显。而科技金融的空间滞后项在相邻空间权重模型和地理空间权重模型中均通过了检验，但影响为负。这说明在推进金融和科技相结合的过程中，不仅需要提高金融创新和科技创新的水平，提高创新效率，加强创新环境建设以便其更好的为经济增长服务，而且还要不断总结科技金融发展的经验、不断改进科技与金融的结合方式和结合路径，加强金融与科技融合过程中的风险控制和宏观调控，提升科技与金融融合的质量，以便其更好的为经济增长服务。

在控制变量方面，物质资本存量对经济增长均显示出显著的正向影响，这说明资本形成是促进经济增长的重要因素之一，资本形成总额越大，其对经济增长的促进作用越大，资本形成不足是“贫困恶性循环”的诱因之一。人力资本存量在相邻空间权重模型和经济空间权重模型中正向影响显著，而在地理空间权重模型中的影响并不显著。这说明，人力资本对经济增长具有正向促进作用，因为目前随着产业结构的升级，经济增长方式转变的发展阶段和人力资本存量直接相关，而人力资本对经济增长的促进作用相对较小，这说明我国目前大部分地区仍处于粗放式发展阶段，对高素质人才需求较少；另一方面也显示出我国人力资本水平的提升速度较慢，对经济增长的促进作用有限。创新生态环境在 3 个模型中均通过了显著性检验，说明创新生态环境的建设对经济增长具有明显的促进作用。

6. 4　本章小结

本章首先基于三部门经济增长模型，对金融创新和科技创新对经济增长的影响在理论上进行了推导，得到两个命题；然后利用熵值赋权法计算出

2009—2014 年各地区的金融创新实力指数和科技创新实力指数，并对各变量对应的面板数据的平稳性进行了检验，然后对各个变量的空间相关性进行检验，在此基础上，以三部门经济增长模型为理论基础，建立动态空间面板模型，研究金融创新和科技创新对经济增长的空间动态影响关系，研究结果如下。

通过对三部门经济增长模型的推导，得到以下两个命题：

命题 1：区域金融创新实力是影响经济增长的重要因素之一。在控制其它因素的情况下，区域金融创新实力的提升将对经济增长具有显著为正的促进作用。

命题 2：科技创新中的自主创新对经济增长的影响与国内外的技术差距有关。当国内外技术差距较大时，自主创新比重越高，反而会削弱甚至会消弭金融创新对经济增长的正面促进效应；而当国内外技术差距较小时，加强自主创新，会放大金融创新对经济增长的正面效应。

通过空间动态影响关系分析，得到如下结论：

1. 单纯的金融创新或科技创新对经济增长的影响并不显著，但是当同时考虑二者对经济增长的影响时，一方的积极作用可能会削弱另一方的不利影响，二者发挥协同作用服务于经济增长时，金融创新和科技创新对经济增长的促进作用均会得到更好的发挥。

2. 各地区 2009—2014 年的经济增长、金融创新实力、科技创新实力及其乘积项存在空间自相关性，且这种相关性主要体现为东部沿海地区的“高 - 高”集聚和西部欠发达地区的“低 - 低”集聚。

3. 经济增长空间滞后项和滞后一期变量在 3 种空间权重模型下对本期经济增长均有显著的正向影响。

4. 金融创新实力在模型Ⅳ的 3 种空间权重矩阵下的回归系数均为正，且在相邻空间权重模型和经济空间权重模型中对经济增长具有显著的正向影响，这也验证了命题 1 的结论；而科技创新实力、科技金融的融合及其空间滞后项对经济增长的影响方向和显著性各有差异。

第7章

主要结论及研究展望

7.1 研究结论

经济增长的首要问题是分析影响经济活动的源泉、因素，并度量它们所起作用的大小，以寻求促进经济可持续增长的途径与方法。而现代经济社会中最活跃的两类因素——金融与科技对经济增长的重要性日益凸显。当科技创新与金融创新高度融合协调发展时，往往会出现经济的繁荣和社会财富的高度增长，反之则会引起经济的动荡。本书在深入研究、分析和总结相关研究成果的基础上，建立了金融创新、科技创新与经济增长互动影响的统一框架体系，利用我国除西藏以外的30个地区2009—2014年的面板数据，在分析了区域金融创新效率和环境以及与经济增长的协调发展程度的基础上，考察了区域金融创新、科技创新、经济增长在空间上的相关性与集聚现象以及金融创新、科技创新通过资本积累、全要素生产率（TFP）提升和创建环境建设等途径促进经济增长的效果。希望为制定有关促进企业技术进步、构建科技金融服务体系、加快经济转型升级发展政策提供理论依据和技术支持。

主要研究结论可以归纳为以下几点：

（1）区域金融创新和科技创新效率在空间上具有异质性，而从时间趋势上看，也具有差异。

（2）在2009—2014年的各个时间节点上，我国除西藏以外的30个地区，经济增长和创新环境建设均未实现理想上的等同，即没有出现经济增长同步于创新环境的建设，而是呈现出经济增长超前或滞后于创新环境建设的情况。各地区经济增长与创新环境达到协调阶段的地区数量较少，协调度总体水平偏低。经济增长和创新生态环境的耦合度与协调度好于科技创新主体环境，又好于金融创新主体环境。

（3）基于三部门经济增长模型，对金融创新和科技创新对经济增长的影响在理论上进行了推导，得到两个命题：

命题1：区域金融创新实力是影响经济增长的重要因素之一。在控制其它因素的情况下，区域金融创新实力的提升将对经济增长具有显著为正的促进作用。

命题2：科技创新中的自主创新对经济增长的影响与国内外的技术差距有关。当国内外技术差距较大时，自主创新比重越高，反而会削弱甚至会消弭金融创新对经济增长的正面促进效应；而当国内外技术差距较小时，加强自主创新，会放大金融创新对经济增长的正面效应。

（4）单纯的金融创新或科技创新对经济增长的影响并不显著，但是当同时考虑二者对经济增长的影响时，一方的积极作用可能会削弱另一方的不利影响，二者发挥协同作用服务与经济增长时，金融创新和科技创新对经济增长的促进作用均会得到更好的发挥。金融创新和科技创新在短期和长期内均对实体经济增长具有显著的促进作用，但金融创新与科技创新的融合对实体经济增长的作用不显著，表明金融创新与科技创新之间融合互动不足，没有实现协调发展。

结合本书的实证研究结论，为了使金融创新和科技创新更好的促进经济增长，应从以下三方面着手：

第一，提高科技创新的转化效率和金融资源的高效配置。我国的技术市场技术转化效率较低，造成企业对创新成果的吸纳能力较弱，科技创新产出对经济增长的作用难以充分发挥。因此，创新转化效率是决定科技创新产出发挥经济效益的关键因素，也是经济增长的重要影响变量。创新活动不仅要提高基础研究和应用研究的原始创新能力，还需要政府通过制定优惠政策、公共财政和税收、金融服务支持等方式强化产、学、研之间资源的联动，加快促进科技成果向现实生产力的转化。另外，金融资源的高效配置会有利于我国产业结构的调整优化，同时提高信贷资金的配置效率，加快产业发展，促进经济增长。

第二，提高创新环境与经济增长的协调发展程度。创新环境的建设对经济增长有着积极的促进作用。但是值得注意的是，各地区创新环境建设与经济增长并未实现同步，创新主体环境的建设还有待加强。政府应按照科技进步和产业变革的新要求，充分利用区域科技、金融、教育和人才等各项资源，提升区域科技创新、金融创新载体的带动效应，在政策、制度、金融和文化等方面多途径地创造有利条件，不断优化区域科技创新和金融创新环境，从而更好的促进经济增长。

第三，推进科技和金融的深度融合。要充分发挥科技金融对经济增长的促进效应，不仅需要提高金融创新水平和科技创新水平，更需要提高金融与科技的融合深度和融合质量。促进科技和金融结合需要不断完善统筹协调机制，不断优化科技资源配置，加速构建全国科技金融合作平台，充分发挥金融主体在科技计划组织过程中的价值判断和金融服务功能，优化科技计划模式，引导不同属性的社会资本进入科技成果转化的各个阶段。把依靠创新驱动作为我国未来经济发展的主要动力，推进科技和金融的深度融合。

7.2 研究局限及展望

虽然本书建立金融创新和科技创新效率及环境的评价指标体系，并且对金融创新和科技创新的效率及环境进行了评价，并对区域金融创新、科技创新与经济增长的空间动态影响关系进行了实证分析，但是由于研究资料及时间的限制，本书仍存在诸多研究局限，并在相关方面可以作更深入的研究。具体表现在：

（1）在确立金融创新效率评价指标体系时，由于现有年鉴、相关网站上对金融服务创新和金融产品创新这类微观数据的缺乏，因此从数据的可得性和可操作性的角度，仅是从金融中介的角度利用生产法建立评价指标体系并进行效率评价。如果金融创新的相关数据更为完善，那么对金融创新的效率和环境评价将更为全面和客观。

（2）在对样本数据的跨越时间进行选择时，由于在科技创新效率和环境指标体系的建立中均涉及到了规模以上工业企业的相关数据，而《中国统计年鉴》和《中国科技统计年鉴》对工业企业数据的统计口径有所变化，2007年以前按照大中型工业企业进行统计，而2008年开始按照规模以上工业企业进行统计，因此为了使样本数据口径一致，本书的样本区间从2008年到2014年。如果样本区间更宽，在金融创新和科技创新对经济增长的研究上，时间趋势将更为明显，也可以根据重要的时间节点，将样本分区间进行研究，以反映出例如国家政策、国际环境等因素的变化，是否会使金融创新和科技创新对经济增长产生不同的影响，可以将研究更为细化。

（3）空间动态面板数据模型的建立时，空间权重矩阵的建立是关键。本书力求从相邻空间权重矩阵、地理空间权重矩阵和经济空间权重矩阵三个方面全面体现出空间效应，但是仅是从三个方面分别建立了模型来研究。今后的研究中，可否找到一种加权空间权重矩阵，将三个方面统一考虑，而此矩阵的权重如何尽量客观地来确定也是今后可以深入研究的问题。

附　录

附录1：部分相关原始数据

表1　2013—2014经济增长三个指标的原始数据

地区	2013			2014		
	工业用电量（万千瓦时）	铁路货运量（万吨）	银行中长期贷款（亿元）	工业用电量（万千瓦时）	铁路货运量（万吨）	银行中长期贷款（亿元）
北　京	298.01	1097	28171.7	298.32	1135	30882.3
天　津	566.36	8349	11617.98	588.65	8874	12837.16
河　北	2338.87	22469	12846.7	2278.51	20619	15117.9
山　西	1475.52	73181	8040.68	1452.14	76411	8774.58
内蒙古	1927.48	67288	7502.45	2140.34	65165	8632.1
辽　宁	1496.11	20566	17004	1513.62	19154	18714
吉　林	572.89	6516	6517.5	440.61	6074	7456.5
黑龙江	587.95	14561	6208.9	512.55	11777	6948.8
上　海	723.07	702	25901.85	710.70	549	28451.63
江　苏	3794.18	7157	31678.08	3873.35	6376	37244.51
浙　江	2545.36	4831	23736.96	2597.28	4343	28267.4
安　徽	1057.12	11566	11148.5	1120.81	10488	13481.1
福　建	1103.66	3636	13492.98	1179.78	3402	16330.1
江　西	641.91	5217	7141	696.67	4934	8623.5
山　东	3117.60	22876	19498.2	3230.50	20268	22771.2
河　南	2237.96	12929	11029.6	2361.34	11770	13671.9
湖　北	1242.68	5646	13095.71	1318.00	4689	15476.7
湖　南	972.57	5169	12294.9	978.52	4753	14312.7
广　东	3206.62	9711	45767.47	3454.68	9136	51164.67

续表

地区	2013			2014		
	工业用电量（万千瓦时）	铁路货运量（万吨）	银行中长期贷款（亿元）	工业用电量（万千瓦时）	铁路货运量（万吨）	银行中长期贷款（亿元）
广　西	869. 33	6916	9486. 51	895. 49	6684	10803. 27
海　南	120. 52	960	3685. 42	124. 18	854	4238. 42
重　庆	515. 13	2475	12105. 13	562. 11	2054	13723. 1
四　川	1390. 20	8970	19692. 14	1422. 70	8541	23000. 7
贵　州	851. 90	6461	7759. 55	864. 37	6317	9403. 98
云　南	1007. 29	5146	10600. 03	1146. 76	4823	11935. 6
陕　西	750. 97	35767	11026. 4	794. 81	37483	13171. 8
甘　肃	841. 37	6381	5106. 33	854. 38	6448	6454. 35
青　海	605. 32	3784	2419. 89	647. 90	3608	3035. 96
宁　夏	700. 43	8412	2303. 17	721. 77	6990	2731. 58
新　疆	1310. 17	7288	5783. 27	1588. 52	7410	6889. 15

表 2　2014 金融创新主体环境评价指标相关原始数据

地区	银行业金融机构存款余额（亿元）	银行业金融机构贷款余额（亿元）	保险密度（元/人）	保险深度（%）	股票市价总值（亿元）	A 股筹资（亿元）	债券筹资（亿元）
北　京	100095. 5	53650. 6	1207. 24	5659. 30	158109. 30	1324. 00	23121. 00
天　津	24777. 75	23223. 42	317. 75	2094. 90	5321. 99	182. 00	1503. 10
河　北	43764	28052. 3	931. 94	1266. 53	6180. 00	117. 30	703. 40
山　西	26942. 93	16559. 41	465. 37	1275. 70	5624. 09	22. 80	1421. 10
内蒙古	16290. 6	15066	313. 97	1254. 00	4046. 50	122. 00	698. 00
辽　宁	42053	33024	756. 9700	1724. 00	5812. 50	90. 00	1691. 00
吉　林	16526. 3	12695. 3	330. 00	1200. 00	3489. 10	99. 00	99. 00
黑龙江	19423. 2	13791. 5	507. 09	1323. 60	2555. 30	79. 50	182. 60
上　海	73882. 45	47915. 81	986. 75	4067. 93	43141. 00	278. 00	695. 00

续表

地区	银行业金融机构存款余额（亿元）	银行业金融机构贷款余额（亿元）	保险密度（元/人）	保险深度（%）	股票市价总值（亿元）	A股筹资（亿元）	债券筹资（亿元）
江　苏	96471.63	71949.8	1683.76	2115.00	19630.99	349.50	4075.00
浙　江	79241.9	71361	1258.06	2285.00	21286.60	644.00	2274.00
安　徽	30088.8	22754.7	572.29	945.00	7042.20	185.10	1550.90
福　建	31858.4	30051.3	685.82	1802.00	10402.70	278.90	966.10
江　西	21754.9	15696.8	400.37	885.00	2631.60	32.30	547.10
山　东	69151.9	53662.2	1454.93	1486.00	12314.70	268.00	3476.00
河　南	41931.1	27583.3	1036.08	1098.00	5531.60	144.00	1178.80
湖　北	36407	25170.1	809.90	1393.00	7469.90	144.20	707.00
湖　南	30255.6	20783.1	587.73	878.00	6347.50	313.00	721.60
广　东	127881.5	84921.79	2341.63	2183.54	51492.00	431.70	2689.10
广　西	20298.54	16070.95	313.30	659.02	2234.19	43.20	708.50
海　南	6427.88	5391.51	85.15	946.11	2758.77	67.50	128.10
重　庆	25160.1	20630.7	407.26	1361.00	4456.67	180.80	1084.30
四　川	53935.8	34750.7	1060.63	1308.30	8449.80	387.24	1377.58
贵　州	15307.38	12438	213.06	607.88	4002.23	64.50	495.60
云　南	22528	18368.4	375.99	797.60	3097.60	70.50	934.10
陕　西	3089.19	1619.46	12.76	401.69	835.33	15.00	0.00
甘　肃	28288.72	19174.05	476.75	1253.00	4850.93	236.90	1319.80
青　海	13957.98	11075.78	208.44	804.54	2698.70	41.80	555.00
宁　夏	4529.87	4171.73	46.09	791.00	966.67	0.00	216.00
新　疆	4228.84	4608.28	83.92	1268.60	489.90	27.30	77.70

附录2：2009—2014各地区科技创新主体环境4个因子排序

表1 2009—2014各地区资源环境、市场环境因子排序

地区		资源环境						市场环境					
		2009	2010	2011	2012	2013	2014	2009	2010	2011	2012	2013	2014
东部地区	北　京	1	1	1	1	1	1	1	1	1	1	1	1
	天　津	3	3	6	6	4	6	8	6	5	5	6	6
	河　北	25	23	24	24	24	23	17	18	19	19	22	22
	上　海	2	2	2	2	2	2	2	2	2	2	4	2
	江　苏	6	5	4	4	6	3	6	3	3	3	2	3
	浙　江	13	7	12	7	13	8	5	8	8	11	12	12
	福　建	21	16	23	21	22	21	27	12	12	12	13	14
	山　东	9	6	5	5	5	5	7	9	9	10	9	8
	广　东	4	4	3	3	3	4	3	4	4	4	3	4
	海　南	28	30	28	28	28	28	28	28	30	28	29	28
中部地区	山　西	16	13	17	16	17	16	23	23	22	18	17	23
	安　徽	17	17	15	15	15	14	10	14	14	14	14	13
	江　西	23	19	26	25	25	24	25	21	17	17	18	17
	河　南	24	18	19	20	21	22	14	16	15	15	15	16
	湖　北	10	10	8	8	9	11	12	10	11	8	7	7
	湖　南	14	15	13	14	14	15	13	15	16	16	16	15

续表

地区		资源环境						市场环境					
		2009	2010	2011	2012	2013	2014	2009	2010	2011	2012	2013	2014
西部地区	内蒙古	26	25	27	27	27	27	15	22	23	23	27	27
	广　西	15	22	16	18	19	18	29	29	24	25	23	21
	重　庆	20	21	21	23	23	26	20	13	13	13	10	10
	四　川	12	12	10	9	7	7	9	11	10	9	8	9
	贵　州	27	27	25	26	26	25	22	25	25	27	26	25
	云　南	18	26	22	22	20	20	21	24	27	24	24	24
	陕　西	8	9	7	11	8	9	11	7	7	6	5	5
	甘　肃	19	20	18	17	18	19	18	19	18	21	19	19
	青　海	30	29	30	30	30	30	24	27	29	29	28	26
	宁　夏	29	28	29	29	29	29	30	30	26	26	25	29
	新　疆	22	24	20	19	16	17	26	26	28	30	30	30
东北地区	辽　宁	7	8	9	10	10	10	4	5	6	7	11	11
	吉　林	5	14	11	12	12	12	19	20	21	22	20	18
	黑龙江	11	11	14	13	11	13	16	17	20	20	21	20

表 2　2009—2014 各地区政策环境、文化环境因子排序

地区		政策环境						文化环境					
		2009	2010	2011	2012	2013	2014	2009	2010	2011	2012	2013	2014
东部地区	北　京	3	3	1	3	3	2	2	25	4	3	29	18
	天　津	17	19	20	22	25	26	29	29	7	22	25	17
	河　北	20	18	28	25	28	27	22	16	14	13	3	23
	上　海	14	14	10	11	14	11	1	24	2	30	24	1
	江　苏	1	1	5	1	1	1	4	15	5	2	2	2
	浙　江	2	2	11	2	2	3	11	20	9	24	17	6
	福　建	30	30	30	30	30	30	23	23	10	27	16	4
	山　东	6	4	6	5	5	5	6	4	8	23	1	5
	广　东	15	16	21	19	19	20	3	30	17	29	30	7
	海　南	7	6	3	8	8	10	26	17	1	4	27	21

续表

地区		政策环境						文化环境					
		2009	2010	2011	2012	2013	2014	2009	2010	2011	2012	2013	2014
中部地区	山　西	23	27	16	26	24	24	14	7	24	25	13	22
	安　徽	16	13	23	13	6	6	27	19	18	28	23	8
	江　西	18	25	27	24	23	25	10	11	15	18	26	3
	河　南	28	28	26	18	18	18	5	10	13	7	5	25
	湖　北	13	15	14	15	15	15	16	13	23	15	6	14
	湖　南	19	21	25	29	26	23	18	5	16	14	7	12
西部地区	内蒙古	22	20	18	27	27	28	15	1	6	16	11	13
	广　西	25	24	24	21	22	19	17	22	19	8	14	16
	重　庆	27	26	29	28	29	29	21	27	11	1	28	20
	四　川	8	7	7	6	7	7	7	6	27	12	9	10
	贵　州	26	22	17	23	20	22	9	9	28	9	18	24
	云　南	10	10	8	9	12	14	30	26	12	21	21	19
	陕　西	4	5	2	4	4	4	28	2	22	17	22	9
	甘　肃	11	11	9	12	11	13	19	8	20	19	12	27
	青　海	24	17	22	17	16	16	13	3	30	5	20	29
	宁　夏	29	29	19	20	21	21	24	12	29	10	4	30
	新　疆	21	23	15	16	17	17	25	28	25	11	15	28
东北地区	辽　宁	12	12	12	14	13	12	20	18	3	26	19	11
	吉　林	5	8	4	7	9	9	8	21	21	6	8	15
	黑龙江	9	9	13	10	10	8	12	14	26	20	10	26

附录3：续表5－4（1）

地区		2011				2012			
		耦合度	协调度	耦合阶段	协调程度	耦合度	协调度	耦合阶段	协调程度
东部地区	北　京	0.198	0.261	低水平	中度失调	0.312	0.358	拮抗	轻度失调
	天　津	0.398	0.398	拮抗	轻度失调	0.408	0.408	拮抗	濒临失调
	河　北	0.420	0.437	拮抗	濒临失调	0.313	0.313	拮抗	轻度失调
	上　海	0.475	0.506	拮抗	勉强协调	0.276	0.343	低水平	轻度失调
	江　苏	0.607	0.611	磨合	轻度协调	0.495	0.516	拮抗	勉强协调
	浙　江	0.496	0.497	拮抗	濒临失调	0.314	0.337	拮抗	轻度失调
	福　建	0.432	0.439	拮抗	濒临失调	0.385	0.387	拮抗	轻度失调
	山　东	0.480	0.481	拮抗	濒临失调	0.332	0.354	拮抗	轻度失调
	广　东	0.576	0.587	磨合	勉强协调	0.520	0.543	磨合	勉强协调
	海　南	0.325	0.392	拮抗	轻度失调	0.317	0.361	拮抗	轻度失调
中部地区	山　西	0.350	0.379	拮抗	轻度失调	0.307	0.316	拮抗	轻度失调
	安　徽	0.398	0.412	拮抗	濒临失调	0.345	0.349	拮抗	轻度失调
	江　西	0.376	0.404	拮抗	濒临失调	0.233	0.234	低水平	中度失调
	河　南	0.425	0.431	拮抗	濒临失调	0.275	0.279	低水平	中度失调
	湖　北	0.425	0.431	拮抗	濒临失调	0.297	0.298	低水平	中度失调
	湖　南	0.439	0.455	拮抗	濒临失调	0.288	0.288	低水平	中度失调
西部地区	内蒙古	0.441	0.472	拮抗	濒临失调	0.343	0.349	拮抗	轻度失调
	广　西	0.261	0.269	低水平	中度失调	0.240	0.244	低水平	中度失调
	重　庆	0.366	0.381	拮抗	轻度失调	0.308	0.310	拮抗	轻度失调
	四　川	0.502	0.528	磨合	勉强协调	0.301	0.302	拮抗	轻度失调
	贵　州	0.251	0.285	低水平	中度失调	0.255	0.272	低水平	中度失调
	云　南	0.315	0.356	拮抗	轻度失调	0.198	0.200	低水平	严重失调

续表

地区		2011				2012			
		耦合度	协调度	耦合阶段	协调程度	耦合度	协调度	耦合阶段	协调程度
西部地区	陕 西	0.417	0.433	拮抗	濒临失调	0.377	0.382	拮抗	轻度失调
	甘 肃	0.271	0.336	低水平	轻度失调	0.257	0.289	低水平	中度失调
	青 海	0.237	0.323	低水平	轻度失调	0.213	0.265	低水平	中度失调
	宁 夏	0.279	0.345	低水平	轻度失调	0.210	0.244	低水平	中度失调
	新 疆	0.333	0.388	拮抗	轻度失调	0.396	0.462	拮抗	濒临失调
东北地区	辽 宁	0.477	0.477	拮抗	濒临失调	0.335	0.343	拮抗	轻度失调
	吉 林	0.342	0.360	拮抗	轻度失调	0.352	0.371	拮抗	轻度失调
	黑龙江	0.342	0.353	拮抗	轻度失调	0.298	0.299	低水平	中度失调

续表 5-4（2）

地区		2013				2014			
		耦合度	协调度	耦合阶段	协调程度	耦合度	协调度	耦合阶段	协调程度
东部地区	北 京	0.208	0.257	低水平	中度失调	0.621	0.639	磨合	轻度协调
	天 津	0.336	0.340	拮抗	轻度失调	0.463	0.465	拮抗	濒临失调
	河 北	0.325	0.327	拮抗	轻度失调	0.308	0.323	拮抗	轻度失调
	上 海	0.294	0.345	低水平	轻度失调	0.424	0.477	拮抗	濒临失调
	江 苏	0.498	0.516	拮抗	勉强协调	0.597	0.602	磨合	轻度协调
	浙 江	0.434	0.436	拮抗	濒临失调	0.575	0.576	磨合	勉强协调
	福 建	0.386	0.386	拮抗	轻度失调	0.473	0.485	拮抗	濒临失调
	山 东	0.516	0.523	磨合	勉强协调	0.481	0.481	拮抗	濒临失调
	广 东	0.468	0.487	拮抗	濒临失调	0.608	0.618	磨合	轻度协调
	海 南	0.295	0.340	低水平	轻度失调	0.304	0.315	拮抗	轻度失调

续表

地区		2013				2014			
		耦合度	协调度	耦合阶段	协调程度	耦合度	协调度	耦合阶段	协调程度
中部地区	山　西	0. 279	0. 279	低水平	中度失调	0. 226	0. 249	低水平	中度失调
	安　徽	0. 387	0. 387	拮抗	轻度失调	0. 342	0. 371	拮抗	轻度失调
	江　西	0. 328	0. 328	拮抗	轻度失调	0. 324	0. 366	拮抗	轻度失调
	河　南	0. 411	0. 415	拮抗	濒临失调	0. 390	0. 418	拮抗	濒临失调
	湖　北	0. 350	0. 354	拮抗	轻度失调	0. 383	0. 389	拮抗	轻度失调
	湖　南	0. 323	0. 330	拮抗	轻度失调	0. 318	0. 332	拮抗	轻度失调
西部地区	内蒙古	0. 288	0. 288	低水平	中度失调	0. 361	0. 383	拮抗	轻度失调
	广　西	0. 278	0. 278	低水平	中度失调	0. 210	0. 248	低水平	中度失调
	重　庆	0. 302	0. 303	拮抗	轻度失调	0. 329	0. 334	拮抗	轻度失调
	四　川	0. 311	0. 319	拮抗	轻度失调	0. 366	0. 379	拮抗	轻度失调
	贵　州	0. 310	0. 328	拮抗	轻度失调	0. 240	0. 296	低水平	中度失调
	云　南	0. 219	0. 219	低水平	中度失调	0. 227	0. 269	低水平	中度失调
	陕　西	0. 421	0. 423	拮抗	濒临失调	0. 373	0. 410	拮抗	濒临失调
	甘　肃	0. 294	0. 319	低水平	轻度失调	0. 193	0. 282	低水平	中度失调
	青　海	0. 196	0. 249	低水平	中度失调	0. 239	0. 315	低水平	轻度失调
	宁　夏	0. 201	0. 226	低水平	中度失调	0. 223	0. 253	低水平	中度失调
	新　疆	0. 421	0. 477	拮抗	濒临失调	0. 267	0. 346	低水平	轻度失调
东北地区	辽　宁	0. 355	0. 360	拮抗	轻度失调	0. 388	0. 388	拮抗	轻度失调
	吉　林	0. 248	0. 248	低水平	中度失调	0. 207	0. 208	低水平	中度失调
	黑龙江	0. 239	0. 240	低水平	中度失调	0. 183	0. 183	低水平	严重失调

续表 5－5（1）

地区		2011				2012			
		耦合度	协调度	耦合阶段	协调程度	耦合度	协调度	耦合阶段	协调程度
东部地区	北 京	0.211	0.284	低水平	中度失调	0.313	0.361	拮抗	轻度失调
	天 津	0.355	0.357	拮抗	轻度失调	0.362	0.364	拮抗	轻度失调
	河 北	0.345	0.376	拮抗	轻度失调	0.251	0.257	低水平	中度失调
	上 海	0.425	0.441	拮抗	濒临失调	0.256	0.309	低水平	轻度失调
	江 苏	0.404	0.409	拮抗	濒临失调	0.319	0.319	拮抗	轻度失调
	浙 江	0.455	0.455	拮抗	濒临失调	0.280	0.293	低水平	中度失调
	福 建	0.393	0.406	拮抗	濒临失调	0.347	0.353	拮抗	轻度失调
	山 东	0.325	0.332	拮抗	轻度失调	0.205	0.205	低水平	中度失调
	广 东	0.394	0.395	拮抗	轻度失调	0.339	0.339	拮抗	轻度失调
	海 南	0.353	0.413	拮抗	濒临失调	0.325	0.367	拮抗	轻度失调
中部地区	山 西	0.385	0.407	拮抗	濒临失调	0.325	0.332	拮抗	轻度失调
	安 徽	0.340	0.364	拮抗	轻度失调	0.287	0.298	低水平	中度失调
	江 西	0.286	0.334	低水平	轻度失调	0.172	0.180	低水平	严重失调
	河 南	0.346	0.362	拮抗	轻度失调	0.205	0.205	低水平	中度失调
	湖 北	0.321	0.342	拮抗	轻度失调	0.222	0.223	低水平	中度失调
	湖 南	0.270	0.319	低水平	轻度失调	0.152	0.163	低水平	严重失调
西部地区	内蒙古	0.322	0.379	拮抗	轻度失调	0.233	0.258	低水平	中度失调
	广 西	0.246	0.256	低水平	中度失调	0.227	0.233	低水平	中度失调
	重 庆	0.456	0.460	拮抗	濒临失调	0.368	0.368	拮抗	轻度失调
	四 川	0.474	0.504	拮抗	勉强协调	0.289	0.289	低水平	中度失调
	贵 州	0.308	0.329	拮抗	轻度失调	0.270	0.283	低水平	中度失调
	云 南	0.398	0.422	拮抗	濒临失调	0.238	0.238	低水平	中度失调

续表

地区		2011				2012			
		耦合度	协调度	耦合阶段	协调程度	耦合度	协调度	耦合阶段	协调程度
西部地区	陕　西	0.335	0.367	拮抗	轻度失调	0.289	0.307	低水平	轻度失调
	甘　肃	0.319	0.373	拮抗	轻度失调	0.280	0.307	低水平	轻度失调
	青　海	0.384	0.436	拮抗	濒临失调	0.338	0.363	拮抗	轻度失调
	宁　夏	0.481	0.504	拮抗	勉强协调	0.386	0.390	拮抗	轻度失调
	新　疆	0.404	0.443	拮抗	濒临失调	0.464	0.515	拮抗	勉强协调
东北地区	辽　宁	0.327	0.344	拮抗	轻度失调	0.223	0.224	低水平	中度失调
	吉　林	0.231	0.272	低水平	中度失调	0.204	0.255	低水平	中度失调
	黑龙江	0.238	0.269	低水平	中度失调	0.204	0.217	低水平	中度失调

续表 5-5（2）

地区		2013				2014			
		耦合度	协调度	耦合阶段	协调程度	耦合度	协调度	耦合阶段	协调程度
东部地区	北　京	0.236	0.306	低水平	轻度失调	0.583	0.594	磨合	勉强协调
	天　津	0.300	0.301	低水平	轻度失调	0.425	0.429	拮抗	濒临失调
	河　北	0.244	0.244	低水平	中度失调	0.314	0.328	拮抗	轻度失调
	上　海	0.287	0.334	低水平	轻度失调	0.343	0.365	拮抗	轻度失调
	江　苏	0.332	0.332	拮抗	轻度失调	0.398	0.403	拮抗	濒临失调
	浙　江	0.407	0.407	拮抗	濒临失调	0.445	0.449	拮抗	濒临失调
	福　建	0.350	0.352	拮抗	轻度失调	0.449	0.464	拮抗	濒临失调
	山　东	0.308	0.314	拮抗	轻度失调	0.316	0.331	拮抗	轻度失调
	广　东	0.341	0.342	拮抗	轻度失调	0.409	0.411	拮抗	濒临失调
	海　南	0.357	0.389	拮抗	轻度失调	0.303	0.315	拮抗	轻度失调

续表

地区		2013				2014			
		耦合度	协调度	耦合阶段	协调程度	耦合度	协调度	耦合阶段	协调程度
中部地区	山　西	0.288	0.288	低水平	中度失调	0.348	0.352	拮抗	轻度失调
	安　徽	0.292	0.299	低水平	中度失调	0.375	0.398	拮抗	轻度失调
	江　西	0.233	0.243	低水平	中度失调	0.348	0.384	拮抗	轻度失调
	河　南	0.266	0.270	低水平	中度失调	0.348	0.385	拮抗	轻度失调
	湖　北	0.250	0.251	低水平	中度失调	0.315	0.330	拮抗	轻度失调
	湖　南	0.164	0.171	低水平	严重失调	0.214	0.249	低水平	中度失调
西部地区	内蒙古	0.207	0.215	低水平	中度失调	0.303	0.336	拮抗	轻度失调
	广　西	0.234	0.236	低水平	中度失调	0.314	0.330	拮抗	轻度失调
	重　庆	0.351	0.351	拮抗	轻度失调	0.372	0.373	拮抗	轻度失调
	四　川	0.284	0.287	低水平	中度失调	0.408	0.416	拮抗	濒临失调
	贵　州	0.317	0.333	拮抗	轻度失调	0.343	0.376	拮抗	轻度失调
	云　南	0.236	0.237	低水平	中度失调	0.382	0.394	拮抗	轻度失调
	陕　西	0.327	0.341	拮抗	轻度失调	0.403	0.434	拮抗	濒临失调
	甘　肃	0.319	0.339	拮抗	轻度失调	0.420	0.459	拮抗	濒临失调
	青　海	0.367	0.384	拮抗	轻度失调	0.511	0.530	磨合	勉强协调
	宁　夏	0.391	0.391	拮抗	轻度失调	0.421	0.423	拮抗	濒临失调
	新　疆	0.493	0.533	拮抗	勉强协调	0.468	0.503	拮抗	勉强协调
东北地区	辽　宁	0.244	0.245	低水平	中度失调	0.296	0.300	低水平	中度失调
	吉　林	0.164	0.171	低水平	严重失调	0.179	0.183	低水平	严重失调
	黑龙江	0.187	0.188	低水平	严重失调	0.173	0.173	低水平	严重失调

续表 5－6（1）

地区		2011				2012			
		耦合度	协调度	耦合阶段	协调程度	耦合度	协调度	耦合阶段	协调程度
东部地区	北　京	0.220	0.302	低水平	轻度失调	0.358	0.432	拮抗	濒临失调
	天　津	0.418	0.418	拮抗	濒临失调	0.350	0.353	拮抗	轻度失调
	河　北	0.456	0.467	拮抗	濒临失调	0.283	0.286	低水平	中度失调
	上　海	0.395	0.405	拮抗	濒临失调	0.179	0.194	低水平	严重失调
	江　苏	0.534	0.534	磨合	勉强协调	0.441	0.450	拮抗	濒临失调
	浙　江	0.446	0.446	拮抗	濒临失调	0.222	0.224	低水平	中度失调
	福　建	0.431	0.438	拮抗	濒临失调	0.261	0.280	低水平	中度失调
	山　东	0.461	0.461	拮抗	濒临失调	0.246	0.249	低水平	中度失调
	广　东	0.413	0.413	拮抗	濒临失调	0.313	0.314	拮抗	轻度失调
	海　南	0.664	0.671	磨合	轻度协调	0.449	0.467	拮抗	濒临失调
中部地区	山　西	0.436	0.450	拮抗	濒临失调	0.272	0.288	低水平	中度失调
	安　徽	0.447	0.454	拮抗	濒临失调	0.276	0.290	低水平	中度失调
	江　西	0.469	0.482	拮抗	濒临失调	0.240	0.241	低水平	中度失调
	河　南	0.436	0.441	拮抗	濒临失调	0.256	0.257	低水平	中度失调
	湖　北	0.432	0.437	拮抗	濒临失调	0.287	0.288	低水平	中度失调
	湖　南	0.473	0.484	拮抗	濒临失调	0.265	0.265	低水平	中度失调
西部地区	内蒙古	0.544	0.559	磨合	勉强协调	0.307	0.318	拮抗	轻度失调
	广　西	0.349	0.349	拮抗	轻度失调	0.293	0.294	低水平	中度失调
	重　庆	0.436	0.442	拮抗	濒临失调	0.399	0.400	拮抗	轻度失调
	四　川	0.533	0.554	磨合	勉强协调	0.302	0.303	拮抗	轻度失调
	贵　州	0.361	0.373	拮抗	轻度失调	0.323	0.329	拮抗	轻度失调
	云　南	0.523	0.529	磨合	勉强协调	0.221	0.222	低水平	中度失调

续表

地区		2011				2012			
		耦合度	协调度	耦合阶段	协调程度	耦合度	协调度	耦合阶段	协调程度
西部地区	陕 西	0.536	0.539	磨合	勉强协调	0.409	0.412	拮抗	濒临失调
	甘 肃	0.537	0.550	磨合	勉强协调	0.358	0.370	拮抗	轻度失调
	青 海	0.146	0.246	低水平	中度失调	0.391	0.406	拮抗	濒临失调
	宁 夏	0.409	0.445	拮抗	濒临失调	0.321	0.332	拮抗	轻度失调
	新 疆	0.469	0.496	拮抗	濒临失调	0.473	0.522	拮抗	勉强协调
东北地区	辽 宁	0.496	0.496	拮抗	濒临失调	0.245	0.245	低水平	中度失调
	吉 林	0.491	0.492	拮抗	濒临失调	0.430	0.438	拮抗	濒临失调
	黑龙江	0.393	0.398	拮抗	轻度失调	0.298	0.299	低水平	中度失调

续表 5－6（2）

地区		2013				2014			
		耦合度	协调度	耦合阶段	协调程度	耦合度	协调度	耦合阶段	协调程度
东部地区	北 京	0.249	0.329	低水平	轻度失调	0.564	0.572	磨合	勉强协调
	天 津	0.298	0.298	低水平	中度失调	0.386	0.395	拮抗	轻度失调
	河 北	0.270	0.270	低水平	中度失调	0.321	0.334	拮抗	轻度失调
	上 海	0.235	0.257	低水平	中度失调	0.273	0.278	低水平	中度失调
	江 苏	0.447	0.456	拮抗	濒临失调	0.553	0.555	磨合	勉强协调
	浙 江	0.371	0.371	拮抗	轻度失调	0.504	0.504	磨合	勉强协调
	福 建	0.308	0.313	拮抗	轻度失调	0.334	0.370	拮抗	轻度失调
	山 东	0.434	0.435	拮抗	濒临失调	0.481	0.481	拮抗	濒临失调
	广 东	0.305	0.305	拮抗	轻度失调	0.397	0.400	拮抗	轻度失调
	海 南	0.347	0.381	拮抗	轻度失调	0.384	0.386	拮抗	轻度失调

续表

地区		2013				2014			
		耦合度	协调度	耦合阶段	协调程度	耦合度	协调度	耦合阶段	协调程度
中部地区	山　西	0.281	0.281	低水平	中度失调	0.335	0.340	拮抗	轻度失调
	安　徽	0.352	0.353	拮抗	轻度失调	0.515	0.519	磨合	勉强协调
	江　西	0.262	0.268	低水平	中度失调	0.372	0.403	拮抗	濒临失调
	河　南	0.313	0.314	拮抗	轻度失调	0.452	0.469	拮抗	濒临失调
	湖　北	0.327	0.329	拮抗	轻度失调	0.416	0.418	拮抗	濒临失调
	湖　南	0.276	0.277	低水平	中度失调	0.359	0.367	拮抗	轻度失调
西部地区	内蒙古	0.252	0.254	低水平	中度失调	0.335	0.362	拮抗	轻度失调
	广　西	0.265	0.265	低水平	中度失调	0.375	0.383	拮抗	轻度失调
	重　庆	0.249	0.254	低水平	中度失调	0.295	0.304	低水平	轻度失调
	四　川	0.296	0.301	低水平	轻度失调	0.486	0.487	拮抗	濒临失调
	贵　州	0.323	0.339	拮抗	轻度失调	0.408	0.428	拮抗	濒临失调
	云　南	0.227	0.228	低水平	中度失调	0.418	0.425	拮抗	濒临失调
	陕　西	0.436	0.438	拮抗	濒临失调	0.593	0.597	磨合	勉强协调
	甘　肃	0.390	0.399	拮抗	轻度失调	0.516	0.537	磨合	勉强协调
	青　海	0.319	0.345	拮抗	轻度失调	0.475	0.500	拮抗	濒临失调
	宁　夏	0.311	0.318	拮抗	轻度失调	0.355	0.362	拮抗	轻度失调
	新　疆	0.475	0.519	拮抗	勉强协调	0.500	0.529	拮抗	勉强协调
东北地区	辽　宁	0.298	0.298	低水平	中度失调	0.363	0.363	拮抗	轻度失调
	吉　林	0.286	0.288	低水平	中度失调	0.299	0.302	低水平	轻度失调
	黑龙江	0.263	0.266	低水平	中度失调	0.256	0.266	低水平	中度失调

续表 5－7（1）

地区		2011				2012			
		耦合度	协调度	耦合阶段	协调程度	耦合度	协调度	耦合阶段	协调程度
东部地区	北　京	0.736	0.737	磨合	中度协调	0.789	0.793	磨合	中度协调
	天　津	0.359	0.362	拮抗	轻度失调	0.302	0.302	拮抗	轻度失调
	河　北	0.251	0.256	低水平	中度失调	0.210	0.211	低水平	中度失调
	上　海	0.589	0.590	磨合	勉强协调	0.451	0.465	拮抗	濒临失调
	江　苏	0.421	0.429	拮抗	濒临失调	0.428	0.439	拮抗	濒临失调
	浙　江	0.447	0.447	拮抗	濒临失调	0.339	0.344	拮抗	轻度失调
	福　建	0.302	0.303	拮抗	轻度失调	0.201	0.205	低水平	中度失调
	山　东	0.341	0.352	拮抗	轻度失调	0.254	0.256	低水平	中度失调
	广　东	0.374	0.374	拮抗	轻度失调	0.315	0.315	拮抗	轻度失调
	海　南	0.286	0.314	拮抗	轻度失调	0.217	0.223	低水平	中度失调
中部地区	山　西	0.269	0.270	低水平	中度失调	0.202	0.204	低水平	中度失调
	安　徽	0.263	0.268	低水平	中度失调	0.184	0.184	低水平	严重失调
	江　西	0.204	0.217	低水平	中度失调	0.159	0.163	低水平	中度失调
	河　南	0.283	0.287	低水平	中度失调	0.239	0.241	低水平	中度失调
	湖　北	0.258	0.264	低水平	中度失调	0.246	0.250	低水平	中度失调
	湖　南	0.199	0.214	低水平	中度失调	0.153	0.165	低水平	严重失调
西部地区	内蒙古	0.232	0.248	低水平	中度失调	0.158	0.161	低水平	严重失调
	广　西	0.234	0.242	低水平	中度失调	0.212	0.216	低水平	中度失调
	重　庆	0.360	0.360	拮抗	轻度失调	0.398	0.398	拮抗	轻度失调
	四　川	0.320	0.321	拮抗	轻度失调	0.328	0.328	拮抗	轻度失调
	贵　州	0.213	0.214	低水平	中度失调	0.205	0.207	低水平	中度失调
	云　南	0.318	0.324	拮抗	轻度失调	0.214	0.214	低水平	中度失调

续表

地区		2011				2012			
		耦合度	协调度	耦合阶段	协调程度	耦合度	协调度	耦合阶段	协调程度
西部地区	陕　西	0.290	0.306	拮抗	轻度失调	0.246	0.253	低水平	中度失调
	甘　肃	0.234	0.249	低水平	中度失调	0.192	0.195	低水平	严重失调
	青　海	0.069	0.085	低水平	极度失调	0.228	0.229	低水平	中度失调
	宁　夏	0.263	0.265	低水平	中度失调	0.263	0.265	低水平	中度失调
	新　疆	0.250	0.251	低水平	中度失调	0.243	0.243	低水平	中度失调
东北地区	辽　宁	0.315	0.328	拮抗	轻度失调	0.221	0.222	低水平	中度失调
	吉　林	0.208	0.237	低水平	中度失调	0.156	0.177	低水平	严重失调
	黑龙江	0.191	0.203	低水平	中度失调	0.181	0.187	低水平	严重失调

续表 5-7（2）

地区		2013				2014			
		耦合度	协调度	耦合阶段	协调程度	耦合度	协调度	耦合阶段	协调程度
东部地区	北　京	0.754	0.755	磨合	中度协调	0.740	0.740	磨合	中度协调
	天　津	0.329	0.329	拮抗	轻度失调	0.315	0.315	拮抗	轻度失调
	河　北	0.240	0.240	低水平	中度失调	0.211	0.211	低水平	中度失调
	上　海	0.532	0.537	拮抗	勉强协调	0.452	0.458	拮抗	濒临失调
	江　苏	0.438	0.448	拮抗	濒临失调	0.445	0.457	拮抗	濒临失调
	浙　江	0.399	0.399	拮抗	轻度失调	0.421	0.423	拮抗	濒临失调
	福　建	0.266	0.267	低水平	中度失调	0.231	0.236	低水平	中度失调
	山　东	0.326	0.336	拮抗	轻度失调	0.311	0.325	拮抗	轻度失调
	广　东	0.332	0.333	拮抗	轻度失调	0.343	0.343	拮抗	轻度失调
	海　南	0.191	0.191	低水平	严重失调	0.258	0.262	低水平	中度失调

续表

地区		2013				2014			
		耦合度	协调度	耦合阶段	协调程度	耦合度	协调度	耦合阶段	协调程度
中部地区	山 西	0.276	0.276	低水平	中度失调	0.272	0.273	低水平	中度失调
	安 徽	0.257	0.259	低水平	中度失调	0.316	0.323	拮抗	轻度失调
	江 西	0.171	0.172	低水平	严重失调	0.194	0.194	低水平	严重失调
	河 南	0.251	0.253	低水平	中度失调	0.234	0.238	低水平	中度失调
	湖 北	0.292	0.297	低水平	中度失调	0.267	0.273	低水平	中度失调
	湖 南	0.185	0.198	低水平	严重失调	0.159	0.170	低水平	严重失调
西部地区	内蒙古	0.173	0.175	低水平	严重失调	0.171	0.171	低水平	严重失调
	广 西	0.225	0.226	低水平	中度失调	0.238	0.239	低水平	中度失调
	重 庆	0.265	0.273	低水平	中度失调	0.262	0.265	低水平	中度失调
	四 川	0.367	0.367	拮抗	轻度失调	0.370	0.373	拮抗	轻度失调
	贵 州	0.204	0.204	低水平	中度失调	0.219	0.220	低水平	中度失调
	云 南	0.257	0.257	低水平	中度失调	0.295	0.296	低水平	中度失调
	陕 西	0.290	0.296	低水平	中度失调	0.338	0.350	拮抗	轻度失调
	甘 肃	0.238	0.240	低水平	中度失调	0.280	0.282	低水平	中度失调
	青 海	0.208	0.209	低水平	中度失调	0.321	0.322	拮抗	轻度失调
	宁 夏	0.294	0.298	低水平	中度失调	0.318	0.320	拮抗	轻度失调
	新 疆	0.267	0.267	低水平	中度失调	0.289	0.289	低水平	中度失调
东北地区	辽 宁	0.260	0.262	低水平	中度失调	0.290	0.293	低水平	中度失调
	吉 林	0.192	0.206	低水平	中度失调	0.222	0.237	低水平	中度失调
	黑龙江	0.234	0.240	低水平	中度失调	0.256	0.266	低水平	中度失调

附录4：Hausman 检验结果

EViews - [Pool: POOL01 Workfile: UNTITLED::Untitled\]

File Edit Object View Proc Quick Options Window Help

View Proc Object Print Name Freeze Estimate Define PoolGenr Sheet

Correlated Random Effects - Hausman Test
Pool: POOL01
Test cross-section random effects

Test Summary	Chi-Sq. Statistic	Chi-Sq. d.f.	Prob.
Cross-section random	0.000000	4	1.0000

* Cross-section test variance is invalid. Hausman statistic set to zero.
** Warning: robust standard errors may not be consistent with assumptions of Hausman test variance calculation.

附录 5：$\ln Y_{i,t-1}$、FD_{it}、TI_{it} 三个变量的面板单位根检验结果

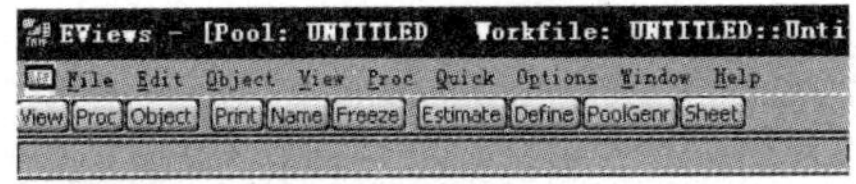

Pool unit root test: Summary
Series: LNY1_HLJ, LNY1_XJ, LNY1_SX, LNY1_NX, LNY1_SD, LNY1_HN, LNY1_JS, LNY1_AH, LNY1_HB, LNY1_ZJ, LNY1_JX, LNY1_YN, LNY1_GZ, LNY1_FJ, LNY1_GX, LNY1_GD, LNY1_JL, LNY1_LN, LNY1_TJ, LNY1_QH, LNY1_GS, LNY1_NMG, LNY1_CQ, LNY1_SH, LNY1_BJ, LNY1_SC
Date: 11/27/17 Time: 15:43
Sample: 2009 2014
Exogenous variables: Individual effects, individual linear trends
Automatic selection of maximum lags
Automatic selection of lags based on SIC: 0
Newey-West bandwidth selection using Bartlett kernel
Balanced observations for each test

Method	Statistic	Prob.**	Cross-sections	Obs
Null: Unit root (assumes common unit root process)				
Levin, Lin & Chu t*	-220.927	0.0000	26	130
Breitung t-stat	1.41215	0.9210	26	104
Null: Unit root (assumes individual unit root process)				
Im, Pesaran and Shin W-stat	-31.8773	0.0000	26	130
ADF - Fisher Chi-square	261.534	0.0000	26	130
PP - Fisher Chi-square	350.806	0.0000	26	130

** Probabilities for Fisher tests are computed using an asymptotic Chi-square distribution. All other tests assume asymptotic normality.

Pool unit root test: Summary
Series: FD_HLJ, FD_XJ, FD_SX, FD_NX, FD_SD, FD_HN, FD_JS, FD_AH, FD_HB, FD_ZJ, FD_JX, FD_YN, FD_GZ, FD_FJ, FD_GX, FD_GD, FD_JL, FD_LN, FD_TJ, FD_QH, FD_GS, FD_NMG, FD_CQ, FD_SH, FD_BJ, FD_SC
Date: 11/27/17 Time: 15:47
Sample: 2009 2014
Exogenous variables: Individual effects, individual linear trends
Automatic selection of maximum lags
Automatic selection of lags based on SIC: 0
Newey-West bandwidth selection using Bartlett kernel
Balanced observations for each test

Method	Statistic	Prob.**	Cross-sections	Obs
Null: Unit root (assumes common unit root process)				
Levin, Lin & Chu t*	-21.8075	0.0000	26	130
Breitung t-stat	3.32890	0.9996	26	104
Null: Unit root (assumes individual unit root process)				
Im, Pesaran and Shin W-stat	-1.73021	0.0418	26	130
ADF - Fisher Chi-square	93.0557	0.0004	26	130
PP - Fisher Chi-square	173.494	0.0000	26	130

** Probabilities for Fisher tests are computed using an asymptotic Chi-square distribution. All other tests assume asymptotic normality.

Pool unit root test: Summary
Series: TI_HLJ, TI_XJ, TI_SX, TI_NX, TI_SD, TI_HN, TI_JS, TI_AH, TI_HB, TI_ZJ, TI_JX, TI_YN, TI_GZ, TI_FJ, TI_GX, TI_GD, TI_JL, TI_LN, TI_TJ, TI_QH, TI_GS, TI_NMG, TI_CQ, TI_SH, TI_BJ, TI_SC
Date: 11/27/17 Time: 15:50
Sample: 2009 2014
Exogenous variables: Individual effects, individual linear trends
Automatic selection of maximum lags
Automatic selection of lags based on SIC: 0
Newey-West bandwidth selection using Bartlett kernel
Balanced observations for each test

Method	Statistic	Prob.**	Cross-sections	Obs
Null: Unit root (assumes common unit root process)				
Levin, Lin & Chu t*	-17.8809	0.0000	26	130
Breitung t-stat	-0.96327	0.1677	26	104
Null: Unit root (assumes individual unit root process)				
Im, Pesaran and Shin W-stat	-0.82735	0.2040	26	130
ADF - Fisher Chi-square	74.8433	0.0207	26	130
PP - Fisher Chi-square	135.384	0.0000	26	130

** Probabilities for Fisher tests are computed using an asymptotic Chi-square distribution. All other tests assume asymptotic normality.

附录 6：空间面板数据模型回归结果

基于相邻空间权重矩阵的回归结果

```
Random-effects ML regression                    Number of obs      =       180
Group variable: panelvar                        Number of groups   =        30

Random effects u_i ~ Gaussian                   Obs per group: min =         6
                                                               avg =       6.0
                                                               max =         6

                                                LR chi2(12)        =    162.89
Log likelihood  =  141.02087                    Prob > chi2        =    0.0000

------------------------------------------------------------------------------
         LNY |      Coef.   Std. Err.      z    P>|z|     [95% Conf. Interval]
-------------+----------------------------------------------------------------
        LNY1 |   .2789828   .0394174     7.08   0.000     .2017261    .3562396
          FD |   .7077099   .3692613     1.92   0.055    -.0160289    1.431449
          TI |   .3574629   .2357103     1.52   0.129    -.1045207    .8194466
        FDTI |  -.8073254   .5298306    -1.52   0.128    -1.845774    .2311236
         LNK |   .4702718   .0565367     8.32   0.000     .3594619    .5810817
         LNH |   .0349597   .0211486     1.65   0.098    -.0064907    .0764102
          EC |   .4269036   .1347782     3.17   0.002     .1627432     .691064
       WqLNY |    .433484   .0962844     4.50   0.000       .24477     .622198
      WqLNY1 |  -.3251305   .0659979    -4.93   0.000     -.454484   -.1957769
        WqFD |    2.07888   .6490611     3.20   0.001     .8067438    3.351017
        WqTI |   1.681805   .4748093     3.54   0.000     .7511956    2.612414
      WqFDTI |  -3.819252   1.123082    -3.40   0.001    -6.020452   -1.618052
       _cons |   -6.12751   .5236511   -11.70   0.000    -7.153847   -5.101172
-------------+----------------------------------------------------------------
    /sigma_u |   .2151858   .0424909                      .1461282    .3168786
    /sigma_e |   .0806927   .0051971                      .0711233    .0915497
         rho |   .8767176   .0491384                       .753747    .9485695
------------------------------------------------------------------------------
Likelihood-ratio test of sigma_u=0: chibar2(01)=    75.80 Prob>=chibar2 = 0.000
```

基于距离空间权重矩阵的回归结果

```
Random-effects ML regression                    Number of obs      =       180
Group variable: panelvar                        Number of groups   =        30

Random effects u_i ~ Gaussian                   Obs per group: min =         6
                                                               avg =       6.0
                                                               max =         6

                                                LR chi2(12)        =    729.99
Log likelihood  =   131.7067                    Prob > chi2        =    0.0000
```

LNY	Coef.	Std. Err.	z	P>|z|	[95% Conf.	Interval]
LNY1	.2438433	.0418897	5.82	0.000	.1617411	.3259456
FD	.1936454	.3825614	0.51	0.613	-.5561612	.943452
TI	.1936343	.2348419	0.82	0.410	-.2666473	.6539159
FDTI	-.4488254	.5278112	-0.85	0.395	-1.483316	.5856656
LNK	.6007575	.0638912	9.40	0.000	.475533	.725982
LNH	-.0017932	.0221296	-0.08	0.935	-.0451663	.04158
EC	.3010823	.1347725	2.23	0.025	.036933	.5652316
WkLNY	.4654095	.1245314	3.74	0.000	.2213324	.7094866
WkLNY1	-.2919783	.0834913	-3.50	0.000	-.4556182	-.1283384
WkFD	1.507592	.740913	2.03	0.042	.0554295	2.959755
WkTI	1.05504	.5314532	1.99	0.047	.0134104	2.096669
WkFDTI	-2.41923	1.121298	-2.16	0.031	-4.616933	-.2215275
_cons	-6.226763	.7482219	-8.32	0.000	-7.693251	-4.760275
/sigma_u	.2821997	.0555111			.1919189	.4149495
/sigma_e	.0814068	.0052555			.0717313	.0923875
rho	.9231766	.03217			.8387709	.9688474

Likelihood-ratio test of sigma_u=0: chibar2(01)=   51.46 Prob>=chibar2 = 0.000

基于距离空间权重矩阵的回归结果

```
Random-effects ML regression                    Number of obs      =       180
Group variable: panelvar                        Number of groups   =        30

Random effects u_i ~ Gaussian                   Obs per group: min =         6
                                                               avg =       6.0
                                                               max =         6

                                                LR chi2(12)        =    254.99
Log likelihood  =  139.94556                    Prob > chi2        =    0.0000

------------------------------------------------------------------------------
         LNY |      Coef.   Std. Err.      z    P>|z|     [95% Conf. Interval]
-------------+----------------------------------------------------------------
        LNY1 |   .2185675   .0355315     6.15   0.000     .1489271    .2882079
          FD |   .7349818   .3681692     2.00   0.046     .0133833     1.45658
          TI |   .1290979   .2276578     0.57   0.571    -.3171031    .5752989
        FDTI |  -.2415669   .5165457    -0.47   0.640    -1.253978    .7708441
         LNK |    .630427   .0503633    12.52   0.000     .5317168    .7291372
         LNH |   .0559631   .0220823     2.53   0.011     .0126826    .0992436
          EC |   .3568734   .1274304     2.80   0.005     .1071145    .6066324
       WELNY |    20.0896    4.66866     4.30   0.000      10.9392    29.24001
      WELNY1 |  -21.51947   4.178514    -5.15   0.000    -29.70921   -13.32974
        WEFD |  -.5488446   2.238838    -0.25   0.806    -4.936887    3.839198
        WETI |   4.437235   1.998465     2.22   0.026     .5203149    8.354154
      WEFDTI |  -6.653572   5.608199    -1.19   0.235    -17.64544    4.338296
       _cons |  -7.151113   .4951169   -14.44   0.000    -8.121524   -6.180702
-------------+----------------------------------------------------------------
    /sigma_u |   .2102342   .0345811                      .1522967    .2902126
    /sigma_e |    .081639   .0049611                      .0724722    .0919653
         rho |    .868964   .0423732                      .7676316    .9347262
------------------------------------------------------------------------------
Likelihood-ratio test of sigma_u=0: chibar2(01)=  102.84 Prob>=chibar2 = 0.000
```

参考文献

[1] Aghion, P., Howitt, P. A model of growth through creative destruction [J]. Econometrica, 1992, 60 (2): 323 -351.

[2] Aigner, D. J., Lovell, C. A. K. & Schmidt, P. Formulation and estimation of stochastic frontier production furction models [J]. Journal of Econometrics, 1977, 6 (1): 21 -37.

[3] Alfaro, L., Chanda, A. & Kalemli - Ozcan, S., *et al.* Does foreign direct investment promote growth? Exploring the role of financial markets on linkages [J]. Journal of Development Economics, 2010, 91 (2): 242 -256.

[4] Allen, F., Gale, D. Arbitrage, short sales, and financial innovation [J]. Econometrica, 1991, 59 (4): 1041 -1068.

[5] Ang, J. B. Research, technological change and financial liberalization in South Korea [J]. Journal of Macroeconomics, 2010, 32 (1): 457 -468.

[6] Batabyal, A. A., Yoo, S. J. On research and development in a model of Schumpeterian economic growth in a creative region [J]. Technological Forecasting & Social Change, 2017, 115: 69 -74.

[7] Beck, T., Chen, T., Lin, C., et al. Financial Innovation: The Bright and the Dark Sides [J]. Journal of Banking & Finance, 2016, 72: 28 - 51.

[8] Benfratello, L., Schiantarelli, F. & Sembenelli, A. Banks and innovation: microeconometric evidence on italian firms [C]. Institute for the Study of Labor (IZA), 2006: 197 -217.

[9] Berger, A. N. The economic effects of technological progress: Evidence

from the banking industry [J]. Journal of Money, Credit, and Banking, 2003, 35 (2): 141-176.

[10] Bergerab, A. N. Efficiency of financial institutions: International survey and directions for future research [J]. European Journal of Operational Research, 1997, 98 (2): 175-212.

[11] Bhattacharyya, S., Nanda, V. Client Discretion, Switching Costs, and Financial Innovation [J]. Review of Financial Studies, 2000, 13 (4): 1101-1127.

[12] Caves, D. W., Christensen, L. R. & Diewert, W. E. The economic theory of index numbers and the measurement of input, output, and productivity [J]. Econometrica, 1982, 50 (6): 1393-1414.

[13] Charnes, A., Cooper, W. W. & Rhodes, E. Measuring the efficiency of decision making units [J]. European Journal of Operational Research, 1978, 2 (6): 429-444.

[14] Cheng, H., Pesaran, M. H. & Tahmiscioglu, A. K. Maximum likelihood estimation of fixed effects dynamic panel data models covering short time periods [J]. Journal of Econometrics, 2002, 109 (1): 107-150.

[15] Chowdhury, R. H., Min, M. Financial market development and the effectiveness of R&D investment: Evidence from developed and emerging countries [J]. Research in International Business & Finance, 2012, 26 (2): 258-272.

[16] Consoli, D. The dynamics of technological change in UK retail banking services: An evolutionary perspective [J]. Research Policy, 2005, 34 (4): 461-480.

[17] Das, A., Ghosh, S. Financial deregulation and efficiency: An empirical analysis of Indian banks during the post reform period [J]. Review of Financial Economics, 2006, 15 (3): 193-221.

[18] Debreu, G. The coefficiewt of resource utilisation [J]. Econometrics, 1951 (19): 273-292.

[19] Elhorst, J. P. Unconditional Maximum Likelihood Estimation of Linear

and Log – Linear Dynamic Models for Spatial Panels [J]. Geographical Analysis, 2005, 37 (1): 85 - 106.

[20] Färe, R., Grabowski, R. & Grosskopf, S. Technical Efficiency of Philippine Agriculeure [J]. Applied Economics, 1985 (17): 205 – 214.

[21] Färe, R., Grosskopf, S. & Norris, M. Productivity growth, technical progress, and efficiency change in industrialized countries: reply [J]. American Economic Review, 1994, 84 (5): 1040 – 1044.

[22] Färe, R., Grosskopf, S. & Valdmanis, V. Capacity, competiton and efficiency in hospitals: A nonparametric approach [J]. Journal of Productivity Analysis, 1989, 1 (2): 123 – 138.

[23] Farrell, M. J. The measurement of productive efficiency [J]. Journal of the Royal Statistical Society, 1957, 120 (3): 253 – 290.

[24] Finnerty, J. D. An overview of corporation securities innovation [J]. Journal of Applied Corporate Finance , 1992 (4): 23 – 39.

[25] Frame, W. S., White, L. J. Empirical studies of financial innovation: Lost of talk , Little action? [J]. Journal of Economic Literature, 2004, 42 (1): 116 – 144.

[26] Gennaioli, N., Shleifer, A. &Vishny R. Neglected risks, financial innovation, and financial fragility [J]. Journal of Financial Economics, 2012, 104 (3): 452 – 468.

[27] George, G., Prabhu, G. N. Developmental financial institutions as technology policy instruments: implications for innovation and entrepreneurship in emerging economies [J]. Research Policy, 2003, 32 (1): 89 – 108.

[28] Goldsmith, R. W. Financial structure and development [J]. Studies in Comparative Economics, 1969, 70 (4): 31 – 45.

[29] Goodchild, R. P. Integrating GIS and spatial data analysis: problems and possibilities [J]. International Journal of Geographical Information Systems, 1993, 6 (5): 407 – 423.

[30] Greenbaum, S., Haywood, C. Secular change in the financial services

industry [J]. Journal of Money, Credit & Banking, 1973 (5): 571 - 603.

[31] Grossman, G. M., Helpman, E. Innovation and growth in the global economy [M]. Innovation and growth in the global economy. MIT Press, 1991: 323 - 324.

[32] Hyytinen, A., Toivanen, O. Do financial constraints hold back innovation and growth?: Evidence on the role of public policy [J]. Research Policy, 2005, 34 (9): 1385 - 1403.

[33] John Salter. On the interpretation of bukharin' s economic ideas [J]. Europe - Asia Studies, 1992, 44 (4): 563 - 578.

[34] Keys, B. J., Mukherjee, T. & Seru, A., et al. Did securitization lead to lax screening? Evidence from subprime loans [J]. Social Science Electronic Publishing, 2008, 125 (1): 217 - 224.

[35] Koopmans, T. C. Analysis of production as an efficient combination of activities [C]. 1951: 33 - 97.

[36] Laeven, L., Levine, R., & Michalopoulos, S. Financial innovation and endogenous growth [C]. CEPR Discussion Papers, 2012.

[37] Laeven, L., Levine, R. & Michalopoulos, S. Financial innovation and endogenous growth [J]. Journal of Financial lntermediation, 2015, 24 (1): 1 - 24.

[38] Levine, R. Financial development and economic growth: Views and Agenda [J]. Social Science Electronic Publishing, 1997, 35 (2): 688 - 726.

[39] Li, S. Future trends and challenges of financial risk management in the digital economy [J]. Managerial Finance, 2003, 29 (5/6): 81 - 82.

[40] Lucas Robert E Jr. On the mechanics of economic development [J]. Journal of Monetary Economics, 1999, 22 (1): 3 - 42.

[41] Meersen, W., Broeck, J. Van Den. Efficiency Estimation from Cobb - Douglas Production Functions with Composed Error [J]. International Economic Peview, 1977, 18 (2): 435 - 444.

[42] Morgan, J. Q. Money and capital in economic development [M]. Brookings Institution, 1973.

[43] Murphy, K. M. , Andrei, S. & Robert, W. V. Income distribution, Market size, and Industrialization [J]. Quarterly Journal of Economica, 1989a (104): 537 -564.

[44] Murphy, K. M. , Andrei, S. & Robert, W. V. Industrialization and big push [J]. Journal of Political Economy, 1989b (5): 1003 -1026.

[45] Niehans, J. Financial innovation, multinational banking, and monetary policy [J]. Journal of Banking & Finance, 1983, 7 (4): 537 -551.

[46] Pasiouras, F. International evidence on the impact of regulations and supervision on banks' technical efficiency: an application of two - stage data envelopment analysis [J]. Review of Quantitative Finance & Accounting, 2008, 30 (2): 187 -223.

[47] Pasiouras, F. Estimating the technical and scale efficiency of Greek commercial banks: The impact of credit risk, off - balance sheet activities, and international operations [J]. Research in International Business & Finance, 2008, 22 (3): 301 -318.

[48] Po - Hsuan, Hsu. , Xuan, T. & Yan, X. Financial development and innovation: Cross - country evidence [J]. Journal of Financial Economics, 2014, 112 (1): 116 -135.

[49] Pradhan, R. P. , Arvin, M. B. , & Bahmani, S. Are innovation and financial development causative factors in economic growth? Evidence from a panel granger causality test [J]. Technological Forecasting & Social Change, 2018.

[50] Revilla, A. J. , Fernάndez, Z. The relation between firm size and R&D productivity in different technological regimes [J]. Technovation, 2012, 32 (11): 609 -623.

[51] Riddel, M. , Schwer, R. K. Regional innovative capacity with endogenous employment: Empirical evidence from the U. S [J]. Review of Regional Studies, 2003, 33 (1): 73 -84.

[52] Romer, P. M. Endogenous technological change [J]. Journal of Political Economy, 1990, 98 (98): 71 –102.

[53] Romer, P. M. Increasing returns and long – run growth [J]. Journal of Political Economy, 1986, 94 (5): 1002 –1037.

[54] Ross, S. A. Options and Efficiency [J]. Quarterly Journal of Economics, 1976, 1 (1): 75 –89.

[55] Şener, S., Sarıdoğan, E. The Effects Of Science – Technology – Innovation On Competitiveness And Economic Growth [J]. Procedia – Social and Behavioral Sciences, 2011, 24: 815 –828.

[56] Shaw, E. S. Finaneial deepening in economie development [M]. Oxford Univ. Press, London, 1973.

[57] Smith, A. An lnquiry into the nature and causes of wealth of nations [M]. The Pennsylvania State University, 2005: 10 –18.

[58] Stulz, R. M. Financial Structure, Corporate Finance and Economic Growth [J]. International Review of Finance, 2010, 1 (1): 11 –38.

[59] Tadesse, S. A. Innovation, Information and inancial architecture [J]. Journal of Financial & Quantitative Analysis, 2006, 41 (4): 753 –786.

[60] Teakdong, K., Bonwoo, K. & Minsoo, P. Role of financial regulation and innovation in the financial crisis [J]. Journal of Financial stability, 2013, 9 (4): 662 –672.

[61] Tobler, W. R. Lattice tuning [J]. Geographical Analysis, 1979, 11 (1): 36 –44.

[62] Yang, X., Borand, J. A microeconomic mechanism for econmic growth [J]. Journal of Political Economy, 1991 (99): 460 –482.

[63] 毕克新，王筱，高巍. 基于 VIKOR 法的科技型中小企业自主创新能力评价研究 [J]. 科技进步与对策，2011，28（1）：113 – 119.

[64] 蔡昉. 全要素生产率是新常态经济增长动力 [EB/OL]. http: //theory. people. com. cn /n/c49154 –27843805. html，2015. 11. 23.

[65] 曹东勃，秦茗. 金融创新与技术创新的耦合—兼论金融危机的深层根源 [J]. 财经科学，2009（1）：8 –14.

[66] 陈岱孙，厉以宁．国际金融学说史［M］．北京：中国金融出版社，1991：691.

[67] 陈凤娣．论科技创新的运行机制［D］．博士学位论文，福建师范大学，2009.

[68] 陈强．高级计量经济学及 Stata 应用（第二版）［M］．北京：高等教育出版社，2014：575－598.

[69] 陈迅，陈军．科技进步与金融创新的互动关系研究［J］．科技管理研究，2009，29（12）：55－57.

[70] 陈云，谭淳方，俞立．科技型中小企业技术创新能力评价指标体系研究［J］．科技进步与对策，2012，29（2）：110 － 112.

[71] 陈子季．金融创新的宏观效应分析［J］金融研究，2000（5）：20－28.

[72] 戴志敏，罗峥．科技进步对金融创新活动促进研究［J］．科技管理研究，2008，28（11）：48－51.

[73] 高铁梅．计量经济分析方法与建模［M］．北京：清华大学出版社，2009.

[74] 龚雪媚，汪凌勇，董克．基于 SFA 方法的区域技术创新效率研究［J］．科技管理研究，2011（16）：57－62.

[75] 辜胜阻，洪群联，张翔．论构建支持自主创新的多层次资本市场［J］．中国软科学，2007（8）：7－13.

[76] 郭军华，倪明，李帮义．基于三阶段 DEA 模型的农业生产效率研究［J］．数量经济技术经济研究，2010（12）：27－38.

[77] 郭俊华，孙泽雨．基于因子分析法的中国高校科技创新能力评价研究［J］．科技管理研究，2016，36（3）：66 － 71.

[78] 韩东林，袁茜，李春影．我国中部地区文化制造业科技创新效率评价［J］．科技进步与对策，2016，33（17）：43－48.

[79] 贺霞，韩天锡，张丽．城市科技创新能力组合评价和贡献度分析［J］．天津理工大学学报，2010，26（3）：30 － 34.

[80] 洪银兴．科技创新路线图与创新型经济各个阶段的主体［J］．南京大学学报（哲学·人文科学·社会科学），2010，47（2）：5－11.

[81] 胡登峰，王巍．技术创新投融资金融生态环境评价指标体系的构建及应用——以安徽省为例［J］．科技进步与对策，2012，29（7）：142－147.

[82] 胡晓辉，杜德斌．科技创新城市的功能内涵、评价体系及判定标准［J］．经济地理，2011，31（10）：1625－1650.

[83] 黄国平，孔欣欣．金融促进科技创新政策和制度分析［J］．中国软科学，2009（2）：28－37.

[84] 黄木易，程志光．区域城市化与社会经济耦合协调发展度的时空特征分析［J］．经济地理，2012，32（2）：77－81.

[85] 吉生保，周小柯．基于三阶段 DEA 模型的中国高技术产业效率研究［J］．中央财经大学学报，2010（12）：62－77.

[86] 纪玉山，吴勇民，白英姿．中国经济增长中的科技创新乘数效应：微观机理与宏观测算［J］．经济学家，2008（1）：55－62.

[87] 纪玉山．现代技术创新经济学［M］．长春：长春出版社，2001：204－206.

[88] 贾明琪，刘双双，辛江龙．外商直接投资与科技创新、经济增长——基于西部 10 省面板数据的实证分析［J］．科学决策，2015（4）：21－34.

[89] 蒋瑞波．中国区域金融创新研究［D］．博士学位论文，浙江大学，2014.

[90] 蒋岳祥，蒋瑞波．区域金融创新：效率评价、环境影响与差异分析［J］．浙江大学学报，2013，43（4）：52－65.

[91] 金欣雪．我国金融生态评价及运行效率研究［D］．博士学位论文，中央财经大学，2015.

[92] 卡萝塔·佩蕾丝．技术革命与金融资本：泡沫与黄金时代的动力学［M］．田方萌，胡叶青，刘然等，译．北京：中国人民大学出版社，2007.

[93] 康志勇，张杰．中国金融结构对自主创新能力影响研究［J］．统计与决策，2008（19）：130－133.

[94] 李丛文．金融创新、技术创新与经济增长——新常态分析视角

[J]. 现代财经, 2015 (2): 13 - 24.

[95] 李洪文, 黎东升. 农业科技创新能力评价研究—以湖北省为例 [J]. 农业技术经济, 2013 (10): 114 - 119.

[96] 李健, 林文浩. 中国金融创新结构的指数度量与影响因素 [J]. 金融论坛, 2017 (4): 13 - 29.

[97] 李婧, 谭清美, 白俊红. 中国区域创新生产的空间计量分析——基于静态与动态空间面板模型的实证研究 [J]. 管理世界, 2010 (7): 43 - 55.

[98] 李科, 徐龙炳. 融资约束、债务能力与公司业绩 [J]. 经济研究, 2011 (5): 61 - 73.

[99] 李苗苗, 肖洪钧, 赵爽. 金融发展、技术创新与经济增长的关系研究——基于中国的省市面板数据 [J]. 中国管理科学, 2015, 23 (1): 162 - 169.

[100] 李媛媛, 金浩, 张玉苗. 金融创新与产业结构调整: 理论与实证 [J]. 经济问题探索, 2015 (3): 140 - 147.

[101] 李悦. 产业技术进步与金融的市场化趋势基于银行与市场功能比较的分析 [J]. 中央财经大学学报, 2008 (2): 35 - 40.

[102] 李政, 杨思莹. 科技创新、产业升级与经济增长: 互动机理与实证检验 [J]. 吉林大学社会科学学报, 2017 (3): 41 - 52.

[103] 林光平, 龙志和, 吴梅. 我国地区经济收敛的空间计量实证分析: 1978 - 2002 年 [J]. 经济学: 季刊, 2005, 4 (S1): 71 - 86.

[104] 刘凤朝, 潘雄锋. 基于 Malmquist 指数法的我国科技创新效率评价 [J]. 科学学研究, 2007, 25 (5): 986 - 990.

[105] 刘雷, 喻忠磊, 徐晓红等. 城市创新能力与城市化水平的耦合协调分析 [J]. 经济地理, 2016, 36 (6): 59 - 66.

[106] 刘兆亮. 山东省莒县经济发展战略研究 [D]. 硕士学位论文, 南开大学, 2010.

[107] 芦锋, 韩尚容. 我国科技金融对科技创新的影响研究—基于面板模型的分析 [J]. 中国软科学, 2015 (6): 139 - 147.

[108] 吕怀立, 李婉丽. 金融创新、私有企业应计质量与非银行信贷融

资［J］. 会计研究，2015（3）：34－41.
［109］毛健. 经济增长理论的基本脉络分析［J］. 当代经济研究，2003，89（1）：20－23.
［110］毛茜，赵喜仓. 科技金融创新与我国经济增长效应研究——基于科技型中小企业发展视角［J］. 科技进步与对策，2014，31（12）：23－26.
［111］聂名华，杨飞虎. 劳动和资本双重过剩下的中国金融创新与经济增长［J］. 理论探讨，2010（3）：65－69.
［112］庞瑞芝，范玉，李扬. 中国科技创新支撑经济发展了吗？［J］. 数量经济技术经济研究，2014（10）：37－52.
［113］钱晓英，王莹. 京津冀地区产业集聚与生态环境间的耦合关系［J］. 统计与决策，2016（3）：103－106.
［114］冉光和，李敬，熊德平等. 中国金融发展与经济增长关系的区域差异——基于东部和西部面板数据的检验和分析［J］. 中国软科学，2006（2）：102－110.
［115］沈能，潘雄锋. 基于三阶段 DEA 模型的中国工业企业创新效率评价［J］. 数理统计与管理，2011，30（5）：846－855.
［116］施建淮. 金融创新与长期经济增长［J］. 经济学动态，2004（9）：7－13.
［117］宋海岩，刘淄楠，蒋萍. 改革时期中国总投资决定因素的分析［J］. 世界经济文汇，2003（1）：44－56.
［118］宋建波，武春友. 城市化与生态环境协调发展评价研究：以长江三角洲城市群为例［J］. 中国软科学，2010（2）：78－87.
［119］孙浦阳，张蕊. 金融创新是促进还是阻碍了经济增长——基于技术进步视角的面板分析［J］. 当代经济科学，2012，34（3）：26－34.
［120］孙秀清. 中国区域保险发展研究［M］. 大连：东北财经大学出版社，2008.
［121］唐德祥，孟卫东，徐雄奇. 科技创新投入影响经济增长的内在机制—基于中国实际经济运行的经验证据（1978－2005）［J］. 数量

统计与管理，2009，28（4）：579－587.

［122］童锦治，李星，王佳杰. 非税收入、非税竞争与区域经济增长——基于2000－2010年省级空间面板数据的实证研究［J］. 财贸研究，2013（6）：70－77.

［123］王宏起，徐玉莲. 科技创新与科技金融协同度模型及其应用研究［J］. 中国软科学，2012（6）：129－138.

［124］王雷，赖玉霜. 金融创新、资本配置与企业技术创新—来自战略性新兴产业上市公司的实证［J］科技进步与对策，2017，34（10）：69－75.

［125］王仁祥，杨曼. 科技创新与金融创新耦合关系及其对经济效率的影响——来自35个国家的经验证据［J］. 软科学，2015（1）：33－41.

［126］王仁祥，喻平. 金融创新理论研究综述［J］. 经济学动态，2004（5）：90－94.

［127］王维国. 协调发展的理论与方法研究［D］. 博士学位论文，东北财经大学，1998.

［128］王维国. 协调发展的理论与方法研究［M］. 北京：中国财政经济出版社，2000：13－26.

［129］王小鲁，樊纲. 中国经济增长的可持续性：跨世纪的回顾与展望［M］. 北京：经济科学出版社，2000：100.

［130］王永海，章涛. 金融创新、审计质量与银行风险承受［J］. 会计研究，2014（4）：81－87.

［131］翁媛媛，高汝熹. 科技创新环境的评价指标体系研究——基于上海市创新环境的因子分析［J］. 中国科技论坛，2009（2）：31－35.

［132］吴传清，刘方池. 技术创新对区域经济发展的影响［J］. 科技进步与对策，2003，20（4）：36－38.

［133］吴易风，朱勇. 内生增长理论的新发展［J］. 中国人民大学学报，2000，14（5）：25－32.

［134］向丽. 中国省域科技创新与生态环境协调发展的时空特征［J］. 技术经济，2016，35（11）：28－35.

[135] 谢婷婷，任丽艳．技术创新、金融创新与经济增长——基于中国省际面板数据［J］．工业技术经济，2017，36（11）：110－117.

[136] 徐小钦，黄馨和梁彭勇．基于 DEA 与 Malmquist 指数法的区域科技创新效率评价—以重庆市为例［J］．数理统计与管理，2009，28（6）：974－985.

[137] 徐玉莲，王宏起．我国金融发展对技术创新作用的实证分析［J］．统计与决策，2011（21）：144－146.

[138] 杨丽，孙之淳．基于熵值法的西部新型城镇化发展水平测评［J］．经济问题，2015（3）：115－119.

[139] 杨武，杨淼．基于景气状态的中国科技创新驱动经济增长时序性研究［J］．管理学报，2017，14（2）：235－244.

[140] 杨星．论金融创新在经济中的作用［J］．暨南学报（哲学社会科学版），2000（1）：87－91.

[141] 杨艳萍．区域科技创新能力的主成分分析与评价——中原城市群科技创新能力的综合评价［J］．技术经济，2007，26（6）：15－19.

[142] 杨屹，薛惠娟．产业技术自主创新能力的区域差异性研究［J］．中国工业经济，2010（11）：68－76.

[143] 姚战琪，夏杰长．促进现代金融服务业与科技进步的融合与互动［J］．上海金融，2007（3）：9－13.

[144] 尹龙．金融创新理论的发展与金融监管体制演进［J］．金融研究，2005（3）：7－15.

[145] 俞立平．企业性质与创新效率—基于国家大中型工业企业的研究［J］．数量经济技术经济研究，2007，24（5）：108－115.

[146] 虞震．泛长三角区域科技创新能力评价与比较研究［J］．社会科学，2011（11）：78 － 79.

[147] 约翰·伊特韦尔，塑里·米尔盖特，彼得·纽曼等．新帕尔格雷人经济学大辞典（第 2 册）［M］．北京：经济科学出版社，1996：925.

[148] 曾卫明，朱晓霞．基于 AHP 的高校科技创新团队创新能力评价研究［J］．科技进步与对策，2009，26（10）：187 － 190.

[149] 张敦富，覃成林. 中国区域经济差异与协调发展 [M]. 北京：中国轻工业出版社，2001.

[150] 张江雪，朱磊. 基于绿色增长的我国各地区工业企业技术创新效率研究 [J]. 数量经济技术经济研究，2012 (2)：113 - 125.

[151] 张军，章元. 对中国资本存量 K 的再估计 [J]. 经济研究，2003 (7)：35 - 43.

[152] 张林，冉光和，陈丘. 区域金融实力、FDI 溢出与实体经济增长——基于面板门槛模型的研究 [J]. 经济科学，2014，36 (6)：76 - 89.

[153] 张林. 金融发展、科技创新与实体经济增长—基于空间计量的实证研究 [J]. 金融经济学研究，2016，31 (1)：15 - 25.

[154] 张志强. 金融发展、研发创新与区域经济深化 [J]. 经济评论，2012 (3)：82 - 92.

[155] 张自然，陆明涛. 全要素生产率对中国地区经济增长与波动的影响 [J]. 金融评论，2013，5 (1)：7 - 25.

[156] 张宗益，周勇，钱灿等. 基于 SFA 模型的我国区域技术创新效率的实证研究 [J]. 软科学，2006，20 (2)：125 - 128.

[157] 赵强. 区域经济发展的路径选择——以江苏沿海区域经济发展战略为例 [D]. 硕士学位论文，复旦大学，2008.

[158] 赵玉林，程萍. 中国省级区域高技术产业技术创新能力实证分析 [J]. 商业经济与管理，2013，1 (6)：77 - 85.

[159] 郑国光，黄麟雏. 区域经济协调发展战略与科技西进策略 [J]. 系统辩证学学报，1998，(4)：47 - 51.

[160] 郑京海，刘小玄. 1980 - 1994 期间中国国有企业的效率、技术进步和最佳实践 [J]. 经济学，2002，1 (2)：521 - 540.

[161] 周游，高翠翠. 金融创新、科技进步与美国次贷危机 [J]. 经济理论与经济管理，2009 (4)：31 - 35.

[162] 朱鹏颐，刘东华，黄新焕. 动态视角下城市科技创新效率评价研究——以福建九地级市为例 [J]. 科研管理，2017，38 (6)：44 - 50.

[163] 朱勇，张宗益. 技术创新对经济增长影响的地区差异研究 [J]. 中国软科学，2005 (11)：92 - 98.